U0731509

中国青少年汉—英句法意识的动态迁移

The Dynamic Transfer of Syntactic Awareness in Adolescent Chinese EFL Learners

王保昌 著

科学出版社

北 京

内 容 简 介

本书在成功划分汉、英句法意识能力结构的基础上，对汉–英双语者句法意识迁移的动态过程进行了研究。结果显示：1）汉–英双语者的具体句法能力并非都能在语言教学和使用过程中抽象为具有语言普遍性的句法意识，有些句法能力是带有明显语言特异性的，它不可能成为真正意义上的元语言能力，因而，也是不可迁移的；2）在语言学习和使用的不同阶段，句法意识不同成分的迁移强度是不相同的，迁移是动态变化的；3）对于可迁移的句法意识而言，其对跨语言具体能力的作用是显著的，但是，这种作用与相关语言的水平具有密切关系。本研究的结果能够使我们进一步理解元语言意识"抽象性"的本质，即元语言意识来源于具体的语言使用能力并且超越具体语言的使用能力。只有超越了具体语言使用能力的语言普遍性能力，才具有语言间相互迁移的可能。

本书可供相关领域的学者、研究生等参考使用。

图书在版编目（CIP）数据

中国青少年汉–英句法意识的动态迁移/王保昌著. —北京：科学出版社，2015.12

ISBN 978-7-03-046300-5

I. ①中⋯ II. ①王⋯ III. ①句法–对比研究–英语、汉语

IV. ①H314.3 ②H146.3

中国版本图书馆 CIP 数据核字（2015）第 267651 号

责任编辑：阎　莉　王瑞媛／责任校对：蒋　萍
责任印制：张　伟／封面设计：铭轩堂

科 学 出 版 社 出版

北京东黄城根北街 16 号
邮政编码：100717
http://www.sciencep.com

北京京华虎彩印刷有限公司 印刷

科学出版社发行　各地新华书店经销

*

2015 年 12 月第 一 版　开本：720×1000 B5
2015 年 12 月第一次印刷　印张：15
字数：300 000

定价：**78.00 元**

（如有印装质量问题，我社负责调换）

序

对许多年轻学者来说，"做学问"常常是一件让他们非常纠结的事。一方面作为读书人，他们向往象牙塔里的那份清静和高雅，另一方面他们可能因为生计不得不置身喧嚣与庸俗。而更让他们难受的是，那种纠结又很难被人所理解。对王保昌博士来说，这种纠结更不寻常。他一方面承受着家庭经济的巨大负担，另一方面又执着于自己的理想——获得博士学位并且做一名合格的学者。这本即将出版的《中国青少年汉–英句法意识的动态迁移》就来自他的博士论文。为了他的博士论文，他耗费了整整六年时间。这期间何止是"为伊消得人憔悴"！作为他的导师，我看到了他的艰辛，也感佩于他坚定的意志。

句法意识属于元语言意识的一个维度，它和语音意识、词汇意识一起，被认为是衡量个体语言能力的重要标志。大量的研究表明，语音意识和词汇意识都具有语言间的迁移机制，即母语的语音意识和词汇意识是可以迁移到第二语言中去的，反之亦然。然而，经过长时间的理论思考，本书作者认为，跟语音意识与词汇意识不同，句法意识可能由于语言间的形态学差异，迁移过程会受到某些制约。而要揭示这些可能的制约因素，就必须将句法意识的迁移与语言能力的发展置于一个动态的过程中去观察。这样的理论推定和研究方法的设计无疑是具有创新性的：汉、英两种语言在句法形态方面存在明显差异，因而从汉语中获得的某种句法能力不可能迁移到英语中根本不存在的句法能力中去，反向迁移的情形也不可能发生。这样一个推论其实是有风险的，因为既有的研究观点都认为，元语言能力是一种抽象能力，它和具体的语言能力是完全不相同的。前者是支配后者的。不过本书作者却从另一个角度看待这个问题：任何抽象的能力都是由具体维度的能力建构发展而成的，而不是一蹴而就的。那么，当一种抽象的能力中根本不包含某种具体能力的成分，即对某种具体能力不具有描写的充分性和解释的充分性时，能力的迁移是无从理解的。作者的这一推定无疑是对元语言意识抽象性的大胆解读。它体现了一个学术研究者的创新精神。

这本书的主要价值是，它系统地探索了汉-英句法意识迁移的动态变化规律以及这种迁移对具体语言能力的影响。本书揭示，句法意识的迁移是双向的，迁移的强度是随着语言学习的进展而变化的；在句法意识的迁移中，具有双语共性的具体句法操作能力首先被抽象并且产生迁移；迁移的强度及其对具体语言能力的作用受个体语言发展阶段和总体语言水平的制约。研究结论明确地告诉我们，在外语学习过程中，母语和第二语言在句法类型学上的相似性程度可能决定第二语言的学习效率及其双语能力的相互促进作用。这一结论对外语教学是具有理论启示的。

虽然，从学术历史发展的角度看，任何个体的学术行为对相关学术领域的创新和发展都是微不足道的。但是，只有当每一个学术工作者都努力地倾注自己的心智，人类智慧的长河才能源源不断地流淌。王保昌博士这本专著的学术价值应当由读者去评判，而我能肯定的是在这本书中作者所倾注的心智是充分的。

诚然，这本专著的出版，可能暂时无法改变作者的物质生存状态。但我相信作者在完成这本专著时所积聚起来的系统知识和创新精神，必将为他未来的人生带来新的飞跃，使他达到一个新的境界。我由衷地希望王保昌博士能够继续保持那份单纯和坚定，在学术的道路上继续探索。终有一天，"蓦然回首，那人却在，灯火阑珊处"。

李荣宝

2015 年 9 月 2 日

前　　言

　　本研究以中国青少年英语学习者为研究对象，把汉-英双语者的句法意识在两种语言之间的可迁移性作为研究的核心问题，考察这种可迁移性在被试学习的不同阶段呈现出的动态变化规律。

　　句法意识是元语言意识（metalinguistic awareness）的一个组成部分，指的是个体对句法结构的有意识判断和操作的认知能力。和其他元语言能力——语音意识和词汇意识——一样，句法意识是一种从具体语言能力发展而来的、抽象的语言认知能力。因而在这个意义上，对双语者来说它是可以相互迁移的。

　　然而，对双语者来说，句法意识的抽象过程又可能由于语言的不同而出现差异，即在一种语言中的某些句法能力无论如何抽象都只能具有语言的具体性，而不具有语言的普遍性。因此，这种句法能力的跨语言迁移可能不会发生。即便在具体语言使用中能够抽象出具有语言普遍性的句法意识，也可能由于两种语言的学习和使用条件的差异而显现出不同的发展速度，即出现抽象水平之间的差异。而既往的研究并没有注意到这样一种客观现象，并未明确哪些能力是具有普遍性的，哪些能力是具有语言特异性的，在研究句法意识迁移时只是随意地选择一些句法点，并在此基础上考察双语者两种语言句法意识的相互迁移，其结论必然是不一致的，因为研究的结果必然随着所测句法点的变化而变化。所以关于句法意识的可迁移性问题在现有的文献中答案并不明确。要解决这样的问题，我们必须有效地找到两种语言之间所存在句法能力的具有共性的部分，即具有语言普遍性的部分，并且观察这些部分在不同发展阶段的语言间共性水平及其迁移的强度。

　　虽然，大量的对元语言意识其他维度的语言间迁移研究，如双语语音意识迁移研究、双语词汇意识迁移研究都表明迁移是客观存在的。然而，一个不可忽视的事实是，在对语音意识和词汇意识的研究中，我们能够比较容易地发现两种语言之间具有共性的能力，如语音意识中音首-韵脚意识和音节意识，词汇意识中词汇任意性意识和词素意识等，几乎是每种语言都必须具备的能力。因而当它们被抽象为一种元能力时,其语言间的迁移是不言而喻的。但是,在句法意识这个维度上,情况则完全不同。由于语言形态结构的不同,个体所具备的句法能力可能也不尽相同:词序对于英-汉双语者来说,可能是一种具有语言共性的,即具有较高普遍性的能力,而英语者对时态及主谓一致所具有的意识,在汉语者句法能力中则很难找到对等能力。因此,我们很难确定英语者的这种句法能力能否迁移到汉语句法能力中去。从这个意义上说,本研究试图回答的更深层次的问题是,双语者的句法意识是如何从具体语言的句法操作中抽象出具有语言普遍性的句法意识并且在两种语言之间如何相互影响。

本研究以中国青少年英语学习者为研究对象,把汉-英双语者句法意识在两种语言之间的可迁移性作为研究的核心问题,考察这种可迁移性在被试学习的不同阶段呈现出的动态变化规律。

为了有效回答研究问题,实现研究目标,本研究首先对以往句法意识研究存在的不足进行了分析,希望找到这个问题没能获得清晰回答的具体原因。经过分析,本研究找到了两个原因:一是没有确定句法意识的基本构成成分,其结果是在进行双语迁移研究时就会出现这样一种情形,即当研究确定的句法意识测试项目普遍符合两种语言的句法能力时,迁移效应就明显,而如果选择的项目带有明显的语言具体性时,迁移就不会出现;二是忽略了迁移的动态性,这使得对两种语言之间句法意识的关系了解不全面。

在分析总结以往研究缺陷的基础上,本研究力图克服上述缺陷,确立了总体研究设计的逻辑思路。研究句法意识是否迁移就首先要确定句法意识的普遍性程度,而要进行这种确定就需要对具体语言的句法能力进行测试并且通过对比找出普遍性和具体性的句法能力,之后再检验是否只有普遍性的句法能力才具备跨语言的迁移效应,而要检验这种迁移效应就必须考察它对跨语言具体能力的作用和相关程度。本研究总体上分两步进行。

第一步,对汉、英句法意识的能力结构进行划分,确定汉、英两种语言句法意识的构成成分,两种语言的句法意识中是否存在共性的能力和语言特异性的能力。这一步就是要证明句法意识和其他元语言意识维度——语音意识和词汇意识——不同,它具有语言特异性存在的可能,因此,我们要把握一种方法,既能找到共性(语言普遍性)又能找到语言特异性(language-specific)的句法能力,同时,又能将这种研究方法置于一个发展的体系之中。而关于迁移的动态性问题只有在具体与普遍的基础上进行考虑。

第二步，把核心研究问题进行分解，进一步具体化为可操作的问题，从三个方面进行考察。研究总体上立足于对研究问题进行动态的考察。动态性主要通过跨年级横断观察法来体现，不同年级的被试有不同年龄和双语水平，这会引起这种关系的动态变化。

本研究总体上由四个实证研究组成。

研究一是对汉、英句法意识的结构成分进行划分以寻找具有语言普遍性和具有语言特异性的句法能力。

接下来的三项研究围绕研究的核心问题进行，对研究问题从三个方面分别进行考察。这三个研究之间既有相对的独立性，又具有内在的联系。它们的独立性体现了考察角度的变化。它们之间的联系表现在两个方面：一是这三个研究都以研究一句法意识结构的划分结果为指导，目标都指向句法意识的迁移这个核心问题，这三个方面的问题考察清楚了，就可以对汉、英句法意识的可迁移性形成一个较为系统全面的认识；二是这三个研究之间在思路上环环相扣、逐层推进，由浅入深逐步推进到汉-英双语者两种语言句法意识之间关系的细致层面。

需要说明的是，这三项研究的被试是同一批学生，三项研究的数据是同时收集的。之所以分成三项研究，是根据研究问题来分的。在回答每一方面的问题时，提取相关的数据进行分析。因为同一批被试要参加多场测试，因各种原因，有些被试没能参加所有场次的测试，所以有少数被试中途流失的情况。从研究二到研究四的数据分析中，变量逐步增多，而因为有些被试缺少某些场次的测试，信息有缺，这样的个案在统计分析中会被剔除，所以被试有逐步减少的情况。但因为本研究样本量较大，所以小幅度的被试减少不影响研究的结果。

研究一测量了 562 名从高一到大一年级被试的汉语句法意识，使用探索性因子分析的统计分析方法，从中抽取出把字句意识、句法完整性意识、层次结构意识、存在句意识、词序意识、功能词意识和词性意识等 7 个成分。同时测量了 571 名被试的英语句法意识，因子分析的结果是英语句法意识可以分成词序意识、搭配照应意识、句法完整性意识、词性意识、功能词意识、存在句意识和层次结构意识等 7 个成分。研究一最有意义的发现是：汉语和英语均抽取了 7 个因素，而且能够进行几乎完全相同的命名（除一个因素）。这说明了句法意识的共性（普遍性）是主导的。然而，更为重要的是，虽然因素的个数相同，命名也几乎相同，但是，每个因素对公因子的贡献率是不相同的。那么，这种差异是否体现为语言的个性呢？这种差异是否会对双语之间的迁移起到决定性的作用呢？为此，我们将根据从两种语言所抽取的各 7 个因子，设计出一套相关的具体语句来测量两种语言的句法意识，并且同时考察 7 类句法意识与年级的关系，观测句法意识在各个测量年级的变化。

研究二以研究一的结果为基础，设计了汉语和英语各一套具体语句，采取横断法对高一至大一四个年段的 362 名被试进行了汉语和英语句法意识测量，考察句法意识的动态变化。研究二的目的主要是为了观测作为两种语言"共性"的句法意识，在每个年级的发展趋势和发展速度是否相同，因为如果两个共性因素在某个阶段发展速度不相同，那么它们之间的相关程度就不相同了，也就是说两个原来具有"共性"的因素，在某个发展阶段偏离了共性的轨道。通过对汉、英句法意识总成绩和各内部成分平均分的年级间比较，所获发现包括：被试汉、英句法意识是一个发展变化的动态过程；汉、英句法意识呈现出随年级的升高逐步增强的一般趋势；句法意识总体能力及其内部各成分的发展并不是一个同步的进程，表现在同一阶段，有的成分发展较快，有的成分发展较慢；同一成分，在不同的阶段，增长速度也不同，表现出时快时慢的特点；作为两种语言"共性"的句法意识，在每个年级的发展趋势相同，但具体发展速度并不完全同步。

研究三是针对核心研究问题系列实证研究之二，考察汉、英句法意识之间的迁移，是核心问题的最关键部分。研究三根据相似度高低把汉、英句法意识分成了高度相似、中度相似和低度相似三个水平。通过相关分析和回归分析考察了 296 名被试汉、英对应成分之间的关系。总体上显示关系较为复杂。具体发现包括相似度越高的成分越容易产生迁移；每对成分在迁移发生的时间上并不同步，有的对应成分在低年级就有迁移，有的在较低年级只显示相关，未显示因果关系，只是到了较高年级才有因果关系，有的成分从低年级到高年级都有迁移，而且在顺向和逆向两个方向上都有迁移；迁移的成分在方向上不平衡，在某个年级有的成分只出现汉语向英语的顺向迁移，有的成分只有英语向汉语的逆向迁移，有的在两个方向上都有迁移；迁移受到多种因素的共同制约，其中双语水平是最显著的因素。

研究三考察了双语句法意识的迁移问题，揭示了迁移的基本条件。但是，至此我们仍然不能确定，这种迁移仅仅是抽象层面上一般性相互影响还是可以深入地迁移到两种语言的具体语言能力上去。尽管单语研究揭示了句法意识对阅读具有较强的预测力，而且从理论上说，跨语言预测是存在的；然而，当我们将迁移强度纳入考虑时，我们便不难理解，只有达到一定的强度，一种语言的句法意识才能影响（预测）另一种语言的具体语言能力。这样一来，另一个问题就需要进一步回答，即哪些句法意识具有跨语言预测力？跨语言预测的基本条件是什么？因为各个年级在各维度的句法意识跨语言迁移强度不相同，因此，这种相关研究必须分年级展开。

　　研究四在研究三所得结果的基础上继续深入，进一步研究句法意识迁移的归宿或落脚点，即考察汉、英句法意识对双语阅读的作用，也就是一种语言的句法意识迁移到另一种语言能否在解决另一种语言的问题时产生效应。研究四详细考察了汉、英句法意识各成分的迁移对阅读能力的跨语言作用之后获得了几个基本发现。一是对跨语言阅读产生显著影响的句法意识成分的数量要比汉、英两种语言之间发生迁移的句法意识成分数量少，也就是说，那些在语言的对应成分之间发生了迁移的成分并不都能在对跨语言的阅读中显示出效应来，这说明句法意识对跨语言阅读的作用是一个更遥远的征程，只有那些迁移达到一定强度的成分才有可能影响（预测）另一种语言的具体语言能力。二是两种语言之间迁移效应不平衡，汉语向英语的顺向迁移效应大于英语向汉语的逆向迁移效应，在研究结果中具体表现为在各年级汉语对英语阅读产生影响的句法意识成分多于英语对汉语阅读产生影响的成分。三是从作用的路径图中可以很清楚地看到，无论是汉语句法意识对英语阅读的影响，还是英语句法意识对汉语阅读的影响，无论是在低年级，还是在高年级，语言水平都是影响句法意识对阅读作用的重要中介因素，只不过在顺向迁移（L1-L2）中发挥影响的是外语水平，在逆向迁移（L2-L1）中发挥影响的是母语水平。这一发现是以往的研究没有清晰揭示过的。

　　书中在每个具体研究的结果报告之后和全书的总讨论部分对研究结果进行了归纳、理论意义解读和讨论。本研究的主要发现是：①汉–英双语者的句法意识中既含有语言共性的能力，也含有语言特异性的能力，但共性是主导的。只有共性的句法能力才可以迁移。②汉–英双语者的具体句法能力并非都能在语言教学和使用过程中抽象为具有语言普遍性的句法意识，有些句法能力是带有明显语言特异性的，它不可能成为真正意义上的元语言能力，因而，也是不可迁移的。③即便是共性的句法能力，在语言学习和使用的不同阶段，不同成分的迁移强度也是不相同的，迁移是一个动态变化的过程。④对于可迁移的句法意识而言，其对跨语言具体能力的作用是显著的。但是，这种作用与相关语言的水平具有密切关系，即语言水平越高，句法意识的跨语言作用越显著。

这些发现深化了我们对元语言意识的基本认识：元语言意识，包括语音意识、词汇意识和句法意识，来源于具体语言的具体知识和能力，但只有当这些知识和能力被抽象为超语言的能力时，才具有跨语言迁移的可能性。在元语言意识的各维度中，句法意识是最具多元性的语言能力，因而要考察双语者某一句法能力是否具有迁移的可能，首先必须考察这一能力对于双语者的两种语言句法能力而言是否具有语言普遍性。这种普遍性决定了可迁移性。

本研究的顺利完成离不开诸多师友亲朋的热诚关怀和鼎力相助。值此书稿付梓之际，我谨向在进行研究和写作本书的各个阶段给予我各种关心和帮助的所有人致以诚挚的感谢！

首先要感谢福建师范大学外国语学院李荣宝教授。李荣宝教授学识渊博，治学严谨，对心理语言学研究有着宽广的视野和深刻的见解。他在我进行研究和写作的各个阶段都给予了具体细致的指导。没有他的指导和帮助，本研究不可能顺利完成。

感谢学院领导林大津教授。他为青年教师进行科研和深造所给予的全力支持和热情鼓励令我感动。我唯以努力工作回报学院的培养。

感谢福建师大外语学院陈维振教授、刘亚猛教授、王丽丽教授、林元富教授和厦门大学吴建平教授、张龙海教授。感谢他们对本书提出的宝贵意见。

感谢泉州师范学院黄怀飞教授、闽南科技学院的领导和辅导员、福州九中李副校长和高中部的英语老师们、北京师范大学泉州附属中学陈校长和外语组吴秋萍老师，他们在我开展实验的过程中给予了极大的协助，使我能够顺利收集到如此大样本的数据。也要感谢上述学校的学生被试，感谢他们的积极配合。

感谢李光泽博士，与他的交流常使我颇受启发，对我研究思路的确定助益良多。

科学出版社语言分社阎莉分社长和王瑞媛编辑为本书的出版倾注了劳动，特此感谢。

最后，要感谢我的家人。为了支持我的工作和科研，我的妻子承担了几乎全部的家务，照顾着年幼的孩子。在研究工作处于低谷时，是妻子和女儿给了我安慰和鼓励。感谢父母和岳父母。远隔千里，子欲孝而亲不待，这常使我心里充满愧疚和自责。但他们不但没有任何埋怨，还想方设法帮助我、鼓励我。感谢哥哥、姐姐们，是他们长期以来照顾年迈病弱的父亲，替我尽孝。每念及此，便让我因为有这样好的家人而倍感温暖。家人的理解和支持永远是我前进的动力！

本书是福建师范大学外国语学院外国语言与文学研究中心资助项目成果。

王保昌

2015 年 9 月 20 日

目　　录

图　目　录

表 目 录

第 一 章

绪　　论

第一节　语言习得与双语现象

　　语言是一种非常复杂的现象，人类从古至今都在不停地对它进行各种探索，而语言的学习和使用则是人类面临的又一个既充满复杂性又极具挑战性的研究课题。关于人类是如何学会使用语言的，不同的理论和学者曾提出过不同的解释。比如，行为主义心理学家认为语言也是行为，儿童语言的习得（acquisition）①就是模仿成人的语言，而这种模仿行为也是一种刺激–反应（stimulus-response）过程，并通过积极的强化（positive reinforcement）使成果得以巩固，从而逐步学会语言（Skinner，1957；Woollard，2010）。先天论者美国语言学家乔姆斯基（Chomsky）认为人们之所以能够在如此短暂的时间里掌握语言这套复杂的交际工具，是因为人们在出生之前就在大脑中被预置了一套语言习得机制（language acquisition device，简称 LAD），这套机制是由遗传基因所决定的，正常儿童在出生后经过语言环境的作用，这套语言习得机制便被激活，儿童即可自然地获得语言能力（Chomsky，1975；1979）。而语言的认知学习理论则认为语言不是先天的，语言能力和其他认知能力一样，是在后天与环境的作用中逐步发展起来的（Evans & Green，2006；Ungerer & Schmid，2001）。尽管相关的理论都各有自己的独特观点，然而，人类究竟是如何学习语言的？这个问题并未得到圆满的回

---

　　① 应用语言学研究领域常把语言习得（language acquisition）和语言学习（language learning）作为一对概念进行区分。前者指在目标语言环境中通过使用自然地学会该语言，通常指母语或二语的学习；后者指在非目标语言环境中通过有意识地学习达到对目标语言的掌握，通常指外语学习。两者的主要区别在于语言学习的环境和学习方式。（详见 Krashen，S. D. 1988. *Second Language Acquisition and Second Language Learning*. Upper Saddle River，NJ：Prentice Hall.）

答，其中还有很多疑问等待人们去破解。

一方面，一种语言的学习问题尚未得到彻底解答，另一方面，随着社会发展步伐的加快，人际交往的日益扩大和加深，双语（bilingualism）① 现象又变得越来越普遍。在一些国家，如美国、加拿大、澳大利亚，由于大量外来移民的加入，一些外来语言也被带进来，于是使用两种甚至多种语言的现象在社会生活中越来越多，能说两种以上语言的人也大量增加。而在另一些国家，由于国际交往的需要，有数量庞大的人群在学习外语。比如中国，从中小学到大学，外语是学校里非常正式的一门必修课程，所有接受学校正规教育的学生都要学习。可见，对双语现象的研究具有重要的实际意义，是学术研究对当前全球化语境（陈伟和周维杰，2013）的现实关照。那么人们究竟是如何学习两种语言的呢？这是怎样的一个过程？有什么样的规律和特点？每个人只有一个大脑，一套语言的生物学器官，对于一个学习和使用两种语言的人而言，两种语言在他的大脑中会发生怎样的联系？不同语言的语音、句法、语义等方面在个体的双语学习过程中会保持独立还是会相互影响？在一种语言中形成的语言认知能力是否会影响另一种语言的语言认知能力？它们之间相互影响的机制是怎样的？诸如此类关于双语学习的问题是认知科学研究者普遍关注的问题，是生理学、心理学、语言学、心理语言学和教育学等领域的研究热点。从心理语言学的角度来说，对于双语学习的探讨有利于通过观察人们的语言学习活动揭示人类的心理规律、大脑的工作原理。而揭示大脑的工作原理也正是当代认知科学研究的总目标。因此，对双语学习的研究具有重要的学术价值。

第二节　研　究　问　题

随着认知心理学在 20 世纪五六十年代的兴起，元语言意识（metalinguistic awareness）研究也从 20 世纪 70 年代开始发展起来。它是语言与认知研究的热点，受到认知心理学家和心理语言学家的持续关注（Alan & Linda，1985；Apel，et al.，2012；Benelli，et al.，2006；Clark，1978；Hakes，1982；Karmiloff-Smith，

---

① 双语一般指使用两种语言的现象。但也有学者把使用同一种语言的两种形式（方言/dialect）视作双语现象，因为同一种语言的不同形式至少在语音方面可能存在很大差异，只懂其中一种方言的人很难和只懂另一种方言的人顺利进行言语交流。

et al.，1996；Leonard，Bolders & Curtiss，1977；Smith & Tager-Flusberg，1982）。元语言意识，也叫元语言能力（metalinguistic ability），一般是指个体对语言的特征和功能进行反思的能力①（Cazden，1974：29；Cummins，1978；Downing，1979；Gombert，1992：1；Hakes，1980；Jessner，2006；Read，1978）。与听、说等基本语言能力有所不同，元语言意识是一种特殊的语言认知能力，是来源于基本语言能力的一种抽象的语言认知能力。

　　一般认为元语言意识包括四种基本类型，即语音意识（phonological awareness）、词汇意识（word awareness）、句法意识（syntactic awareness）和语用意识（pragmatic awareness）。

　　句法意识是元语言意识的一种，也是元语言意识研究的重要方面之一，而且从目前发展的趋势来看正在受到越来越多的重视，主要表现之一是国际学术刊物上关于句法意识研究的学术论文逐渐增多（如 Bianco，et al.，2012；Chik，et al.，2012a；Chik，et al.，2012b；Miller，Kargin & Guldenoglu，2013；Xhafaj & Mota，2011）。句法意识研究所获得的一个有重要价值的发现是句法意识与阅读能力发展有密切关系，而阅读能力在个体的学业成就（academic achievement）、未来的职业生涯以及个人的全面发展等方面都具有十分重要的影响。

　　以往研究较多关注了句法意识的功能，但是当把句法意识置于双语的视野之下，双语者两种语言的句法意识之间是一种怎样的关系呢？它们之间是否会发生迁移呢？以往研究并未提供明确的答案。

　　由于语言间存在共性和差异性，双语者的元语言意识中可能既包含具有语言普遍性的能力，也包含具有语言特异性的能力，具有普遍性的元语言意识一定是可以迁移的，但以往研究并未明确普遍性的元语言意识和特异性的元语言意识的界限在哪里。因此，我们并不知道哪些元语言能力可以发生迁移，哪些不可以。

　　尽管有研究证明双语者的语音意识和词汇意识可以发生跨语言的迁移，然而，我们并不能够以此进行简单化的推论，认为句法意识也是可以迁移的。因为语音意识与词汇意识在语言能力结构中属于更基础、更具普遍性的能力，几乎在各种语言中都有，而句法意识中有些句法能力是非常具体的，或者说和具体的语言使用联系得更加紧密，而另一些句法能力却具有较高的普遍性。以往的研究很少关

━━━━━━━━━━

① 关于元语言意识的定义目前还在讨论中。后文还有说明。

注到句法意识中哪些能力具有跨语言的普遍性，哪些能力具有语言特异性，没有明确二者的界限。因此，对于句法意识是否具有跨语言的迁移还没有明确的结论。

鉴于此，本研究以中国青少年英语学习者为研究对象，把汉–英双语者两种语言句法意识之间的可迁移性作为研究的核心问题，考察这种可迁移性在被试学习的不同阶段呈现出的动态变化规律。

主要研究问题包括：

（1）汉、英句法意识中是否存在两种成分，即语言普遍性和语言具体性成分？

（2）是否只有具有语言普遍性的成分才具有跨语言迁移的可能性？

（3）如果只有语言普遍成分才具有迁移的可能，那么汉–英双语者具有的共性的句法意识成分在不同语言学习和使用阶段的迁移效率是否存在动态变化？

（4）汉–英双语者具有的共性的句法意识是否以相同的效率作用于另一语言的具体能力之中？

第三节　研　究　内　容

如上文所述，本研究把汉–英双语者两种语言句法意识之间的可迁移性作为研究的核心问题，揭示这种可迁移性在被试学习的不同阶段呈现出怎样的动态变化规律。这项研究的关键问题在于句法意识的迁移是否出现。为了回答所提出的研究问题，本研究拟开展的研究活动包括如下几方面的内容：

第一，文献研究。对以往句法意识研究进行梳理和分析，重点是对以往句法意识研究中涉及双语句法意识研究的文献进行分析，从研究思路、研究方法和实验范式等方面进行剖析和比较。

第二，实证研究。在文献研究的基础上形成研究思路，设计具体的研究方案，选择符合研究需要的被试，开展实证研究，进行测量，收集相关数据。

第三，数据处理。待所有数据收集工作完成之后，将对数据进行处理和统计分析。

第四节　理　论　目　标

本研究的理论目标是试图揭示双语者两种语言句法意识之间的关系以及这种

关系在双语学习的过程中动态发展变化的规律。核心问题就是双语者句法意识是否存在跨语言的迁移。因为在双语句法意识研究中，这种关系至今未能明确，有的研究声称发现了不同语言间句法意识的迁移（Bindman，2004；da Fontoura & Siegel，1995；Geva & Siegel，2000；Foursha-Stevenson & Nicoladis，2011），而有的研究并未发现（Cormier & Kelson，2000），对此问题的答案仍然模糊不清。因此，句法意识的迁移究竟是否存在就成了解决争议的关键。本研究将围绕这一研究主线开展研究，试图找到问题的症结，分析原因，并提出解决这一争议的方法，从而解决争议问题。本研究的具体目标包括划分汉、英句法意识的结构成分，寻找双语者句法意识中具有语言普遍性的成分和具有特异性的成分；描述双语者汉、英句法意识发展的过程和特点；明确双语者的句法意识是否具有可迁移性；探索句法意识对阅读能力是否能够产生跨语言的迁移效应。

第五节　关键术语的定义

为了使研究规范和严谨，需要对研究中所涉及的几个关键术语进行界定，明确其内涵和外延，以避免误解，利于开展研究工作。根据一般原则（文秋芳，俞洪亮和周维杰，2004：228）和本研究的实际，下面将对五个关键术语进行理论定义。

一、双语者

双语现象本身比较复杂，有多种不同的情况，因此对双语者（bilingual）的定义也因角度不同而不同，所以定义也就有多种。

有的定义比较宽泛。例如，Richard、Platt 和 Platt（2000：44-45）把双语者定义为懂得和使用两种语言的人（a person who knows and uses two languages）。又如，Simpson 和 Weiner（1989）把能说两种语言的人，甚至把能说同一种语言的两种形式（方言）的人（speaking two forms of the same language）都定义为双语者。

在双语研究的早期，Albert 和 Obler（1978：302）的定义是比较著名的，他们把双语者定义为（在不同环境里）轮换使用两种语言的人（a bilingual is someone who uses two languages alternatively），并继而把双语者分成了三种不同的类型：平衡双语者（balanced bilingual），在两种语言上都达到了和本族语者相同的水平；不平衡双语者（dominant bilingual），使用一种语言比使用另一种语言更流畅（fluent）；二语学习者（second language learner），那些努力提高自己二语技能的人（actively involved in improving their second language skills）。这一定义既考虑了语言水平也考虑了语言的使用。

有的学者仅从双语者使用语言的能力出发，认为双语者应该能够习惯性地、流利地使用两种语言，并且没有错误也不带有外来口音（Paradis，1986）。这个定义对双语者语言水平要求很高，按照这个标准，实际上很多人都算不上双语者。即使是一些从一出生就生活在双语环境中的人，也未必能够在两种语言上都达到相同流利、准确的标准，因为有些人，比如在一些移民家庭中出生的孩子，可能在家庭环境里用一种语言，在家庭以外的环境里用另一种语言，使用频率的不同可能造成两种语言水平并不相同。尽管他们用两种语言交流可能并不会有多大问题，但是按照上述定义可能仍算不上双语者。因此，这种定义和现实距离太远，很多双语的情况都被排除在外，也不太适合学术研究的需要。

有的定义从学习两种语言的时间出发，把双语者分为两种，一种是同时性双语者（simultaneous bilingual），指那些从一出生就接触和学习两种语言的人；另一种是继时性双语者（successive bilingual），指那些在学习另一种语言之前已经掌握了一种语言的人（Dunabeitia，Perea & Carreiras，2010）。这种定义把语言水平因素完全置之不理，仅从语言学习的时间考虑，把双语者分成了两种类型而已，似乎没有触及双语的核心内容。

上述定义各有优劣，所包括的双语者范围有大有小。Grosjean（2013：7-9）认为在对双语者进行定义时应该考虑两个因素，一个是语言流畅性（language fluency），实际上就是指语言能力；另一个是语言使用（language use），指语言使用的环境和频率。参考以往文献中对双语者的各种定义，结合目前双语现象的实际情况，在考虑了语言能力和语言使用情况的基础上，我们把双语者定义为能够使用两种语言进行日常生活简单交流的人。从语言能力方面来说，这个定义对双语者要求不算高，能包括很多不同水平的人，没有上限；但是并非没有底限，它要求双语者能够具备简单的日常生活中交流的语言能力，不管使用哪一种语言。从语言使用来说，这个定义并不规定语言使用的场合和使用频率。因此，像中国国内数量众多的把英语作为外语来学习的中学以上水平的学习者都属于双语者的范围。

二、句法意识

在现有的文献中，句法意识也被称作句法技能（syntactic skill），或语法意识（grammatical awareness），它们之间没有严格的区分，经常换用。对于什么是句法意识，到目前仍没有统一的定义（陈雅丽和陈宝国，2006）。Tunmer和 Grieve（1984）认为句法意识是指个体反思句子内在的语法结构的能力，也就是说，个体把注意从句子的内容转移到句子的形式。Gombert（1992：39）把句法意识定义为有意识地思考语言的句法方面（syntactic aspects）的能力，有意控制语法规则的使用的能力。So 和 Siegel（1997）认为句法意识是对语言句法的理解能力，也称为语法敏感性（grammatical sensitivity）。Layton、Robinson 和 Lawson（1998）认为句法意识是理解语法规则和语句建构方式的能力。Chiappe、Siegel 和 Wade-Woolley（2002）把句法意识定义为对语言基本语法结构的理解能力。Blackmore、Pratt 和 Dewsbury（1995）认为句法意识是指对语言的句法结构进行反思的能力，这种反思是客观的，和语言传达的语义分离开来的。

从上面这些定义中不难看出句法意识的几个要点，一是句法意识既包括陈述性知识，又包括程序性知识；二是个体的注意力指向句子的形式方面，即句子成分的组织规则；三是个体的意识性程度。因此，我们把句法意识界定为个体把句子组织规则的知识提高到有意识的水平上进行判断和操作的能力。要完成句法意识任务，需要动用的是个体的句法知识，这种知识包括陈述性知识和程序性知识两个方面，缺少哪个方面，个体的句法意识都是不完整的。个体在对语句的句法方面进行心理操作时所关注的是语句的形式，是句子的组织规则，而不是语义（semantics），尽管句法很难脱离语义。在进行句法意识活动时，个体的意识性是个非常重要的方面，因为个体对句法知识的意识程度可以处于不同的层面，既可以处于潜意识层面，也可以处于有意识的层面，只有把句法知识提高到意识水平上并对其进行的有意识操作才是元语言意识意义上的句法意识操作。句法意识与语音意识、词汇意识、语用意识一样，都是更一般的元语言意识的不同的方面，这些元语言意识的发展都和元认知控制能力的发展紧密相关（Tunmer & Hoover，1992）。

三、阅读能力

能力（ability）是心理学中的一个重要概念。心理学界一般把能力定义为个体的一种心理特征，是个体顺利实现某种活动的心理条件（彭聃龄，2001：390）。能力有一般能力和特殊能力之分，特殊能力就是实现特殊活动的能力。从字面上理解，阅读能力自然就是实现阅读活动的能力。但这只是一个宽泛的概念，没有明确阅读能力的具体能力是什么，这对实际的研究指导作用不大，因为可操作性不强。查阅现有的文献可以发现，对阅读能力直接下的定义不多，人们似乎觉得阅读能力很容易理解，不需要很细致的定义。例如，陆爱桃和张积家（2006：376）把阅读能力定义为人类的基本技能之一。问题的困难之处在于对阅读的界定。阅读是一种复杂的心理活动，也是心理语言学和应用语言学中经常研究的课题，对阅读的研究已经形成了不同的阅读理论。这些阅读理论对阅读的认识和定义出自不同的角度，因此，对于什么是阅读能力，阅读能力包含哪些具体成分，各种阅读理论看法各有侧重。大多数阅读理论模型都着眼于阅读的内在过程，如图式理论（schema theory）、自上而下模型（top-down model）、自下而上模型（bottom-up model）等，倾向于把阅读过程分成不同的环节。例如，Goodman（1967）认为阅读过程就是一个由预测、选择、检验、证实等构成的一个系列性认知活动，阅读过程实际上就是心理语言学的一种猜测游戏（psycholinguistic guessing game）。因此，阅读能力就是个体在这一系列认知环节上的综合能力。

在阅读障碍（reading disability）研究中，研究者们也常常把阅读能力分解为阅读的流畅性（reading fluency）、语义判断（semantic judgment）能力，以及阅读理解（reading comprehension）能力等几个方面（Hester & Pellowski，2014；Partanen & Siegel，2014）。也有些研究根据阅读的语言材料把阅读能力分成词汇水平的阅读（word reading/word recognition）能力、句子水平的阅读（sentence reading）能力，以及阅读理解（reading comprehension）能力（如Lowder，Choi & Gordon，2013；Myers & Robertson，2014），其中阅读理解的对象材料主要指篇章（text）。

分析阅读研究的文献可以发现理论模型虽然各有侧重，但是研究者们几乎都认同阅读能力是通过书面语言获得意义的能力。因此，在本研究中，考虑到研究的实际，本研究并不考察阅读的过程和每个具体环节，所以我们把阅读能力定义为通过书面语篇获得意义的能力，也就是通常各种语言能力测试中经常测的语篇阅读理解能力。

四、智力

智力（intelligence）也是心理学中的一个重要概念。心理学中把能力区分为一般能力和特殊能力，智力就是指一般能力（彭聃龄，2001：392），它会在不同种类的活动中表现出来，而特殊能力是指在某些特殊活动中表现出来的能力。通常认为智力包含了对新环境的适应能力、推理能力、抽象思维的能力及学习的潜能。它是一种综合能力。心理学界对智力的定义认识比较一致，本研究即采用这种较通用的定义。

五、语言水平

在应用语言学领域有学者区分"语言水平"（language proficiency）与"语言成就"（language achievement）两个概念。前者指一个人使用语言以达到某种目的的熟练程度，如一个人读、写、说或理解语言的能力的高低；后者则特指学习者接受一段时间的教学后，由教师传授或自己学习获得的在第二语言或外语上的能力（参见 Richards，Platt & Platt，2000）。本书不作如此区分。在本研究中，语言水平被界定为学习者的母语或外语当前所达到的综合水平，是听、说、读、写、译等各项语言分支技能的综合反映。通常各级学校的语文/外语水平考试即视为对综合语言能力的测试。

第六节　本　书　结　构

本书总共由八章构成。第一章绪论部分，首先对本研究的社会背景进行了简要描述，作为引题；接着在简要介绍研究话题产生的理论根源之后提出主要研究问题；然后对本研究的研究目标和研究内容进行了描述，并对本研究所涉及的几个核心概念进行了界定；最后是对本书基本结构的介绍。

第二章句法意识研究现状与研究问题的提出，按照从外围到核心的思路，首先从元语言意识与句法意识的关系入手对相关内容进行了铺垫，以廓清本研究的理论渊源；接下来根据研究的内容和特点对以往句法意识研究进行了分类梳理和评论，目的是呈现句法意识研究的基本结论和现状；在此基础上提出本研究的研究问题。

第三章描述本研究的宏观研究思路。首先分析研究问题悬而未决的原因，在此基础上指出要想解决这一问题，必须克服以往研究存在的缺陷，解决一个前提问题，应该首先把句法意识的构成成分分解出来，找出句法意识语言间的共性部分和差异性部分，这样对不同语言的句法意识之间的关系才容易进行深入比较。然后对本研究解决问题的总体方案进行介绍。方案总共分两步。第一步，对汉、英句法意识的结构进行探索性研究，以明确汉、英句法意识各有哪些成分构成，哪些成分具有语言普遍性，哪些成分具有语言具体性。这一步是为研究主线提供平台，由研究一完成。第二步，把本研究的核心任务进行分解，分别由三个研究来完成。这三个研究的结果综合在一起就可以把本研究的主题考察清楚了。

第四至第七章分别报告四个具体的实证研究，对每个实证研究的整个过程和研究结果及分析讨论进行报告。这四个研究之间既有内在的联系，又具有相对独立性。其中，研究一是为解决核心问题提供一个平台；接下来的三个研究是对研究主线的任务进行分解，分别从三个不同的角度对核心问题进行考察。

第八章总讨论部分把实证研究的结果综合起来，把具体研究重新归拢到研究主线的层次上进行理论讨论。这一部分的主要目的是对研究目标作出回应。

第 二 章

句法意识研究现状与研究问题的提出

本章将遵循由外围至核心层层推进的原则（文秋芳，俞洪亮和周维杰，2004：232），对与句法意识研究相关的研究进行回顾并提出所要研究的问题。第一步，从追述元语言意识与句法意识的关系开始，以廓清句法意识研究的由来和理论背景；第二步，在对句法意识测量方法进行必要介绍之后，再对句法意识相关研究进行分类梳理和评论；第三步，在前述工作的基础上提出本研究的研究问题。本章的目的有二：一是呈现前人句法意识研究已经取得的成果，作为进一步研究的基础，并指出尚未解决的问题，作为本研究的切入点；二是阐明本研究是怎样从前人研究中衍生出来的，以构建本研究与以往研究之间内在的承继关系。

第一节　从元语言意识到句法意识

一、"元"概念的由来与元认知

"元"（meta-）本来是希腊语中的一个前缀，表示"above""beyond"或"behind"的意思。"元"的概念起初产生于哲学研究中关于内省法的"自我证明悖论"的哲学思索（Nelson，1996）。法国实证主义哲学家 Auguste Comte 对研究意识所使用的内省法（introspection）提出质疑：一个身体器官如何能够既是观察者同时又是被观察者？这就是"自我证明悖论"。为了回答这个问题，波兰逻辑学家、数学家和哲学家 Alfred Tarski 于 1956 年将"元"的概念引入语义哲学领域。根据这一概念，"元□"就是"关于□的□"（"metawhatever" refers to "whatever about whatever"）。他区分了客体水平与元水平的概念：客体水平是关于客体本身的陈述，而元水平则是关于客体水平陈述的陈述。这两者是有联系又有区别的。这一区分使得同一过程可以被分成两个或两个以上的过程来看待，其中，任何一个处于较低层次的过程都可成为一个处于较高层次过程的对象。这样一来，关于内省法的自我证明悖论问题就能够得到很好的解决：内省可以被看作是认知主体对客体水平所进行的意识活动作出元水平的语言陈述（汪玲，方平和郭德俊，1999）。

"元"概念的提出给心理学家带来了重要启示，催生了一大批关于元记忆（metamemory）（Flavell & Wellman，1977））、元交际（metacommunication）、（Rossiter，1974）等领域的研究，并在认知发展领域导致了意识与认知的元认知模型的产生。

20世纪70年代,美国斯坦福大学心理学家Flavell提出了元认知（metacognition）这一概念。元认知就是个体关于自己认知过程和结果及所有与过程和结果有关的事情的知识，以及个体为完成某一目标根据具体认知对象对认知过程进行的主动监控和调节（Flavell，1976：232）。此后，他又解释说元认知就是对认知的认知（cognition about cognition）（Flavell，1979：906），是反映或调节认知活动的任一方面的知识或认知活动（Flavell，1979：907）。在后来的研究中虽然不断有人对元认知的构成成分提出新说，但大都同意元认知是不同于一般认知的高级认知活动，和一般认知活动在对象、内容、目的和作用方式等方面存在差异。一般认知活动的对象是外在的具体事物，如听一段外语录音这个活动的对象就是一段外语的录音材料，解一道数学题的对象就是那道题目等；元认知的对象是内在的抽象的认知过程，如思考自己外语听力方法是否正确，反思自己解数学题的思路是否有问题等。一般认知活动的内容是对认知对象进行某种智力操作，比如，学生在游览了一处景点后写一篇游记就是把景点内容以及自己的游览见闻和感受等用语言表达出来，形成一篇文章；元认知活动的内容则是对认知活动进行调节和监控，比如，在写游记的过程中思考该如何开头，详写什么，略写什么，顺序该怎样安排合适，如何结尾，以及初稿写完后的阅读修改等。一般认知活动的目的是获得认知任务的完成，如正确解答一道数学题；元认知活动的目的是对认知活动进行监控和调节并间接促进任务的顺利完成。一般认知活动以直接的作用方式导致认知活动的完成；而元认知活动是通过对认知活动的监控与调节，间接地推动认知活动的完成。

二、元语言

1933 年，Alfred Tarski 在其著作《演绎科学语言中的真理概念》中提出解决语义逻辑悖论的语言分层理论，把语言分成"对象语言""元语言（metalanguage）""元元语言"（转引自侯丽白和郑文辉，1996：43；李葆嘉，2002：140）。对象语言就是作为研究对象的语言，而元语言就是用来描述对象语言的语言。例如，当我们说"这本书是影印的"这句话时，我们使用的是对象语言；而当我们说"'这本书是影印的'是个陈述句"时，我们使用的就是元语言了。语言分层理论的提出为看待语言提供了一个新的视角，加深了人们对语言本质的认识。

此后，学者们又根据各自的理解对元语言进行了不同角度的阐释。比如，Cristal（1991：217）认为元语言是对目标语（object language）进行描述和评论的语言，目标语言则是元语言描述的对象。Gombert（1992：1）认为"元语言就是由所有语言学术语构成的一种语言系统"；而 Riley（1987：173）和 Bussmann（2000：303）都认为元语言是用来描写自然语言的第二层次的语言。经过几十年的发展，元语言理论已经远远超出了逻辑学和哲学的范围，在语言学、语义哲学、逻辑学、认知心理学乃至计算机科学等领域产生了重大影响，导致了一大批相关研究的出现。目前在不同的领域里，元语言的具体含义有所不同。例如，在语义哲学界，元语言又被称为"表达语言""纯理语言""符号语言"，与目标语言相对；在语言词典学中元语言指的是用来解释词典所收词语的定义语言或叫释义语言；在计算机科学领域，元语言是指描述和处理自然语言的计算机语言（参见苏新春，2003）。

语言学家接受了逻辑学家的对象语言与元语言之分，但在语言学中元语言已经不仅仅是逻辑学中界定的"工具语言"了，它的内容已经变得相当广泛，是语言学研究中极其重要的描写手段或语言学家的"行话"（Wales，1989：294），具有独立性（封宗信，2005：403-404）。

三、元语言意识

元语言学（metalinguistics）一词出现于 20 世纪 50～60 年代，语言学家用它来指跟元语言有关的活动（metalinguistic activities）的研究（Gombert，1992：1）。从语言学的意义上来说，语言学家研究元语言活动主要是通过考察语言产生的结果来寻找某些语言特征，这些特征能够表明语言自指过程的存在，即语言符号的意义与所指（de Saussure，2001：66）是语言符号自身。这是元语言学研究的语言学取向。

对于认知心理学家和心理语言学家而言，研究元语言活动主要是通过分析人的元语言行为来寻找相关的元素，这些元素能使他们对人的认知过程进行推测，这个认知过程就是指个体对语言及其使用进行有意识的管理的过程（Gombert，1992：4）。这是元语言学研究的心理学取向。这种取向是和心理语言学的目标相一致的，心理语言学研究正是通过研究人们的语言行为来揭示人类心理活动的规律。揭示人类的心理活动规律是揭示人类认知规律的一部分，而揭示人类的认知规律正是当代认知科学总的目标指向。因此，对元语言学进行的研究本质上是当代认知科学研究的一个组成部分。

对日常生活的观察告诉我们，正常儿童从 1 岁半到 5～6 岁这个阶段是基本语言能力发展最快的时期，能够从简单地说出独词独句发展到能说结构复杂、表意清楚的成熟句子。但是，即使儿童能够顺利地表达自己的意思，也并不意味着他们已经能够完全意识到什么样的表达是符合句法规范的表达，也不意味着他们已经意识到某些语言规则的存在并能有意识地加以利用，为自己的表达目的进行服务。这需要儿童能够对语言的特征和功能等进行抽象的思维和操作，即进行元语言活动（metalinguistic activities）。这种进行元语言活动的能力并不是和基本语言能力一起出现的，但它的发展又离不开基本语言能力的发展。

个体能够进行元语言活动，把语言本身作为思考的对象提高到意识层面上进行各种心理操作，就说明他具有了元语言意识（metalinguistic awareness）[①]。元语言意识是一种超语言的（super-linguistic）抽象认知能力，具有跨语言的普遍性。

从 20 世纪 70 年代开始，西方兴起了对元语言意识研究的热潮，一直到现在元语言意识研究仍然是认知发展研究的重要内容。但直到目前为止，人们对于元语言意识的定义仍未达成完全一致的意见，研究者们根据各自对元语言意识的理解强调不同的侧重点。但综合比较各种定义不难发现几点共识，一是元语言意识

---

① 元语言意识（metalinguistic awareness）也称作元语言能力（metalinguistic ability）或元语言技能（metalinguistic skill），它们的意思是相同的，经常换用，本书中也是如此。

关注的焦点是语言形式而不是语义;二是元语言意识既包括陈述性知识又包括程序性知识;三是意识起着关键作用。因此,在充分考虑此三点的基础上,可以认为元语言意识是指个体把关于语言的形式和功能的知识提高到意识的层面上进行操作的认知能力。这是我们对元语言意识本质的理解,它涵盖了上述元语言意识的三个基本要素。

关于元语言意识和元认知能力之间的关系,人们也持有不同的看法。相当一部分人认为元语言能力属于元认知能力的一部分,在二者的关系中,元认知能力是相对于元语言能力更一般的能力;反对者则认为二者是完全彼此分开的不同的能力,它们只不过通过一些更底层的技能发生联系,而它们各自都依靠意识(consciousness)的总体发展;第三派观点认为这两种能力之间既有区别又有交叉(intersections);最后一种观点力图调和第二和第三种观点,认为元认知能力和元语言能力都取决于一般认知能力的发展。元语言意识是一种认知能力,在研究这种能力时离不开考察它与其他认知能力之间的关系。

四、元语言意识的成分

从现有文献来看,对于元语言意识由哪些认知能力构成的,还没有取得一致的意见。Jessner(2006)认为元语言能力是由翻译能力、发散性思维、交际敏感性和元语用技能等几个能力构成。但这个假说似乎说服力不够强,比如,划分的依据并不清楚,发散性思维能力是否是元语言能力的构成成分,这些值得思考。交际敏感性体现元语言能力的什么特性?这几个能力之间的关系是怎样的?直观的印象是把元语言能力分解为这几项认知能力,似乎证据不够充分。Bialystok(2001a)依据信息加工理论(information processing theory)对元语言能力成分的二分法从理论上讲有一定的合理性,但在实践中往往很难判定一种语言活动究竟是属于语言知识的分析还是属于语言加工的控制。

在众多的元语言意识研究中,人们较为普遍的做法是从语言本身的特征出发,把元语言意识分解为语音意识(phonological awareness)、词汇意识(word awareness)、句法意识(syntactic awareness)以及语用意识(pragmatic awareness)等几个构成成分,从而产生了这样几个相应的分支领域。

这种分法之所以能够被较多人接受说明它具有一定的合理性。人脑对客观世界的意识不是凭空产生的,总归是要以客观世界本身为基础的。作为客观世界的一部分，语言本身存在着语音、词汇、句法规则和语用规则等不同的方面，这些不同的方面在人的心理上形成的投射也应该是不同的，从而形成针对不同对象的认知能力。因此，从语言本身的特点出发把元语言意识分成上述几个方面既符合人类的认知规律，也具有现实的合理性。

五、句法意识与其他元语言意识之间的联系与区别

这可以从两个方面来看。

一方面，从元语言意识的对象来看。

语言是一个复杂的多面体。元语言意识的几个成分，语音意识、词汇意识、句法意识和语用意识，分别反映了语言的不同方面，意识的内容是不同的。同时，语言的这些不同方面在抽象程度上也是不一样的，对个体的要求也是逐步提高的。

语音意识的对象是语音，而相对于其他三个方面来说，语音是语言最具体、可感性最强的一面，人们可以通过自己的听觉器官直接感受到。语音是人们生活中最熟悉的语言方面。一个文盲完全有可能辨析出每一个不同的语音，地道地发出他所说语言中的每一个语音，甚至可能会是一个口才极佳的演说家。

词汇意识反映了语言的又一方面，词汇比语音抽象，不能像语音那样容易地被直接知觉到。一个人能够准确发出语音，但未必能够准确判断一定的语音片段究竟是不是一个词。

句法意识反映了语言的句法方面，句法是句子组织规则。句法规则比语音和词汇复杂得多、抽象得多，不能被人类感知器官直接感受到。在元语言意识的四个成分中，从句法意识开始，意识对象的抽象性发生了质的变化，因为意识的对象开始变成了不可直接感知的抽象规则。一个基本语言能力表达毫无障碍的人也未必能把语言表层下面隐藏着的句法规则说清楚。句法规则的抽象性提高了对个体抽象思维能力的要求，而元语言意识正是一种抽象认知能力。

语用意识的对象实际上已经超越了纯语言的范围而包含了很多社会因素（如Barron，2002；Belz & Kinginger，2002 的研究），这也是为什么有些学者倾向于把语用意识划归为语用学研究领域的原因（Verschueren，2002）。

一个人从一出生开始，生活在一个语言环境里，在接触语言的过程中，从最直观、最具体、最易感知的语言层面开始逐步形成对语言各层面的意识，这个过程是一个从简单到复杂，从具体到抽象的发展过程。因此，在元语言意识当中，

一方面，语音意识、词汇意识、句法意识和语用意识是对语言的不同层面的意识，意识的对象是不同的；另一方面，语言的这些不同方面具有不同的抽象程度，相应的元语言意识的发展难度也不同。所以语音意识、词汇意识、句法意识和语用意识，在儿童认知发展过程中并不是同时出现的。婴儿最容易感触到的是语音，因此语音意识是最先发展起来的。在后来的成长过程中随着跟语言接触的深入，逐步认识到语言的更抽象的层面，再发展出更抽象的词汇意识、句法意识以及语用意识。这些抽象的元语言能力从具体语言实践中逐步发展起来，而又超越了语言具体性。

另一方面，由于不同语言之间既存在共性也存在差异性，双语者或多语者的元语言意识中可能既含有反映语言普遍性的能力，也含有反映语言特异性的能力，具有语言普遍性的能力一定可以发生跨语言的迁移。但以往研究对元语言能力的普遍性程度问题未能重视，并未明确哪些能力是具有普遍性的，哪些能力是具有语言特异性的。因此，我们并不知道哪些元语言能力可以迁移，哪些不可以。尽管以往研究证明语音意识（Leikin，Schwartz & Share，2009；McBride-Chang & Ho，2005；Sun-Alperin & Wang，2011；徐芬，2002）和词汇意识（Friesen & Jared，2007；Ramirez，et al.，2010；Ramirez，Chen & Pasquarella，2013）可以发生跨语言的迁移，然而，我们并不能够以此进行简单化的推论，认为句法意识也具有可迁移性，因为，和语音意识、词汇意识不同，语音意识中首-尾音（onset-rhyme）意识、音节（syllable）意识、音位（phoneme）意识都是几乎所有语言中普遍性的能力，词汇意识中词的边界意识、词与所指事物之间关系的任意性意识等也都是具有语言普遍性的能力，而句法意识中有些句法能力是非常具体的，或者说和具体的语言使用联系得更加紧密，而另一些句法能力却具有较高的普遍性。因此，句法意识可能既含有反映语言共性的能力，又含有反映语言具体性的能力。

总之，句法意识的对象已经从具体可感的语言层面（语音、词汇）转变为抽象的规则，但这些规则仍然是语言本身的规则，而不像语用规则那样包含了非语言的、社会性的因素；作为元语言意识的成分之一，句法意识可能既含有反映语言共性的能力，又含有反映语言具体性的能力；因而要了解句法意识是否可以迁移就要首先区分哪些句法意识具有超语言的普遍性，哪些具有语言的具体性。

第二节　句法意识的测量方法

下面将概述一下句法意识的测量方法，因为句法意识研究首先要考虑的是如何测量句法意识，也就是句法意识的研究范式问题。句法意识研究都要用到各种测量方法，它是句法意识研究不可忽略的一个部分。

从以往的文献中看，经常使用的研究方法包括句法判断、句法修改、口头完形填空、错误模仿以及词掩蔽等。

句法可接受性判断（grammaticality judgment）和句法修改（syntactic correction）任务是句法意识研究中最常见的研究方法（Cairns，et al.，2006；de Villiers & de Villiers，1972；Gleitman，Gleitman & Shipley，1972；Gottardo，Stanovich & Siegel，1996；Plaza & Cohen，2003，2004；Pratt，Tunmer & Bowey，1984；Vogel，1974）。句法判断就是要求被试从句法方面衡量句子是否合适（grammatical well formedness），句子是否可接受；句法修改就是要求被试对那些被判断为句法不可接受的句子在尽可能不改变原意的前提下进行修改，使之成为正确的句子。完成这两种任务都需要被试调动大脑中的句法知识使之上升到意识水平，对句子的结构形式进行思考，从而做出判断或修改。口头完形填空（oral cloze）（Siegel & Ryan，1988；Vogel，1974）就是给被试口头呈现一些成分残缺不全的句子，要求被试把句子补充完整。这是句法意识研究中较早使用的方法，这个过程中被试也需要有意识地利用句法知识对句子的结构形式进行思考和操作。错误模仿（error imitation）（Pratt，Tunmer & Bowey，1984）要求被试按照主试的要求把口头呈现的含有句法错误的句子原封不动地复述出来，而不得自动进行任何修改。这项任务要求被试把注意力集中于句子的形式，而不是语义。这对年龄较小的儿童来说有一定的困难，尽管在试验中被告知不必纠正句子中的错误，只要复述所呈现的语句，他们也仍然抑制不住自己，常常自发地对句子进行修改，但这种倾向会随着年龄的增长而降低。进行自动修改的行为越多，说明被试受到语义等其他方面的干扰越多，把注意力集中到句法方面的能力越低，从而使得这种方法可以间接测量儿童的句法意识发展水平。刺激掩蔽（stimulus masking）（Dehaene，et al.，2001；Tan & Perfetti，1999；陈雅丽和陈宝国，2006；孟庆茂和常建华，1998：166-167；朱智贤，1991：836）是心理学中常用的研究范式。在句法意识研究中识别被掩蔽的词（Bentin，Deutsch & Liberman，1990；Deutsch & Bentin，1996）的做法是给被试以听觉方式呈现一些句子，句子中某个目标单词被白噪声（white noise）所掩蔽，要求被试尽可能识别出被掩蔽的词。被掩蔽的词一部分与句子的上下文句法结构一致，一部分不一致。句法意识强的被试在完成这一任务的过程中会依据句法线索识别被掩蔽的词，在句法结构一致的句子中会有更高的识别正确率；而在句法不一致的句子中，因为他们会根据句法线索进行识别，结果会出现识别错误，就是识别出与原句句法一致但并不是目标词的词语。句法意识较弱的被试不善于利用上下文句法信息进行识别，而是主要通过语义线索，或猜测策略，其答案正确率往往较低。

此外，除了上述几种主要的测量方法之外，句法意识测量中还有人使用句法错误定位（localization）（Willow & Ryan，1986）和句法复制（replication）（Demont & Gombert，1996）等方法。句法错误定位任务就是口头呈现给被试一个有句法错误的句子，让被试指出错误所在。这种任务难度尚介于句法判断和句法修改之间。句法复制任务是让被试把判断为错误的句子先修改正确，然后再根据正确的句子结构产出一个结构一样的句子。这种任务对被试要求较高。

需要指出的是，在上述各种任务中大多没有区分实验任务的难度等级，而实际上实验任务存在着难度的梯度，面对不同具体内容的判断任务，对被试的要求也就不一样。Bialystok 注意到了这一情况，并在她的研究（Bialystok，1986）中设计了四种类型的句子来让被试判断：一是句法和语义都可接受的句子；二是句法不可接受，但语义可接受的句子；三是句法可接受，但语义不可接受的句子；四是句法和语义都不可接受的句子。这种设计表面上看是对任务难度进行了区分，但实际上其有效性值得怀疑。比如，同样是句法错误的句子，但错误的类型不一样将会导致判断和修改的难度不同。其实，如下文将要谈到的那样，已有研究发现句法复杂度是影响句法意识测试成绩的因素之一。此外，这一种设计没有排除语义的影响，使得测量任务会受到语义的污染。

句法意识的测量方法各有其优缺点。句法判断任务比较适合年龄较小的被试，易于操作，但可能不够准确可靠，因为被试作出判断的依据可能是基于句法知识，也可能是基于语义或其他非语言信息，甚至是随机猜测，因此对句法意识测量的结果是否能够真实反映被试的句法意识水平值得怀疑。相对来说，句法修改和句法错误定位可靠性就更高一些。口头完形填空中实词填空会掺杂语义的作用。句法复制的难度太大，如果被试年龄较小，则可能出现地板效应，难以测得有价值的数据。句法意识的测量较容易受到其他语言或认知技能的影响，因此目前研究者们往往会综合使用多种任务来共同评价被试的句法意识发展水平。

衡量一种实验方法的优劣，主要是看它能否符合实验目的，有效测得所需数据。在句法意识研究中，关于实验方法应该注意两个问题，一是句法意识和语义的关系。句法与语义之间有很微妙的联系，分离起来是很困难的，因此在测量时应尽可能排除语义的干扰，保持测量任务的纯净，以测得真实的句法意识。二是意识性问题。句法意识作为一种元语言能力，是指在意识水平上对句法结构进行心理操作的能力。内隐的语法知识或语言直觉不能视为句法意识。不能混淆句法知识和句法意识的区别，否则就很难判断所测得的数据是否反映了真实的句法意识水平。

第三节　句法意识研究的主要方面

从目前元语言意识研究的发展趋势来看，作为元语言意识的一种，句法意识正在受到越来越多的重视，研究也在逐步增加（Bianco, et al., 2012; Chik, et al., 2012a; Chik, et al., 2012b; Miller, Kargin & Guldenoglu, 2013; Xhafaj & Mota, 2011）。那么，对于这样一种元语言意识，研究者们最关心它的哪些方面呢？这可以从研究的内容上反映出来。第一个方面，人们关注的是这种能力是如何发展的。

一、句法意识的发展过程与规律

句法意识研究的首要内容是探查句法意识是何时出现的，如何发展的。在 Gombert（1992：186-192）提出的元语言意识发展的四个阶段的模型的基础上，Layton、Robinson 和 Lawson（1998：8）进一步把句法意识的发展分为四个水平：第一个水平是习得内隐的句法规则知识；第二个水平是具有使用修补（fix up）策略的能力；第三个水平是知道句法规则的存在并能识别出某些句法规则；第四个水平是能反思自己的句法规则知识或把句法规则知识应用到相应的任务上。其中第一个水平虽然并不能反映意识性（awareness），但却是以后对语言进行有意识分析和使用的前提。

早期的研究主要使用句法判断任务，试图通过看儿童是否有能力判断句子的可接受性，以此来认定儿童是否具有了句法意识。但是由于未能有效区分句法正确性判断（judgment of grammaticality）和语义可接受性判断（judgment of semantic acceptibility）（Gombert，1992：39-40），实验结果不能够令人信服。Gleitman 等人（Gleitman，Gleitman，& Shipley，1972）的一项研究以游戏（role-modeling）的方式对 3 名两岁半儿童的句法意识进行了测量。实验为被试呈现了四种类型的祈使句：①正确的祈使句，比如，"Bring me the ball"；②电报语形式的祈使句，比如，"Bring ball"；③语序颠倒的祈使句，比如，"Ball me the bring"；④语序颠倒的电报语形式的祈使句，比如，"Ball bring"。被试的任务是回答这些句子是好的（good），还是不好的（silly）。结果，3 个儿童对第一种类型的句子作出"好"的判断的比例分别是 92%、80%、80%；对第二种类型的句子作出"好"的判断的比例分别是 100%、82%、58%；对第三种类型的句子作出"好"的判断的比例分别是 75%、50%、58%；对第四种类型的句子作出"好"的判断的比例全都是 58%。作者据此得出结论认为两岁半的儿童已经能够判断什么样的句子是好的，什么样的句子是不好的，也就是说句法意识已经开始在他们身上出现了。但是对于这样的结果，争议颇多。反对者认为这并不能作为句法意识出现的证据。一方面，一半以上句法并不正确的句子被错误地判断为好句子，错判的比例太高；另一方面，被试判断为不好的句子可能是因为句子的内容跟被试的生活联系不大，或是因为句子结构的扭曲导致儿童难以理解句子意思从而使儿童作出这是一个不好的句子的判断（Gombert，1992：41）。换句话说，年龄较小的儿童极有可能是根据语义作出的判断，而不是根据句子的句法结构。对于这样一种猜测，de Villiers & de Villiers（1972）用句子判断和修改任务专门做了一项研究来探讨在儿童的句子可接受性判断任务中语义因素是否比句法因素所起的作用更大。该实验以游戏的方式向 8 名 2～3 岁的儿童（5 名男孩，3 名女孩）呈现了一组祈使句，这些祈使句分为三种类型：①正确的句子，比如，"Brush your teeth"；②语义异常的句子，比如，"Throw the sky"；③语序颠倒从而变得不合语法的祈使句，比如，"Teeth your brush"。实验要求儿童对那些被判定为错的句子进行修改。结果发现只有语言能力好的儿童能够对正确的句子和错误的句子作出较为准确的判断，并对错误的句子进行修改；语言能力较低的儿童能够对语义异常的句子进行合适的判断和修改，但是没有能力判断和修改不合语法的祈使句。结论是，儿童在判断句子是否可接受时，语义起到了重要的作用。

　　后来又有学者不断对儿童句法意识发展问题进行过探讨。在总结早期的研究中，Tunmer & Grieve（1984）认为儿童句子可接受性判断能力的发展可分为三个连续的阶段：①在 2～3 岁这个阶段，儿童对于句子是否可接受的判断似乎只是基于他们是否能听懂句子；②4～5 岁这个阶段的显著特征是，他们把句子的内容作为判断的依据；③只是从 6～7 岁起儿童才开始有能力把句子的内容和形式分离开来，根据语言形式对句子进行判断。

　　在汉语中，龚少英（2007）采用句法判断和句法修改任务探查了 4～5 岁幼儿把字句和被字句句法意识发展的特点，发现 4～5 岁幼儿的句法修改成绩受到个人生活经验和句子语义的影响，表明他们的句法意识还处于较低的发展水平。后来龚少英和彭聃龄（2008a）把被试的范围进一步扩大又采用句法判断和句法修改任务研究了 4～10 岁的汉语儿童句法意识发展的情况。研究以幼儿园中班一直到小学 5 年级儿童为被试，每个年级各 30 人，男女各半。结果发现汉语儿童在 4～10岁这个阶段句法意识发展非常迅速，其中以 6 岁为转折点；儿童句法意识发展的内在过程是从对个人日常生活经验和句子意义的依赖转向到对句子自身的句法结构的有意注意。宋正国（1992）的研究以 90 名 4～8 岁的汉语儿童为被试，考察了他们的句子可接受性判断能力。结果发现 4 岁的儿童已经具有了这样的判断能力，虽然总体上仍处于较低水平；5～7 岁的儿童判断成绩有所提高，但他们仍倾向于基于语义进行判断；8 岁的儿童判断能力进一步提高，但他们的判断仍不能完全摆脱语义的影响，往往兼顾语义和句法两个方面；研究还发现被试的这种判断能力存在着显著的个体差异。汉语和英语儿童在句法意识的发展过程大体上都呈现出逐步发展的趋势。

　　儿童句法意识发展的过程说明句法意识并不是和基本语言能力同时出现的，而是随着儿童元认知能力的发展逐步发展起来的，句法意识是一种元语言能力，不同于一般的语法知识或语言直觉。但是，由于对句法意识的具体结构至今还没有清楚的回答，所以人们仍然并不清楚句法意识是只有一个单一的成分还是由多个成分构成的，如果是由多个维度构成的，各维度在是否是同步发展的这一方面还是有差异的。现有的文献只是用句法判断或句法修改或口头完形填空等不同的实验任务从各个角度去探测儿童的句法意识，但是对于句法意识的构成成分这个问题，尚未真正触及。所以目前还不能描绘出儿童句法意识发展的内在的细致过程，只能粗略勾勒出一个句法意识发展大体的时间阶段。

在探讨了句法意识发展规律之后，人们会立刻产生一个问题：为什么？即句法意识为什么会呈现这样的发展规律？这就产生了第二个方面的研究：寻找句法意识发展的影响因素。

二、影响句法意识发展的因素

根据现有文献，影响句法意识发展的因素总体上可以分为两大类，一类是个体自身的，或称内部因素，包括年龄、智力、基本认知能力、元认知能力、工作记忆（working memory）、语言经验、语言水平等；另一类是外部因素，包括社会文化环境、家庭社会经济地位（social economic status，SES）（Schiff & Ravid，2012）、受教育状况、目标语言特点等。

在众多研究中都发现年龄是影响儿童句法意识发展的重要因素（Bowey，1986a；Chik，et al.，2012a；Davidson，Raschke & Pervez，2009；de Villiers & de Villiers，1972；Flood & Menyuk，1983；Nation & Snowling，2000；Pratt，Tunmer & Bowey，1984；Smith & Tager-Flusberg，1982；龚少英和彭聃龄，2008b），在各种句法意识任务中，年龄越大的儿童成绩也倾向于越好，说明儿童的句法意识随年龄的增长而不断发展和完善。Tsang 和 Stokes（2001）采用句法判断和句法修改任务考察了 56 名 3 岁、4 岁、7 岁和 20 岁以汉语广东方言为母语的被试的句法意识，要求他们对 40 个目标句子的语法正确性进行判断，并对判断为句法错误的句子进行修改，目标句子中包括 18 个词序违反句子和 22 个语素违反（Hakes，1980）句子。结果发现在两类句子的判断和修改成绩中都有显著的年龄效应，完成任务的成绩随年龄的增长而提高。年龄因素实际上反映了儿童发展的认知成熟度，当儿童年龄太小，一般认知能力尚未发展成熟的时候，高级的认知能力是无法发展起来的。

第二个影响句法意识发展的因素是智力。这一点比较容易理解，存在智力障碍或智力水平较低的儿童一般认知能力普遍较低，进行元语言意识这样抽象的高级思维活动困难可想而知，所以几乎在所有句法意识研究中被试的智力因素都是研究者必须要考虑的问题（Bialystok，1988；Birney & Sterberg，2006；Chik，et al.，2012a；Chik，et al.，2012c；de Andrade & Fernandes，2011；Doherty & Perner，1998；Hakuta，1987；Kamhi & Koenig，1985；Pinto，Iliceto & Melogno，2012；Xhafaj & Mota，2011），因为以往研究证实智力影响着句法意识的发展。

工作记忆是对信息进行暂时性存储和加工的短时记忆系统，它的能力是有限的（Baddeley，1992；1998）。研究表明，工作记忆容量大小影响句法意识任务的成绩（龚少英和彭聃龄，2005），因为被试在进行句法判断或句法更正等任务是必须把一些相关信息暂时保存在工作记忆中。工作记忆容量越大，保存的信息越多，越有利于对信息进行加工（Sanchez, et al.，2010）。

语言经验（language experience）是影响个体句法意识发展和其他元语言能力的重要因素之一，尤其是双语或多语经验能够促进个体元语言能力的发展，使双语者比单语者具有更强的元语言能力。Vygotsky（1986：196）是最早提出这个观点学者之一，他认为学习第二语言能够促进儿童把自己的语言视作多种语言中的一种，以及把特定的语言现象放在更广泛的类别下进行看待的能力，这就会促进儿童对语言运作的意识性（awareness of linguistic operations）的提高，而这种对语言运作的意识性正是元语言意识。语言经验影响句法意识发展的观点在众多双语认知研究的文献中都有广泛的证据支持（Bialystok，2001a：139；Eviatar & Ibrahim，2000；Foursha-Stevenson & Nicoladis，2011；Galambos & Hakuta，1988）。

语言本身的因素也是影响句法发展的原因之一。比如，Hakes（1980）发现儿童判断词序违反比判断语素违反要容易。Tsang 和 Stokes（2001）也发现被试完成对词序违反句子的判断比完成对语素违反句子的判断要容易。Pratt、Tunmer 和 Bowey（1984）的研究要求 5 岁和 6 岁的儿童修改词序错误和语素残缺（morphological deletion）的句子，结果发现两组儿童在修改词序错误的句子方面成绩都低于修改语素残缺句子的成绩，说明不同的句法错误类型导致句子语义不清楚的程度是不一样的，从而给被试造成的难度也就不同。龚少英（2007）、龚少英和彭聃龄（2008a，2008b）的研究也发现句法错误类型会影响儿童的句法判断和句法修改的成绩，表明他们对不同句法结构的句法意识的发展是不同步的。

影响儿童句法意识发展的因素很多，人们至今还在不断地探讨。需要指出的是，影响儿童句法意识发展的因素并不是孤立地起作用的，它们往往是有交互作用的，交织在一起共同影响句法意识的发展。只是在不同的阶段，各因素所起的作用可能是不同的，它们处于动态的变化过程中。

对于一种认知能力，人们如此努力地考察它的发展规律，并寻找影响其发展的因素，那么它究竟有什么意义呢？对这一问题的回答就产生了第三方面的研究。

三、句法意识的功能：对阅读能力发展的促进作用

和语音意识与阅读能力之间的关系一样，句法意识与阅读能力之间的关系也是句法意识研究中最受重视研究最为丰富的一个方面，是句法意识研究的中心问题（陈雅丽和陈宝国，2006：54）。

对于这个问题的研究可以分为两个阶段，早期的研究（20 世纪 70～90 年代）较为粗放，焦点集中于探讨句法意识和阅读能力的发展是否相关。

Bowey（1986b）的研究发现 4～5 年级解码能力好的和差的儿童的句法意识和阅读理解以及阅读理解监控之间都呈现非常显著的相关；甚至在控制了口语词汇能力和解码能力之后，句法意识和阅读理解及阅读理解监控成绩的相关性仍然显著。当然也有研究因为测试任务不同等原因得出了不一致的结论。例如，Fowler（1988）的研究向 2 年级被试口头呈现了一些句子，要求被试完成句法错误判断和句法错误修改两种任务，两种任务中的句子句法复杂性一致。研究考查了被试在句法判断和句法修改上的成绩与阅读理解、记忆广度、语音意识之间的关系。结果发现句法判断成绩受句法错误类型影响很大，与阅读能力、语音意识没有相关，而且受短时记忆的影响也不大；然而，句法修改成绩却与阅读理解、语音意识高度相关，而且受短时记忆影响很大。

尽管如此，大部分早期研究都得出了类似的结论，即句法意识与阅读能力具有相关性。但是相关研究并不能说明它们之间的因果关系，这是相关研究的局限性。因此，后来的研究开始探讨它们之间的因果关系，企图弄清哪个是因，哪个是果。而且这些研究往往深入到较为精细的层面，还把句法意识和其他语言及认知能力综合起来考察，一方面考察句法意识对阅读的作用，一方面考察这些能力之间的相互关系和交互效应。

Bowey 和 Patel（1988）的研究试图检验在排除一般语言能力的作用之后元语言能力是否可以独立解释早期阅读成绩的变异。研究测量了 1 年级儿童的音位意识、句法意识、接受性词汇水平、单词解码能力以及阅读理解能力。结果发现这些实验测量成绩均有显著相关；然而，多元回归分析显示，当对一般语言能力的影响进行了统计控制之后，包括音位意识和句法意识的元语言意识并不能预测早期阅读能力的发展。

Tunmer、Nesdale 和 Wright（1987）为了考察句法意识和阅读能力因果关

系的作用方向研究了年龄小的好的读者和年龄大的差的读者。研究对这两组被试进行了一些匹配之后测量了他们的句法意识，包括口头完形填空和口头句法修改任务。结果显示，年龄小的好的阅读者句法意识成绩明显好于年龄大的差的读者，作者据此认为年龄大的差的读者句法意识发展明显滞后，而这种滞后可能阻碍了他们阅读理解能力的发展。

20 世纪 90 年代以来的研究逐步深入到更加细致的层面，主要探讨句法意识对阅读的作用机制问题以及句法意识是如何与其他因素结合在一起产生作用的，比如语音意识、工作记忆（working memory）等。但是由于每项研究所涉及的被试情况、测试任务、所测变量等存在诸多不同，因此所得结论也不尽一致，甚至相互矛盾。

Nation 和 Snowling（2000）的研究把阅读理解能力好的读者和差的读者在年龄、编码能力和非语言能力等方面进行了匹配之后，用词序修改范式测量了他们的句法意识。结果显示阅读理解能力差的读者句法意识水平低于好的读者；两组被试的句法意识成绩都受到句法复杂性、语义的歧义性影响。这些发现支持了这样的观点，即阅读理解能力差的读者有句法加工方面的困难，这些困难既包括语法方面的，也包括语义方面的，尽管他们的语音加工能力正常。

Cain（2007）用语法修改和词序修改两项任务来考察句法意识与阅读理解的关系。被试是 8 岁和 10 岁的儿童，研究测量了他们的句法意识、阅读能力、词汇能力、语法知识和记忆力。结果发现句法意识和阅读理解之间的关系受到词汇能力、语法知识和记忆力的影响，而句法意识和单词阅读的关系则不受这些因素的影响。

Taylor 等（2012）调查了 82 名正在努力脱盲的成年人的句法能力，他们的识字水平处于小学 3～5 年级。研究显示这些成年人的句法意识水平较低；相关分析发现，被试的口语技能、书面语加工技能和阅读理解技能有相关性；回归分析表明这些成年人的句法知识不能单独预测阅读理解能力，而口语加工技能却可以。该研究的发现似乎表明成年人和初学阅读的儿童在阅读方面有相似的特征。

Rego（1997）调查了 48 名葡萄牙语儿童句法意识和阅读能力的关系，这些儿童通过拼读法（phonics）学习单词阅读，研究焦点是考察句法意识和解码能力之间的关系。结果发现句法意识与解码能力的关系受到儿童利用语境策略的影响；以外显的教学方式教授儿童形—音对应知识能够显著促进他们单词解码能力的发展；这种教学方式对儿童解码能力发展的促进作用不依赖句法意识。

在非字母语言（non-alphabetical　language）中，陈宝国和陈雅丽（2008）考察了汉语环境下小学 2 年级和 4 年级儿童的句法意识、语音意识和阅读理解的关系。研究采用句子判断和句子纠正任务测量了被试的句法意识，并从词汇、句子和篇章三个层次测量了被试的阅读能力。结果发现，对于 2 年级的学生，句法意识预测了词汇理解和句子理解的成绩，语音意识预测了课文理解的成绩；对于 4 年级的学生，句法意识预测了词汇理解和篇章理解的成绩，句法意识和语音意识共同预测了句子理解的成绩。这个研究结果表明，句法意识和语音意识都是影响小学儿童阅读理解能力发展的重要因素，但语音意识对阅读理解成绩的预测作用不如句法意识的预测作用稳定。Chik 等（2012a）调查了 272 名香港汉语广东方言小学 1 和 2 年级儿童语音、正字法、形态、句法加工（用口头完形填空方法测量）等诸项技能和读写能力之间的关系。这是一项纵向研究，在被试 1 和 2 年级时进行的测量。研究对多元回归分析结果表明在控制了年龄和智力因素之后被试 1 年级的句法加工技能（包括词序、连接词的使用、形态句法结构知识）仍然能够显著预测 1 年级时的与词汇阅读有关的认知技能、2 年级时的句子阅读理解能力、2 年级的单词阅读能力。作者得出结论认为和字母文字一样，句法加工技能对汉语阅读理解起到基本作用。

在句法意识对阅读关系的问题上，研究者们已充分注意到其他因素的共同作用（Abu-Rabia & Siegel，2002；Lefrançois & Armand，2003；Miller，2010；Plaza & Cohen，2003），这其中尤以语音意识的作用为甚，争论也最多。在语音意识和句法意识在阅读中的作用以及二者之间的相互关系问题上，Shankweiler 等（1992）在阅读困难研究的基础上提出的语音缺陷性假说（phonological limitation hypothesis）受到的关注最多。该假说认为阅读困难的主要原因在于语音加工能力有缺陷。语音加工存在缺陷会干扰儿童形-音对应关系的习得。语音、句法、语义自下而上处于不同的层次，语言信息的加工是从语音到句法再到语义的单向过程，而当语音加工存在缺陷时，就会阻碍语言信息从低水平向高水平加工的传递，成为制约整个语言信息加工的瓶颈，最终导致高水平的语言加工的失败。因此，语音加工与阅读的成绩有直接的因果关系。句法缺陷只是语音加工缺陷的副产品，也会影响阅读成绩，但不是主要原因。该假说得到了一些实验证据的支持（如 Gottardo，Stanovich & Siegel，1996）。但也有研究并不支持这一假说（如 Plaza & Cohen，2003；Tunmer & Hoover，1992）。Plaza 和 Cohen（2003）的研究测量了 267 名法语 1 年级儿童的语音加工能力、句法意识、快速命名（rapid automatic naming，RAN）能力，以及词汇阅读、假词阅读（pseudo word reading）、阅读理解、词汇听写（dictation）等多项技能。经过一系列的分析，结果发现语音意识、句法意识、快速命名三项能力在控制了其他因素的影响之后仍能有效预测阅读和拼写成绩。这个结果证实了在控制了语音意识的影响之后，句法意识仍然可以独立解释阅读成绩的变异（variance）。作者据此提出了一个关于语音意识、句法意识等因素与阅读能力关系的整合性假说，根据这一假说，句法意识不是语音意识的副产品，句法意识可以独立解释阅读成绩的变异，阅读困难是由语音意识、句法意识以及其他多种因素的共同作用造成的。该假说基本可以看作是和语音限制性假说相对立的。

总之，关于句法意识和语音意识在阅读理解中的作用问题目前仍在深入探索之中。句法意识对阅读能力发展具有积极的促进作用，这是目前已经获得的基本结论。

句法意识的以上三个方面主要是就第一语言展开的，那么二语学习者的第二语言（L2）①句法意识是否和第一语言句法意识具有相同的发展规律和作用呢？对这一问题的探讨产生了第四方面的研究。

四、二语句法意识研究

这些研究在具体的研究方法上多是运用和母语者句法意识研究相同的范式，在研究内容上也主要是探讨二语句法意识的发展规律及其与二语其他各种语言认知能力之间的关系。

Da Fontoura 和 Siegel（1995）研究了 37 名 9～12 岁居住在加拿大多伦多地区的儿童，他们的母语（L1）是葡萄牙语（Portuguese），主要在家庭环境里使用；他们在家庭以外主要使用英语。研究在考查这些被试的母语句法意识的同时也考

---

① 因研究需要，有些学者区分第二语言即二语（second language，简称 L2）和外语（foreign language）两个概念。个体从出生时开始学习的语言被称为第一语言即一语（L1），通常就是指母语；除母语以外学习的其他语言通常都被称为二语（针对多语情况，也有人分得更细）；在非目标语言环境下学习的二语通常被称为外语。二语和外语的主要区别在于语言环境和学习方式。在本书中，二语和外语两个术语是通用的，不作上述区分，都是指外语。

查了他们的二语（英语）的句法意识。在进行多项测量和统计分析之后，结果之一是发现这些被试二语的句法意识和母语的句法意识水平都不高，但分别跟各自语言的阅读能力有显著的相关性，即句法意识和阅读能力有语言内的相关性。

Lefrançois 和 Armand（2003）研究了 38 名 9～11 岁母语为西班牙语（Spanish）的儿童，他们分别来自拉丁美洲的 12 个国家，以法语为第二语言。研究的各项测量是在这些儿童接受了为期大约 7 个月的法语教学之后进行的。研究根据语义和句法的匹配设计了四种不同类型的句子，用句子重复（sentence repetition）、句法判断（grammaticality judgment）、句法更正（correction）和错误句法复制（error replication）四个任务测量了被试的二语句法意识；对被试的阅读能力从解码（decoding）、单词识别（word recognition）、句子理解（sentence comprehension）、短文理解（text comprehension）四个方面进行了评估。研究目的是考查二语的句法意识和语音意识对二语阅读四项技能的作用。结果发现对被试二语的阅读解码成绩最好的解释因素是二语语音意识；句子阅读成绩和短文阅读成绩都与句法意识高度相关。这个研究结果只是揭示了二语句法意识跟二语阅读能力之间的相关性，回归分析并没有发现二语句法意识对二语阅读有显著的解释力，但相关关系并不等于因果关系，所以还有进一步研究的必要。

在 Martohardjono 等（2005）进行的另一项研究中，22 名（进入最后数据分析的是 13 名）6 岁左右幼儿被试在家里使用母语西班牙语，在学校使用二语英语。研究目的是为了考查二语句法意识与二语阅读能力之间的关系。由于被试年龄较小，研究者设计了适合幼小儿童的游戏实验范式。在测量句法意识时，由主试向被试一个一个地读句子，这些句子中包含了不同类型的并列关系从句或从属关系从句或时间状语从句，这些句型结构作为探查被试句法意识的具体形式，是总的句法意识的分项测试（sub-tests）。研究要求儿童把所听到的句子内容（用道具）表演出来（act out task）。如果表演完全正确就说明被试对目标句法结构理解正确。对阅读能力的测量实际上是根据"Gates MacGinitie 预备级阅读能力测试"（Gates MacGinitie Reading Test Level PR）由主试采取口头方式呈现的，要求被试听完材料后在一个小册子上用铅笔划出相应的选项。这种听力理解（listening comprehension）的能力被认为是儿童阅读能力发展的预备阶段的能力。结果发现不仅英语句法意识总分与英语听力理解总分显著相关（$r = 0.62$，$p < 0.05$），而且，在三种句法结构类型上，从属关系从句意识上的得分也与听力理解成绩显著

相关（$r=0.57$，$p<0.05$）。

Cormier 和 Kelson（2000）的研究考查了以英语为母语、以法语为二语的儿童法语单词复数形式拼写情况。这些学生参加了法语沉浸式教学。研究目的是寻找影响二语单词复数的影响因素，考查因素包括二语语音加工能力、听觉分析能力和二语句法意识。等级回归（hierarchical regression analyses）结果表明法语句法意识对法语单词复数拼写成绩没有预测能力，有预测能力的是听觉分析能力和语音意识。

为了验证二语口语能力是否与二语元语言意识有关，最近 Xhafaj 和 Mota（2011）对 11 名年龄在 17～41 岁的巴西人（Brazilians）进行了研究，他们的二语是英语。研究测量了被试的二语水平（L2 proficiency）、二语元语言能力（包括语音意识、句法意识和词汇意识）。结果之一是发现二语句法意识和二语口语能力有显著相关。

为探讨句法意识与二语学习者阅读能力之间的关系，Simard、Foucambert 和 Labell（2012）测量了 37 名以法语为母语者和 36 名非法语母语者的句法意识和阅读能力，比较句法意识对阅读能力的关系在母语者和非母语者之间的有何差异。研究测量了两类儿童被试的句法意识、接受性词汇水平、阅读能力以及语音记忆能力。多元回归分析结果显示非母语者的句法意识能够显著解释他们阅读成绩的变异。这说明句法意识对阅读的作用不会因为学习者是不是母语者而改变。

最近出现的一篇报告（Reder, et al., 2013）研究了 95 名法国 1 年级学生，这些学生分为法语单语组和学习德语（German）为外语的双语组。研究对两组儿童的语音意识、词汇意识和句法意识进行了测量和比较。结果发现双语组在句法意识方面成绩明显好于单语组，证明了双语者元语言意识优势中句法意识优势的存在，说明双语经验对儿童句法意识的发展有促进作用。

国内二语句法意识实证研究数量很少，只有几项，对象主要是以英语为外语的学习者（EFL learners），在研究范式上也都是和国外研究一致，主要内容是句法意识和阅读的关系。姜雪凤（2003）以初中 2 年级学生为研究对象，考查了句法意识和语音意识两种元语言意识对英语阅读的作用。作者把句法意识分为高级句法意识和低级句法意识两个水平。结果发现英语句法意识对阅读理解成绩的影响大于语音意识对其的影响；句法意识和语音意识对语音解码成绩没有预测力；句法知识提取过程自动化程度越高，则对阅读理解影响越大；和学习成绩优秀的学生相比，学习成绩较差的学生的语音意识和句法意识水平落后；高级句法意识是造成阅读成绩优劣的主要原因。这项研究在国内同类研究中相对较早，而且研究结果提供了很丰富的知识，对认识汉语环境下英语学习者的学习规律很有意义。

　　龚少英等（2009）对初一学生的研究考查了语音意识和句法意识两种元语言意识，以及工作记忆对英语阅读能力的作用，其中阅读分为单词、句子和短文三个层次。结果发现，英语阅读能力好的学生和差的学生在语音意识、句法意识和工作记忆三个方面都存在显著差异；句法意识对三个层次的阅读成绩都具有显著预测力，而且是最显著的预测因子；语音能力只对短文层次的阅读成绩有显著预测力；工作记忆能力对三个层次的阅读成绩均没有显著预测力。这些结果表明对初一年级的学生而言，英语句法意识是影响他们英语阅读成绩的重要因素。

　　龚少英、徐先彩和刘华山（2010）探查了初三学生英语句法意识与英语阅读过程中几种能力之间的关系，包括对阅读过程的监控能力、对背景信息的利用能力、阅读的自信度三项。结果显示英语句法意识既能显著预测阅读的监控过程，也能显著预测阅读理解过程中对背景信息的利用，说明英语句法意识对于初三学生英语阅读理解有重要作用。

　　罗艳萍（2010）以大学生为对象，比较了英语专业学生和非英语专业学生在语音意识和句法意识两项元语言意识上的差异，以及语音意识、句法意识和英语阅读能力之间的关系。句法意识测量使用了句法判断和句法修改任务。阅读能力包括语音解码、单词、句子以及篇章水平的阅读。其中关于句法意识所得出的研究结果包括英语专业学生的句法意识水平高于非英语专业学生，表现为前者在句法判断的句法修改的成绩显著优于后者；专业和非专业学生的句法意识对语音解码能力（阅读能力的一个方面）都没有显著预测力；不管专业学生还是非专业学生，语音意识都只能预测单词水平的阅读能力，而句法意识只能预测句子和篇章水平的阅读能力。

　　在最近的一篇国内报告中，吴师伟（2012）比较了汉、英语音意识和句法意识在小学生语篇阅读能力中的作用，发现句法意识对语篇阅读成绩具有显著的语言内预测力；句法意识对语篇阅读的作用大于语音意识的作用。

　　句法意识研究的主要方面即是上述四个方面。除此之外，还有比较外围的阅读障碍者的句法意识研究以及双语经验对元语言意识——包括句法意识——的影响研究，但这两方面研究的目标指向不是句法意识，而是阅读障碍和双语经验，与本研究关系不大，不再赘述。

五、对前人研究成果的简要总结与评论

自 20 世纪 70 年代元语言意识研究兴起以来，作为元语言意识的重要组成部分之一，句法意识研究受到了学者们的持续关注，众多认知科学研究者们对句法意识进行了多角度、多层面的探索。前人的不懈努力取得了丰富的研究成果。这些成果包括形成了关于句法意识是元语言意识组成部分的共识、厘清了句法意识和基本语言能力的联系与区别、勾画出句法意识发展的大致阶段、找到了一些影响句法意识发展的因素、明确了句法意识对阅读能力发展的作用、摸索出一系列研究句法意识的实验范式和有效的测量方法等。这些已经取得的成果增加了人们对句法意识本质和特性的了解，丰富了人们关于句法意识的知识。句法意识研究成果直接有助于认识人类语言认知能力的发展规律，并作为整个认知科学的一个组成部分，为揭示人类认知规律这一宏伟目标作出一份贡献。这些成果也可以为治疗阅读障碍、改进语言教学以提高语言学习效果提供理论指导，具有实际应用价值。同时，立足于本领域来看，前人已经取得的成果也为后来的继续研究奠定了理论基础，使后来的研究能够"立于巨人的肩膀上"。

第四节　问题的提出

如上所述，句法意识研究已经取得了丰富的成果，对句法意识的发展和功能进行了全面的描述。但是这并不意味着句法意识研究已经穷尽了所有问题。实际上，该领域还有相当大的拓展空间，甚至可以说未解决的疑问远远多于已获得的知识。

那么，本研究的话题是如何获得的呢？灵感具体是缘何而起的呢？

一、话题的获得

观察和反思以往的句法意识研究可以发现，多数研究侧重于单语的句法意识，包括母语和二语。然而，当我们把目标的背景范围扩大，即当我们把句法意识置于双语视野之下，就会产生这样的问题：对双语者来说，一种语言的句法意识是否等同于另一种语言的句法意识？母语句法意识强的人是否二语句法意识也强呢？这个问题的本质是双语者两种语言的句法意识之间究竟是怎样的关系？问题

的关键就是不同语言的句法意识之间是否存在迁移。

那么，这样一个初步的话题是否能作为一个研究的课题呢？它的理据是什么呢？

二、问题的理据

（1）双语者的元语言意识是具有语言普遍性的能力，具有跨语言的可迁移性，而且这种可迁移性在语音意识与词汇意识等方面的研究中得到了证实。

比如，关于语音意识的研究已经表明语音意识具有跨语言的可迁移性，一种语言的语音意识可以迁移到另一种语言，不管两种语言是属于同一语系（Durgunoğlu，Nagy & Hancin-Bhatt，1993；Leikin，Schwartz & Share，2009；Sun-Alperin & Wang，2011），还是属于不同语系（Chow，McBride-Chang & Bogress，2005；Gottardo，et al.，2001；McBride-Chang & Ho，2005；刘莹，2011；刘莹和董燕萍，2006；徐芬，2002；徐芬和董奇，2005）。词汇意识研究也表明词汇意识具有跨语言的可迁移性（Friesen & Jared，2007；Ramirez，et al.，2010；Ramirez，Chen & Pasquarella，2013）。

（2）然而，双语者的句法意识和语音意识及词汇意识有所不同。

首先，有的语言之间（如汉语和英语之间）的句法学差异是明显的，因此，所需的句法能力是不相同的。

以汉语和英语为例。英语属于印欧语系（Indo-European family）（Baugh & Cable，2002），汉语属于汉藏语系（Sino-Tibetan family）（徐通锵，1991）。从语言类型学（language typology）（Croft，2000）的角度来看，在语法层面上，英语和汉语之间就存在很大差异。比如，汉语有量词，而英语没有量词却有冠词。英语代词有性、数和格的不同形式，动词有时态、语态的变化；汉语则没有这样的特征。汉语句法上讲究意合，主要依靠内在的意义作为组织语言的手段，外在形式上对词序和虚词依赖较多；而英语讲究形合，对结构形式高度依赖，因此有复杂的人称、时态、单复数等搭配手段和规则。汉语句子是左分支结构（left branching），英语是右分支结构（right branching）。英语讲究形式的衔接（cohesion），注重衔接手段（cohesive device）的使用；汉语更注重意义的连贯（coherence），不能前言不搭后语。汉语句法结构相对松散，短句较多，有很多无主句，句子内部层次结构之间的关系跟意义密切相关；英语则对形式结构要求比较严格，结构之间有很多嵌套关系，结构对语义有较强的制约性。

其次，由于双语间的句法能力不同，而既往的元语言意识研究又很少关注普遍性的句法意识和特异性的句法意识界限在哪里，因此我们不知道句法意识中哪些能力是具有语言普遍性的，哪些能力是具有语言具体性的。因而，我们就不了解哪些句法意识成分是可以迁移的，哪些是不可以迁移的。

在以往的研究中，关于句法意识的迁移研究本来就很少，所得的结论还不一致，有的研究声称迁移存在，而有的却没有发现迁移。

一方面，有的研究认为迁移存在。

例如，Geva 和 Siegel（2000）的研究考查了正字法（orthographic）因素和认知因素在 245 名 1～5 年级英语（L1）-希伯来语（L2）双语儿童阅读发展中的作用。该研究也用口头完形填空任务分别测量了被试在两种语言中的句法意识。结果发现这两种语言的句法意识成绩有显著的相关性，显示了句法意识跨语言迁移的存在，尽管被试在希伯来语上的句法意识成绩低于英语。

Bindman（2004）的研究对象是 116 名 6～10 岁的英国儿童，他们的母语都是英语，在英国两所犹太学校学习希伯来语。但是他们根据二语学习的不同要求可以分为两组，一所学校的学生出于宗教目的更强调古希伯来语的学习，几乎不强调现代交际口语的学习，而另一所学校出于培养现代口头交际能力的需要则很强调口语。研究对两组被试都以口头和书面的形式分别进行了英语和希伯来语的句法意识测量。回归分析结果显示，两种语言间的句法意识出现了跨语言预测力，说明句法意识存在跨语言的迁移。

最近的一项研究（Foursha-Stevenson & Nicoladis，2011）以 39 名平均年龄 4 岁的法-英语双语儿童为对象，用句法判断任务分别测量了他们的法语和英语的句法意识。判断任务选择了三种句法点：形容词与名词的顺序（adjective-noun ordering）、 是否需要限定词（obligatoriness of a determiner）、宾语代词的位置（object pronoun placement）。结果发现，双语被试的判断成绩受到了来自另一语言的影响，这说明句法意识跨语言迁移是存在的。

另一方面，有的研究则认为迁移不存在。

例如，为了探查二语单词复数拼写能力的影响因素，前文提到的 Cormier 和 Kelson（2000）的研究考查了 1～3 年级参加法语沉浸式教学的 103 名英-法语双语儿童法语单词复数形式拼写能力。研究测量了被试的句法意识、工作记忆、推理能力、听觉分析、语音意识、单词解码、单词复数拼写等诸项能力。回归分析结果并没有发现句法意识对单词复数拼写能力产生跨语言的预测作用，说明一种语言的句法意识并没有迁移到另一种语言的单词复数拼写能力中去。

此外，还有的研究结果似乎有些模糊。

例如，da Fontoura 和 Siegel（1995）研究了 37 名 9～12 岁的以葡萄牙语为母语以英语为二语的双语儿童。该研究用包括 20 个句子的口头完形填空任务，以葡萄牙语和英语两个版本测量了被试两种语言的句法意识。结果发现被试在两种语言中的句法意识任务成绩达到显著的 0.63 相关，显示句法意识迁移的出现；但是，句法意识对词汇阅读只起到语言内的作用，并没有显示出语言间的作用。产生这个结果可能跟阅读的测量有关，因为阅读任务只设置了真、假词阅读，句法意识在这个水平的阅读上可能起不到多少跨语言的作用。

（3）因此，不能因为元语言意识在语音意识和词汇意识等其他维度具有跨语言的可迁移性，就进行简单的推论，认为句法意识也一定具有可迁移性。

一方面，语音意识、词汇意识、句法意识和语用意识这些元语言意识是有本质区别的语言认知能力，他们分属于元语言能力的不同方面，共同构成元语言能力；它们不仅在意识的内容上是不同的，而且意识的内容也具有不同的抽象程度。从语音意识、词汇意识到句法意识，一个根本性的不同是意识的内容由具体可感的语音和词汇变化为抽象的难以直接感知的句子组织规则。而对抽象规则的感知能力以及把关于这些抽象规则的知识提高到有意识的水平上进行各种心理操作的能力都对个体的认知提出了更高的要求。语言现实的不同方面对个体认知能力的要求也是不相同的；另一方面，不同语言在句法方面既有共同特征，也存在着很多差异，这些差异是语言特异性（language-specific features）在句法方面的具体体现。个体处理这些具有语言具体性的句法所需要的能力可能是不同的，这也有可能影响到迁移的发生。在对语音意识和词汇意识的研究中，我们能够比较容易地发现两种语言之间具有共性的能力，如语音意识中音首–韵脚意识和音节意识，词汇意识中词汇任意性意识和词素意识等，几乎是每种语言都必须具备的能力。因而当它们被抽象为一种元能力时，其语言间的迁移是不言而喻的。但是，在句法意识这个维度上，情况则完全不同，由于语言形态结构的不同，个体所具备的句法能力可能也不尽相同。因此，要了解句法意识的可迁移性，必须首先确定哪些句法意识具有跨语言的普遍性，哪些具有语言的具体性。最后，即便在具体语言使用中双语者能够抽象出具有语言普遍性的句法意识，也可能由于两种语言的学习和语用条件的差异而显现出不同的发展速度，即出现抽象水平之间的差异。这也可能影响到迁移的发生。

　　总之，作为元语言意识的一个方面，句法意识有其独特性，和其他元语言意识之间存在着本质的不同。句法意识中可能既含有语言普遍性的能力，也含有语言具体性的能力，需要对其进行有针对性的研究，才能揭示其是否具有可迁移性。因此，这个问题有研究的必要性。两种语言的句法意识在同一个人身上将会发生怎样的关系？迁移究竟存不存在？以往的研究并未彻底回答这一问题。而弄清这种关系对于弄清语言认知能力之间的关系有理论和实际意义，因此，这是一个有研究价值的问题，值得探讨。

三、研究问题

　　本研究把中国青少年汉–英双语者两种语言句法意识之间的关系作为研究的主线，试图弄清汉–英双语者两种语言的句法意识是否具有可迁移性。为了解决这个问题，本研究首先要找到双语者句法意识中具有语言共性的能力和具有语言特异性的能力。然后把核心问题进行分解，从几个方面来完成。因此，本研究提出如下四个主要问题：

　　（1）汉、英句法意识中是否存在两种成分，即语言普遍性和语言具体性成分？

　　（2）是否只有具有语言普遍性的成分才具有跨语言迁移的可能性？

　　（3）如果只有语言普遍成分才具有迁移的可能，那么，汉–英双语者具有共性的句法意识成分在不同语言学习和使用阶段的迁移效率是否存在动态变化？

　　（4）汉–英双语者具有共性的句法意识是否以相同的效率作用于另一语言的具体能力之中？

　　以往的双语者元语言意识研究，所考察的双语属同语系（language family）的情况较多，比如，英语和法语（Bialystok，Peets & Moreno，2014；Cormier & Kelson，2000；Foursha-Stevenson & Nicoladis，2011）、英语和葡萄牙语（da Fontoura & Siegel，1995）、英语和西班牙语（Martohardjono, et al.，2005；Quiroz, et al.，2010）、法语和西班牙语（Lefrançois & Armand，2003）、法语和德语（Reder, et al.，2013）、英语和俄语（Brooks & Kempe，2013）。

　　由于同语系的语言在家族关系方面比较靠近，它们在语音、词汇、句法结构等层面有过多相似之处。以这样高相似度的语言进行的比较所得出的结论代表性会受到限制。世界上的语言并不都只属于一个共同的语系，而是有不同语系的语言。汉语和英语是不同语系的语言，在句法结构方面既有相同部分，也有很大的差异，因而汉-英双语者这两种语言的句法意识中可能既包含有语言普遍性的能力，又包含了语言具体性的能力。以汉语和英语作为研究的语言对象，有利于扩大双语句法意识研究结论的代表性。

此外，在中国大陆，有数量庞大的以英语为外语（English as a foreign language，EFL）的学习者群体，他们也是双语者的一种类型，他们已经具备了基础英语水平，但又处在发展之中，符合我们研究的需要。以这样一个庞大的群体为研究对象也会使研究具有很强的实际意义。尽管在国外和中国港台地区也有以汉-英双语者为对象进行的句法意识研究，但是由于他们所处的学习环境和中国大陆英语学习者所处的环境有很大差异，因此对于这些研究的结论能否适用于中国大陆学生，也需要检验。

因此，本研究将把主攻方向聚焦到汉-英双语者汉语和英语句法意识之间的可迁移性。

第 三 章

宏观研究思路

第一节 对问题未能解决原因的追寻

既然本研究试图解决的问题在既往研究中未能清楚回答，那么在确定解决方案之前，理应首先对以往的相关研究进行一些必要的反思，弄明以往研究为什么未能清楚回答这个问题，以及原因何在；否则，可能不利于从根本上解决问题。

那么，以往的双语句法意识研究究竟存在什么问题呢？除了表面显示的相关的直接研究文献较少，说明研究未受到足够重视之外，是否还有什么深层原因会影响这个问题的解决呢？经过对相关研究的归纳和仔细比较分析，我们找出以下两个主要问题，我们认为这两个问题会影响问题的解决。这是目前研究存在的深层不足，多数研究都存在第一个不足，也有研究两个不足都存在。下面一一进行分析。

一、没有确定句法意识的基本构成成分

关于句法意识，目前学界只是就其基本内涵达成了一个最基本的共识，即句法意识应是在意识层面关注/操作句子形式的能力，这种能力似乎可以与操纵语义的能力相分离。至于具体内涵（如能力的结构成分、与其他能力的区分等）还在讨论之中，至今尚未见到对此问题有系统完整的观点发表。据我们所知，目前还没有研究明确指出句法意识的基本结构，确定句法意识由哪些成分构成，或者说可以分为哪些具体的维度。这也是目前整个句法意识研究领域存在的一个实际状态，不仅仅是句法意识迁移研究才有此不足。

那么，这样一种状态会导致什么样的结果呢？

众所周知，在学术研究中，理论框架和具体的研究是属于不同层次的问题，

理论框架处于较高级的层次，具体研究处于较低级的层次，理论框架对具体研究起指导作用，有什么样的理论框架就有什么样的具体研究。不同的理论框架指导下的研究之间可能面目迥异。而如果同一领域的研究缺少一个统一的理论框架，那无疑将会导致具体研究各行其是，各人按照各人自己的理解进行实验设计，开展研究，最终的情况就是结果之间因为没有共同的理论框架作为平台而难以进行比较。各项具体研究之间因为差异性太大而难以进行比较和综合以便形成抽象的一般性的结论。

就句法意识研究而言情况正是如此。

由于句法意识的结构成分这样一个理论问题至今没有得到解决，这就导致了具体研究没有明确的理论框架可以为据，于是，正如句法意识研究现状所表现的那样，各项研究只能依据研究者自己对句法意识基本内涵的理解，把体现基本内涵的指标落实在一些具体的句法点上，也就是实验研究的切入点。心理语言学是一门实验性很强的科学，要以实验数据作为基本的支撑，因为数据驱动（data driven）是科学思维的特征之一（舒华和张亚旭，2008：2）。而实验性研究必须要有个切入点，不能泛泛而谈，这是实验性研究的内在要求，是由实验性研究的本质特征所决定的。关于句法意识的实验性研究一定要选择有代表性的句法点。可目前的情况是，上端只有句法意识的基本内涵，底端一项一项具体的实验研究又必须要选择某些句法点作为切入点，然而每一种语言都有纷繁复杂的句法结构，关于如何把句法意识落实在哪些句法点上，却没有明确的理论做指导。所缺的这个处于中间层的理论正是关于句法意识结构的理论。没有这个理论框架作指导，具体研究在选择句法点时就没有一个"操作指南"。这样一来，双语迁移研究的结果，迁移存不存在，很大程度上就取决于选择了什么样的句法点。

总之，由于句法意识的基本构成成分没有明确划分，以至于在进行具体的双语迁移研究时就会出现这样一种情形，即当研究确定的反映句法意识的测试项目普遍符合两种语言的句法能力时，迁移效应就明显，而如果选择的项目带有明显的语言具体性时，迁移就不会出现。

理论分析之后，下面再结合典型的具体研究来进行举例分析。

最近 Foursha-Stevenson 和 Nicoladis（2011）的研究发现了句法意识跨语言迁移的存在。这项研究的目的是为了检验这样一个假设：学龄前双语儿童比同龄单语者有句法意识优势。实验用句法判断任务对法–英双语被试进行了两种语言的句法意识测量，同时对英语单语儿童进行了英语句法意识测量。经过比较，结果发现双语儿童在句法意识成绩上显著优于单语儿童；双语儿童在两种语言的句法意识上显著相关，显示了句法意识的跨语言影响，也就是说一种语言句法意识成绩好的被试另一种语言的句法意识成绩也好。

然而，当仔细观察研究所进行的句法意识测量时可以发现，两种语言句法点的选择并无明确的理论框架以为依据，但研究者所选择的法-英语句法点是经过匹配的，是在两种语言语法共性的基础上挑选出来作为测试的句法点的。研究共选择了三个句法点：形容词-名词的排列顺序、是否需要限定词、代词宾语的位置。这三种句法情形是两种语言里都有的，具有这两种语言经验的双语儿童无疑会在与这两种语言的接触和比较中注意到这些现象，从而提高他们对这些句法结构的敏感度和意识性程度。换句话说，被试在完成英、法两种语言的句法任务中所需的句法能力可能是相同或相似的，属于具有跨语言普遍性的能力。这样一来双语被试在这些具有共性的句法点上成绩有相关性就很好解释了。

那么，假如两种语言所测的句法点不同，是具有各自语言具体性的句法点，研究也能得出相关的结果吗？这就是一个疑问了。由此可见，测量所选的句法点在比较时起着很关键的作用，句法点选择不同完全有可能导致结果很不相同。所以测量时句法点的选择应该有理论框架作为依据。

再看一项早些年的涉及两种不同语系语言的研究（Bindman，2004）。该研究考察了被试英语（L1）和希伯来语（L2）两种语言之间语素和句法意识（morpho-syntactic awareness）的关系。被试是 116 名 6～10 岁英国儿童，他们在两所不同的学校把希伯来语作为外语来学习，但一所学校强调现代希伯来语口语教学，另一所学校不强调口语，而强调古典希伯来语。研究对被试两种语言的句法意识进行了测量，其中对英语句法意识的测量使用了三项任务：口头完形填空，工具是 Siegel 和 Ryan（1988）所设计的测量工具，包含 15 个句子，每个句子中缺少一个单词，包括名词、动词、形容词、代词；词汇类比（word analogy），实际上就是考查词性意识，比如，主试说 happy，被试说 happiness 就是正确反应；句子类比（sentence analogy），主试说一个简单句，里面包含一个动词，要求被试把动词变为别的时态形式，实际上就是考查动词的时态变化，比如，主试说 David helps Sarah.被试说 David helped Sarah.就是正确反应。对希伯来语句法意识的测量只有口头完形填空一项任务，工具是 Geva 和 Siegel（2000）所设计的工具，和英语的完形填空几乎是平行的，所缺单词也包括了各种词性，还包括了时态、人称、数、阴阳性的搭配。研究结果发现这些双语被试希伯来语句法意识成绩和英语的三项任务之间都有显著相关，但相关性较弱（在 0.3～0.39，$n=$116，$p<0.001$）。

和前一项研究类似，这项研究也没有句法点选择的理论依据，选择什么样的句法点，很大程度上是研究者自行决定。这项研究中对希伯来语句法意识的测量虽然只有口头完形填空一项，但是从具体填空内容来看，和英语的三项任务内容存在很大的重叠，也就是说，英语句法意识三项任务所涉及的句法方面，在希伯来语的测量任务中都有或多或少的涵盖。也就是说这些任务测量的句法能力在很大程度上是具有语言普遍性的能力。这样一来，任务之间成绩的相关性自然就有出现的可能了。任务内容的相似性使得两种语言间的比较处于同一层面或至少相似的层面，这样就比较容易发现相互影响的关系存在。

句法意识是一种认知能力，它具有抽象性，而能力之间的迁移也会受到多种因素的影响，且存在个体差异，即使表面不同的句法结构也可能在个体大脑中发生某种联系，产生某种整合。这两项研究由于没有考虑被试对于两种语言间有差异性的句法结构的意识是否具有可迁移性，因此，结论不够全面。

综上所述，可以得出这样的结论，即以往的双语句法意识迁移研究由于没有明确句法意识的基本构成成分，没有明确哪些能力是具有语言普遍性的，哪些是具有语言具体性的，以至于测量时句法点的选择没有明确的理论依据，最终会导致结论不够清晰全面，关于句法意识迁移是否存在的结论不够可靠。

二、对迁移的动态性重视不够

运动变化是事物的本质规律，忽视事物的动态变化会导致对事物认识的片面性（恩格斯，1984）。双语者两种语言句法意识之间的关系也是处在不断的动态变化过程中的，因为推动这种关系发生变化的因素，诸如个体的年龄、双语水平、认知能力等，在学习过程中都是处于发展变化之中的。所以，从方法论的角度来说，对双语句法意识之间的关系，也不能仅以静态的方法来观察，否则，将可能导致对这种关系认识不全面。

例如，da Fontoura 和 Siegel（1995）的研究考察了 9～12 岁英–葡萄牙语儿童的双语阅读、句法意识、工作记忆等技能，并和英语单语者进行对比，目的是想查明英-葡萄牙语双语儿童在阅读中产生的困难和英语单语儿童阅读困难是否具有同样的性质。其中,对双语被试进行英语句法意识测量时使用的是根据 Siegel 和 Ryan(1988)调整设计的口头完形填空任务,由 20 个句子构成。测量葡萄牙语句法意识时使用的是在此工具基础上翻译调整而成的葡萄牙语版本。要求被试听完主试读完句子之后把句中所缺的一个单词补充出来。结果发现双语被试在两种语言的句法意识任务上的成绩有显著正相关($r=0.63$,$p<0.001$)。据此结果可以认为被试英语和葡萄牙语句法意识是有相互促进的关系。但是,第一,与上述第一个不足所讨论的问题一样,该研究只是测量了两种语言的总体句法意识,句法点的选择并没有明确的理论框架作为依据,所考察的两种语言在所测的句法内容上也高度一致,这样,出现结果的相关是很有可能的,况且在测量两种语言的句法意识时所使用的工具只是同一工具的两种语言版本而已,它们在内容上的相似度太高;第二,研究者并没有根据某种因素对双语被试进行分组,只是把被试作为一组被试进行了一次静态的观察测量。也就是说研究者只是选取了一个时间点,对研究对象进行了一次观测。如果把被试分成不同的年龄组或不同的语言水平组,那么结果的相关是否会稳定地出现呢?由于对一个处于动态变化中的事物进行一次观察具有偶然性,所以观察到的结果是否是一种稳定出现的情况不得而知。对于变化中的研究对象理想的观察方法当然是采用纵向研究法(longitudinal research)进行动态跟踪研究;退一步说,尽管观察是一次性完成的,但是如果把观察对象按照不同的年龄进行分组统计比较,那么,这种横断研究法(cross-sectional research)也应该是可以观察到双语者两种语言句法意识之间迁移的动态变化的。可是以往研究这样做的不多。

三、原因总结

通过以上分析,可以看出以往句法意识迁移研究存在两个主要的不足,一是没有对句法意识的基本构成成分进行划分,二是对迁移的动态性重视不足。这两方面的不足在以往的具体研究中要么出现一个,要么两个都会出现,不管是出现一个还是两个同时出现,都会对研究结论产生不利的影响。

第二节　解决问题的基本思路

上一节对以往研究未能清晰回答研究问题的原因进行了分析,这为确定本研究解决问题的思路奠定了基础，因为要从根本上解决问题，就要克服以往研究中存在的不足。从上一节的分析中可以看出，深层矛盾集中指向两个要点：没有确定句法意识的基本构成成分、对迁移的动态性重视不足。原因查明之后，研究的思路也就逐渐清晰了。宏观上说，本项研究共分为两大步：第一步，对句法意识的结构进行划分，以寻找汉-英双语者句法意识中共性和特异性的能力；第二步，以所划分的句法意识基本成分为基础，解决本研究的核心问题。在第二步中解决核心问题时，把问题进行分解细化，从三个方面分别考察，最后综合三方面的结果完成对核心问题的回答。

一、划分句法意识的构成成分

根据前文所述，虽然研究已经证实双语者的语音意识和词汇意识具有可迁移性，但句法意识和其他元语言意识维度——语音意识和词汇意识——不同，它具有语言特异性存在的可能，因此，我们必须把握一种方法，既能找到共性（语言普遍性）又能找到语言特异性的句法能力，同时又能将这种研究方法置于一个发展的体系之中。

这种方法就是要把句法意识的内部结构进行划分，从而通过观察和比较能够明确句法意识中哪些成分是具有语言共性的能力，哪些成分是具有语言具体性的能力。此任务由研究一来完成。迁移的动态性只能在共性和特异性的基础上进行考察。

二、研究主题的分解

本研究的主题是探讨汉–英双语者两种语言的句法意识发展之间的迁移。针对以往研究中存在的两个不足，我们提出了要划分句法意识的基本构成成分以克服第一个不足，由研究一来完成。之后又如何回答研究的核心问题呢？在回答核心问题的时候又如何克服以往研究中存在的第二个不足呢？

本研究以中国青少年英语学习者为研究对象，从高一到大学 1 年级，共四个年级。在研究思路上，拟把核心问题进行分解，分成三个更小的方面。

第一，先考察被试汉、英两种语言的句法意识发展过程和规律。以研究一所划分出来的句法意识基本成分为依据，按每种语言句法意识的结构成分，设计测试工具，对被试汉、英两种语言的句法意识进行测量，按年级观察这两种语言的句法意识总体和各成分如何随着年级的升高而变化。这是为了探明被试双语句法意识总体和各成分动态发展变化的过程及特点，以及共性的句法意识成分之间发展变化的关系。这是双语句法意识迁移研究的起点，由研究二来完成。

第二，分年级考察两种语言的句法意识总体和各成分跨语言之间的关系，关注语言间的迁移是否出现，以及在年级间发展变化的详细情况。这是研究迁移的动态发展过程本身，由研究三来完成。

第三，分年级考察句法意识可迁移成分对跨语言具体能力的影响，关注汉—英双语者可迁移的句法意识成分是否以相同的效率作用于另一语言的具体能力之中。这是考察迁移的终点或归宿，即这种迁移作用能否在跨语言阅读中产生效应。此任务由研究四来完成。

由于客观条件的限制，我们无法进行跟踪研究，因此总体上这是一个横断法的研究，双语句法意识关系变化的动态性主要通过跨年级观察来了解，不同年级的被试有不同年龄和双语水平，这会引起这种关系的动态变化。

这三个研究之间既有相对的独立性，又有内在的联系。它们的独立性体现了考察角度的变化。它们之间的联系表现在两个方面：一是这三个研究都以研究一所划分的句法意识基本成分为依据，目标都指向句法意识的迁移这个核心问题，这三个方面的问题考察清楚了，就可以对汉、英句法意识的可迁移性形成一个较为系统全面的认识；二是这三个研究之间在思路上是环环相扣、逐层推进的，由外向内逐步深入到汉—英双语者两种语言句法意识之间关系的细致层面。

需要说明的是，上述对核心问题的分解思路主要是从数据分析的角度来实现的。三个研究的数据收集工作则是一起完成的。就是说，三个研究都是同样的被试，这些被试参加所有各项测试任务，只是在把这些被试所有各项数据信息收集上来之后，根据对所分解出来的不同问题，提取相关的数据来进行统计分析。

第 四 章

研究一：汉、英语句法意识结构

第一节　研究目的与理论假设

正如宏观研究思路部分所述，在解决核心研究问题之前，我们必须首先确定汉–英双语者的句法意识中是否存在具有普遍性的能力和具有语言具体性的能力。这需要首先对汉、英两种语言句法意识的基本构成成分进行划分，在此基础上通过对比找出普遍性和具体性的句法能力。研究一的目的正在于此，是为回答主要研究问题中的第一个问题。

我们的理论假设是，句法意识是一个多成分的能力结构，不同语言的句法意识既具有语言的共性，又具有语言的特异性。

第二节　研　究　方　法

研究一将使用探索性因子分析（exploratory factor analysis）方法分别对汉、英句法意识的能力结构进行探察，看能否把句法意识成功地分解为不同的成分，再通过比较来找到具有共性的句法意识和具有特异性的句法意识，体现在因子分析中，关键就是看能否成功提取出若干符合条件的共同因子。

一、被试选择

在汉语作为母语的环境下，从小学到大学，学生都要学习普通话。除了日常生活中学生将其作为最主要的语言使用以外，在各级学校里学生还会接受正规的汉语语文教学。因此，从这两个方面，学生可以充分接触到汉语中各种各样的句法现象，并且在学校语文教学的帮助下逐步提高句法意识。

中国大陆有数量庞大的英语学习者，其中最大的群体是在校学生，因为英语是各级学校最主要的外语语种。学生在学校接受正规的英语教学。但是，因为各地条件不一，少数地方从幼儿园就开始有英语教学，有的地方从小学开始，也有条件较差的地方从初中才开始。但不管从何时开始英语教学，初、高中英语教学内容和大体进程各省（直辖市、自治区）基本相同，到高中三年级全国各地的中学教学都已经把英语中的基本语法教授完毕，高中毕业生将可以参加统一高考。

要比较完整地揭示汉语和英语的句法意识结构，应选择对两种语言句法现象接触较全面的被试。这是选择被试需要考虑的一个条件，是由研究目的所决定的。因此我们选择的被试是从高一到大一这四个年级的。汉语是他们的母语，他们有现实的语言环境，对母语中的句法现象接触充分、全面；但是就英语来说，他们没有现实的语言环境，和英语句法现象的接触不像和母语那样充分、全面，主要受学校教学计划安排的影响。根据现有英语教学中语法内容的安排，至高一阶段已经安排了大部分的英语基础语法内容。

具体来说，研究一所选择的高中被试来自福建省福州市一所普通高中高一至高三年级，大学 1 年级被试来自福建省一所普通省属综合型高校非英语专业。背景调查所得信息显示，福建省的高中生和大学生被试都是从小学 3 年级开始正式学习英语的，少数外省的大学生被试是从初中开始正式学习英语的。被试家庭社会经济地位跨度较大，被试父母的文化程度从小学文化水平到博士都有，父母从业范围较广泛，包括下岗职工、自由职业者、生意人、各级学校教师、医生、公务员、军人等。我们之所以选择多元背景的被试，主要是考虑当实验的效应出现时，这种效应就具有普遍意义。

二、测试工具

（一）智力问卷

考虑到一般智力的影响，我们对被试进行了智力筛查。通过两条途径，一是老师对学生的情况介绍，二是智力测验。用于智力测验的工具是北京师范大学心理系与北京师范大学心理测量与咨询中心 1988 年 3 月翻译并编制出版的《瑞文高级推理测验（第二版）》。

（二）汉语句法意识测量工具

对被试的汉语句法意识测量采用的是句法错误定位任务，要求被试对书面所给句子进行判断，对判断为错误的句子要求指出错误原因。根据以往研究文献，这种任务难度比句法判断、完形填空及句法修改都更大，因为对被试在句法结构规则方面的意识性程度要求更高。而本研究的被试属于青少年，不是年幼的儿童，他们在基本语言表达能力方面都已发展得比较成熟，因而这种任务适合他们的实际语言能力。之所以采用书面形式而不是口头形式，理由有两点：一是为了排除工作记忆的影响，二是因子分析需要人数较多的被试和大样本的测量，通过口头方式则较难以实施。测试题总共由 34 个句子构成，其中有 6 个是句法没有错误的填充句，被试在这 6 个句子上的成绩在统计计算时不计分。句法错误句选择方法是，首先收集全国各地市 2012～2013 学年高一至高三的期中或期末考试语文试卷和非福建省 2013 年高考语文试卷，这些试卷中包含修改病句的测试题。其次，从每个年级的期中或期末试卷及高考试卷中随机抽出 5～7 个有句法错误的病句和一个没有句法错误的填充句，总共抽出 34 个。这些句子字数在 10～50，没有生僻字。再次，把所选句子按随机顺序排列。最后，对 30 名学生（每个年级 6～8 名）进行了试测（pilot study）和访谈（interview），征询对测试题的意见。试测学生不参加正式测量。试测结果统计显示测量工具 28 个变量总体信度 α 值为 0.87（N of cases＝30，N of items＝28）。试测后对个别题目进行了调换，对个别词语进行了修改。正式测量工具见附录 1。

（三）英语句法意识测量工具

英语句法意识测量工具设计过程和形式与汉语类似。测量采用句法错误定位任务，要求被试对认为错误的句子明确指出错误原因。测试题由 35 个书面句子构成，其中有 7 个句子是没有句法错误的填充句，填充句在统计分析时也不用统计。句法错误的 28 个句子选择方式和汉语一样，首先收集全国各地市 2012～2013 学年高一至高三的期中或期末考试英语试卷和非福建省 2013 年高考英语试卷，这些试卷中包含修改语法错误的测试题。其次，从每个年级的期中或期末试卷及高考试卷中随机抽出 5～7 个有句法错误的病句和 7 个没有句法错误的填充句，总共抽出 35 个句子。考虑到对被试来说英语是他们的外语，在课堂以外的环境他们很少能和英语有较多接触，因此对英语句法结构的了解主要是通过学校的教学安排，所以我们在选择句子时，根据现行中学英语教学内容，注意把句法现象限定在高一之前学过的内容，高中英语语法的名词性从句和虚拟语气等语法内容没有选择在内。需要指出的是，我们的目的是找到句法意识中具有共性的成分和具有语言特异性的成分，因而并不需要关注这些句子是否完全反映了被试句法意识的所有方面。而且低年级的学生有些语法知识还没有学习，因此也就没有相应的句法意识。所选句子单词数在 7～24 个，单词绝大部分都在高一之前学过，只有个别单词超出高一范围，在括号里用汉语注明了意思。再次，将句子进行随机排列之后进行了试测，参加试测的 30 名学生和前述参加汉语试测的学生是同一批学生。对试测结果的统计显示测试题 28 个变量总体可靠性系数 α 值为 0.860（N of cases＝30，N of items＝28）。最后，根据对参加试测学生的访谈修改了几个单词。正式测量工具见附录 2。

三、数据收集过程

2013 年 10 月进行数据收集。高中被试每个年级选三个普通自然班级，大一被试选择四个非英语专业自然班级。测试在三周内完成。时间方面，高中部分由校方协助安排，大一部分由学生辅导员及学生所在院系协助安排。每一场测量在进行前都征得了被试的口头同意。

第一周进行智力测验。周三下午自习课时间高一三个班同时参加智力测验。进行智力测验之前要求被试先填写完整的个人背景信息，包括姓名、性别、出生年月、正式开始学习英语的时间、父母文化程度（从"小学、初中、高中、专科、本科、硕士、博士"这些选项中勾选）、父母职业（学生自行填写）。然后按智力测验指导手册中规定的程序进行智力测试。测试分别由三位受过专业训练的研究人员在三个班级主持，每个班级另有校方安排的一位本班任课老师在场协助。

第一周的周四和周五下午进行高二和高三的智力测验。过程和高一的相同。

第二周的周三下午进行高一汉语句法意识测试。形式以语法专项小测验的形式进行，进行测试时每个班都有两位老师监考，学生对此形式非常熟悉，所以进展很顺利。

第二周的周四和周五下午进行高二和高三的汉语句法意识测量。过程和高一的相同。

第三周的周三下午进行高一英语句法意识测试，过程和汉语句法意识测试相同。

第三周的周四和周五下午进行高二和高三英语句法意识测试，过程和高一的相同。

对大一被试的数据收集工作和对高中学生的数据收集工作具体程序基本相同。只是在每个班级进行测量时的具体时间安排上不同，因为他们无法在完全相同的时间段内集中。第一周进行智力测验，四个班分别在各自班级英语课上抽出一节课来完成。具体程序和高中生一样。测试由研究者本人主持，班级辅导员协助。第二周和第三周分别进行汉语和英语句法意识测试，程序和高中生的一样。测试由研究者本人和班级英语任课老师共同主持。

所有数据收集完成之后，进行评分。智力测验部分全是客观题，研究者请其他老师协助评阅。汉、英句法意识测试题所有试卷评分工作由研究者本人完成。评阅工作完成后，所有数据输入计算机，用统计软件 SPSS13.0 进行统计分析。

第三节 统计分析过程与结果

因为有的被试未能全程参加测试，缺少了某些（次）测试，所以下面进行统计分析时汉语和英语句法意识的统计计算人数不一样。

首先，通过智力测验和老师的情况介绍，没有发现智力存在障碍的特殊被试，所有被试智力均属正常。

一、汉语句法意识结构成分

经过对数据的整理，把测试中不合格的答卷进行了剔除，包括答题不够认真或答题不完整的被试。最后汉语句法意识测量合格被试总人数 562 人，平均年龄 17.2 岁，其中男生 270 人，占 48%；女生 292 人，占 52%。被试的性别、年龄和年级分布见表 4-1。

表 4-1 汉语句法意识被试的性别、年龄和年级分布

人数与年龄	高一	高二	高三	大一	总人数
男生数（所占比例）	51（43.6%）	69（54.8%）	72（52.6%）	78（42.9%）	270（48.0%）
女生数（所占比例）	66（56.4%）	57（45.2%）	65（47.4%）	104（57.1%）	292（52.0%）
总人数	117	126	137	182	562
平均年龄	15.5	16.7	17.5	18.9	17.2

对错误定位任务 28 个测试句子得分进行的内部一致性检验，得出 $\alpha=0.802$（N of cases＝562，N of items＝28），说明测试信度可靠，可以进行进一步的统计分析。

各题的平均数与标准差见表 4-2。表中第一列变量是测试语句的统计代码，每个代码代表一个测试语句，分别代表 28 个句子（关于统计代码和测试题原始语句题号的对应关系可以参见表 4-14 及附录 1）。

表 4-2 汉语句法意识各题的平均数与标准差

变量	样本量	最小值	最大值	平均数	标准差
SMEAN（CS192）	562	0.00	1.00	0.852 1	0.223 76
SMEAN（CS202）	562	0.00	1.00	0.530 8	0.110 65
SMEAN（CS222）	562	0.00	1.00	0.588 1	0.105 82
SMEAN（CS232）	562	0.00	1.00	0.500 2	0.166 20
SMEAN（CS242）	562	0.00	1.00	0.672 8	0.119 18
SMEAN（CS252）	562	0.00	1.00	0.404 6	0.145 50
SMEAN（CS262）	562	0.00	1.00	0.403 0	0.154 65
SMEAN（CS272）	562	0.00	1.00	0.415 3	0.150 59
SMEAN（CS292）	562	0.00	1.00	0.644 1	0.162 08
SMEAN（CS302）	562	0.00	1.00	0.663 6	0.222 13
SMEAN（CS312）	562	0.00	1.00	0.330 6	0.049 21
SMEAN（CS322）	562	0.00	1.00	0.774 0	0.218 07
SMEAN（CS342）	562	0.00	1.00	0.228 1	0.100 19
SMEAN（CS352）	562	0.00	1.00	0.328 7	0.101 11
SMEAN（CS362）	562	0.00	1.00	0.782 4	0.123 56
SMEAN（CS372）	562	0.00	1.00	0.383 8	0.111 35
SMEAN（CS392）	562	0.00	1.00	0.882 2	0.178 24
SMEAN（CS402）	562	0.00	1.00	0.653 7	0.205 72
SMEAN（CS412）	562	0.00	1.00	0.381 0	0.140 94
SMEAN（CS422）	562	0.00	1.00	0.565 6	0.133 87
SMEAN（CS442）	562	0.00	1.00	0.690 2	0.207 68
SMEAN（CS452）	562	0.00	1.00	0.544 1	0.105 40
SMEAN（CS462）	562	0.00	1.00	0.684 7	0.140 82
SMEAN（CS472）	562	0.00	1.00	0.687 4	0.102 52
SMEAN（CS482）	562	0.00	1.00	0.496 6	0.139 95
SMEAN（CS492）	562	0.00	1.00	0.773 0	0.140 72
SMEAN（CS512）	562	0.00	1.00	0.666 1	0.204 91
SMEAN（CS522）	562	0.00	1.00	0.579 4	0.127 74
Valid N （listwise）	562				

下面先对汉语句法意识测试结果进行因子分析。

（一）步骤 1 计算所有测试变量的相关矩阵，以判断应用因子分析方法的适合性

因子分析的前提是所测原始变量之间应该具有较强的相关关系。只有变量之间有较强的相关性，才可能有共同因子存在；如果变量之间相关性很低，那么它们之间就不可能有共同因子存在。因此，在进行因子提取等分析步骤之前要对变量相关矩阵进行统计检验。我们选择了 SPSS 软件中提供的两个统计量来帮助检验所测数据是否适合做因子分析：巴特利特球体检验（Bartlett's test of sphericity）与 KMO 样本充足性检验（Kaiser-Meyer-Olkin Measure of Sampling Adequacy）。检验结果如表 4-3 所示。

表 4-3　汉语句法意识 KMO 测度与巴特利特球体检验表

KMO 样本充足性检验		0.841
巴特利球体检验	近似卡方值	2131.654
	自由度	378
	显著性水平	0.000

KMO 检验值表示的是全部变量的方差比，该方差比可能是由潜变量所引起的。一般来说，KMO 的值越大，表明变量间的共同因子越多，数据越适合因子分析。一般按以下标准解读该 KMO 值的大小：0.9 以上为非常适合，0.8～0.9 为适合，0.7～0.8 为一般，0.6～0.7 为不太适合，0.5～0.6 为不适合，低于 0.5 表明样本量偏小，应扩大样本量（秦晓晴，2003）。表 4-3 显示的 KMO 值为 0.841，说明本研究样本量符合要求，数据适合用因子分析方法。

巴特利特球体检验可以帮助判定相关矩阵是否是单位矩阵（identity matrix），如果是单位矩阵，就说明各变量之间无相关关系，因子模型不合适。巴特利特球形检验的虚无假设为相关矩阵是单位矩阵，如果不能拒绝该虚无假设，则表明数据不适合用于因子分析。表 4-3 显示显著性水平为 0.000，拒绝了虚无假设，表明变量之间有显著的相关关系，也就是说，变量之间有共同因子存在，肯定了因子分析方法的适用性。

（二）步骤 2 提取公共因子，确定因子的数量和求因子解的方法

共同性（communality）是指原始变量的方差中由共同因子所决定的比例。

变量的方差由两部分组成：共同因子和唯一因子。共同性可以表示原始变量的方差中有多大部分能够被共同因子解释，所以共同性越大表明变量能被因子解释的程度越高。共同性的意义在于说明假如用共同因子代替原始变量之后，原始变量的信息能够在多大程度上得以保留（秦晓晴，2003）。

SPSS13.0 软件提供了主成分分析法（principal component analysis）、不加权最小平方法（unweighted least squares）、综合最小平方法（generalized least squares），以及极大似然估计法（maximum likelihood）等数种方法来依据变量间的相互关系提取共同因子。我们此处采用的是主成分分析法，原因是主成分分析法是社会科学研究领域中采用最多的方法。

表 4-4 报告的是共同因子方差，也就是显示每个原始变量被解释的方差量。

表 4-4　汉语句法意识共同因子方差（共同性）表

变量	初始共同因子方差	抽取共同因子方差
CS192	1.000	0.490
CS202	1.000	0.748
CS222	1.000	0.646
CS232	1.000	0.586
CS242	1.000	0.568
CS252	1.000	0.585
CS262	1.000	0.500
CS272	1.000	0.677
CS292	1.000	0.585
CS302	1.000	0.550
CS312	1.000	0.638
CS322	1.000	0.586
CS342	1.000	0.686
CS352	1.000	0.437
CS362	1.000	0.546
CS392	1.000	0.750
CS402	1.000	0.528
CS422	1.000	0.614
CS442	1.000	0.689
CS452	1.000	0.609
CS462	1.000	0.508
CS472	1.000	0.713
CS482	1.000	0.595
CS492	1.000	0.622
CS522	1.000	0.511
CS372	1.000	0.638
CS512	1.000	0.675
CS412	1.000	0.806

注：提取方法：主成分分析法。

初始共同因子方差是每一个原始变量被试所有成分或因子所解释的方差估计量。用主成分分析法时，它的值总是等于 1，因为有多少个原始变量就会有多少个成分，所以初始共同因子方差会等于 1。

确定因子数目没有精确的定量方法，我们此处采用两个常用的准则来帮助确定公共因子的个数。一是特征值（eigenvalue）准则，二是碎石检验（scree test）准则，即通过观察碎石图的方法。

特征值准则就是选择特征值大于 1 或等于 1 的主成分作为初始因子，而放弃特征值小于 1 的主成分。

表 4-5 显示的是总的解释方差。如表中显示，共有 28 个原始变量，所以有 28 个成分；初始特征值（Initial Eigenvalues）大栏中 Total（特征值）栏为各成分的特征值，栏中有 9 个成分的特征值大于 1；9 个公共因子的方差占总方差的累积百分比达到 75.384%。Extraction Sums of Squared Loadings（因子提取结果）栏显示了因子提取的结果和未旋转解释的方差；最后一栏显示旋转后解释的方差；旋转前后 9 个成分的总特征值不变，最后的累计方差百分比仍然是 75.384%。

帮助确定提取因子个数的另一准则是通过碎石图观察。图 4-1 可以看出，从第 9 个因子往后的曲线开始逐渐变得平缓，近似一条直线。图 4-1 显示的结果与表 4-5 相同，据此可以初步判定，应当可以抽取 9 个公共因子。

（三）步骤 3 进行因子旋转，通过坐标变换使因子解的意义更加明显

通过表 4-5 和图 4-1 虽然可以初步确定要提取的因子数，但还不能最终判定，还需要看因子旋转的结果。

SPSS13.0 软件提供的因子旋转方法有方差最大旋转（Varimax）、四次方最大旋转（Quartimax）、直接斜交旋转（Direct Oblimin）和斜交旋转（Promax）等旋转方法。

不同的因子旋转各有其特点，我们此处选择的是直交旋转法中的方差最大旋转法，因为它是实际研究中运用最广泛的方法。

表 4-6 是旋转前的成分矩阵，显示的是每个原始变量在未旋转的公共因子上的因子负荷量，其中小于 0.1 的因子符合量没有显示。每个数字表示的是该原始变量与未旋转的共同因子之间的相关程度。

表 4-5　汉语句法意识测量总的解释方差

成分	初始特征值			未旋转解释的方差			旋转后解释的方差		
	特征值	解释方差%	累计方差%	特征值	解释方差%	累计方差%	特征值	解释方差%	累计方差%
1	4.791	17.111	17.111	4.791	17.111	17.111	2.970	10.607	10.607
2	2.350	8.393	25.504	2.350	8.393	25.504	2.796	9.986	20.593
3	2.297	8.204	33.708	2.297	8.204	33.708	2.726	9.736	30.329
4	2.047	7.311	41.019	2.047	7.311	41.019	2.691	9.611	39.940
5	2.001	7.146	48.165	2.001	7.146	48.165	2.506	8.949	48.889
6	1.949	6.961	55.126	1.949	6.961	55.126	2.217	7.918	56.807
7	1.928	6.886	62.012	1.928	6.886	62.012	1.909	6.818	63.625
8	1.902	6.793	68.805	1.902	6.793	68.805	1.703	6.081	69.706
9	1.842	6.579	75.384	1.842	6.579	75.384	1.562	5.578	75.384
10	0.812	2.900	78.284						
11	0.709	2.532	80.816						
12	0.602	2.150	82.966						
13	0.540	1.929	84.895						
14	0.523	1.868	86.763						
15	0.433	1.546	88.309						
16	0.428	1.529	89.838						
17	0.395	1.411	91.249						
18	0.362	1.293	92.542						
19	0.296	1.057	93.599						
20	0.263	0.939	94.538						
21	0.242	0.864	95.402						
22	0.230	0.821	96.223						
23	0.208	0.743	96.966						
24	0.195	0.696	97.662						
25	0.184	0.657	98.319						
26	0.172	0.614	98.933						
27	0.163	0.582	99.515						
28	0.136	0.485	100.000						

注：提取方法：主成分分析法。

如果很多的变量同时聚集在几个未经旋转的共同因子上，也就是说，很多变量同时在几个未经旋转的共同因子上有很大负荷，结果会导致解释的困难，因此，还需要进行因子旋转，使结果更易于解释。表 4-7 是旋转后的成分矩阵。

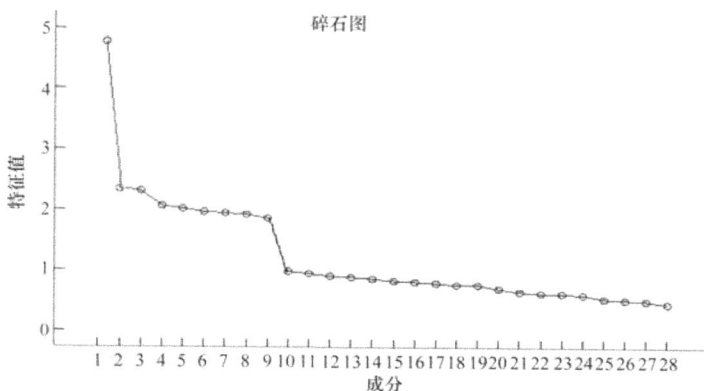

图 4-1　汉语句法意识因子分析碎石图

表 4-6　汉语句法意识未旋转的成分矩阵

成分矩阵 a

变量	成分								
	1	2	3	4	5	6	7	8	9
CS462	0.656	−0.194		0.116	−0.105		0.175		
CS402	0.653		−0.165				−0.235	−0.134	−0.117
CS442	0.637	−0.385	−0.260			−0.219	0.164		
CS242	0.632		0.218		−0.215		−0.190	−0.113	−0.193
CS262	0.617	0.241				0.183		0.148	
CS272	0.592	−0.382	0.129	0.154			−0.164		−0.336
CS392	0.586	−0.419	−0.277	0.158		−0.264	0.162	−0.133	−0.128
CS222	0.581	0.100	−0.203	−0.193	0.255	−0.244		−0.197	0.243
CS302	0.568	0.233		−0.286	−0.257	0.137			
CS522	0.567	0.301	−0.155		−0.164	0.189			
CS322	0.554	−0.429	0.110	−0.228	0.165				
CS422	0.549		−0.350	−0.115	−0.100	0.209		−0.155	0.303
CS312	0.541			−0.403	−0.126		−0.380		
CS192	0.533	0.144	−0.192	0.106	0.113			0.184	−0.280
CS452	0.530	0.325		−0.398	−0.172	−0.159			
CS352	0.527	0.203	0.142	0.155	0.157	0.106		0.146	
CS362	0.521	0.192	−0.283				0.314	−0.101	0.197
CS232	0.471	0.196	0.250		0.169	−0.281	−0.317	0.144	0.123
CS342	0.417		0.535		0.205		0.126		0.247
CS252	0.290	−0.192	0.514	−0.180		0.123		−0.243	0.178
CS372	0.417	0.161	0.349	0.265	−0.235		0.300	−0.160	−0.215
CS472	0.459	−0.166		0.474	−0.262		−0.275	0.240	0.169
CS492	0.312	0.318	0.112	0.440	−0.157	−0.177		−0.196	0.274
CS202	0.281	0.270			0.646	−0.285			−0.184
CS512	0.262	−0.152	−0.187	0.199	0.224	0.502	−0.233		0.307
CS482	0.360	0.113	−0.171		0.310	0.421	0.111		−0.297
CS292	0.370	−0.211	0.248			0.306	0.448		
CS412	0.188			−0.109		−0.124	0.257	0.801	0.181

注：提取方法：主成分分析法。

a：共提取 9 个因子。

由表 4-7 可以看出，因子旋转后表中各原始变量根据负荷量的大小进行了排序，旋转后的因子矩阵和旋转之前的因子矩阵有明显差异：旋转后的因子负荷量向 0 和 1 发生了明显的两极分化。

但是，在表 4-7 中也可以看出存在的问题。第 8 和第 9 个因子只有一个变量，包含的变量太少，没有起到减少因子数目的作用，因此删除这两个因子更为合适。然而，删除了这两个因子之后，因素结构就会有所改变，变量会重新聚集，因此需用重新进行因子分析（秦晓晴，2003）。

按照因子分析的要求，在删除了第 8 和第 9 个因子后，对剩下的 26 个原始变

表 4-7　汉语句法意识旋转后的成分矩阵

旋转后的成分矩阵 [a]

变量	成分								
	1	2	3	4	5	6	7	8	9
CS392	0.875			0.158					
CS442	0.796			0.277					0.128
CS272	0.767	0.209	0.182	−0.295	0.260		0.126		
CS462	0.689	0.152	0.174	0.174	0.123	0.213			0.142
CS322	0.672	0.207	0.376			−0.213	0.103	0.125	
CS312	0.160	0.654	0.143			−0.151		0.167	
CS302		0.562		0.228	0.204		−0.132	−0.104	
CS452		0.549		0.329				−0.274	0.119
CS242	0.215	0.530	0.172		0.127	0.258			−0.109
CS402	0.354		0.698	0.132	0.142	0.110	0.123	0.101	−0.141
CS342			0.687			0.194	0.183		0.138
CS252		0.118	0.656		−0.131				−0.136
CS292	0.187		0.481		0.277		−0.329	−0.141	
CS362	0.167			0.600	0.186	0.124			
CS222	0.253	0.174	0.102	0.569			0.339		
CS422	0.150	0.315		0.488			−0.122	0.355	
CS482					0.678	−0.119		0.109	
CS192	0.214	0.248	−0.164		0.452		0.192		
CS262		0.357	0.120		0.421	0.186	0.124		0.130
CS522		0.316		0.300	0.339	0.302			
CS352		0.118	0.228	0.132	0.315	0.265	0.196		0.191
CS492				0.194		0.674	0.131		
CS472	0.329	0.143		−0.221		0.522		0.332	0.225
CS372	0.125		0.247		0.210	0.467	−0.102	−0.419	
CS202		−0.128		0.125	0.293		0.702	−0.153	
CS232		0.289	0.142			0.246	0.535		0.162
CS512			0.104		0.223			0.703	
CS412									0.789

注：提取方法：主成分分析法。

旋转方法：方差最大旋转。

a 迭代次数：20。

量进行了第二次因子分析。因子分析过程和步骤与第一次因子分析完全相同。26
个原始变量的内部一致性系数为 0.801（N of cases＝562，N of items＝26）。

表 4-8 是第二次因子分析的 KMO 测度与巴特利特球体检验表。

与表 4-3 相比可以发现，表 4-8 显示的 KMO 的测度值由第一次的 0.84 提高
到了 0.846，更接近 1，但变化不是很大。第二次因子分析巴特利特球体检验的卡
方值变小了一些，由 2131.654 减小到 2063.572，但依然达到显著水平。

表 4-9 是第二次分析中产生的共同因子方差表。从该表中可以看出，与表 4-4

表 4-8 汉语句法意识第二次分析的 KMO 测度与巴特利特球体检验表

KMO 样本充足性检验		0.846
巴特利特球体检验	近似卡方值	2063.572
	自由度	325
	显著性水平	0.000

表 4-9 汉语句法意识第二次因子分析共同因子方差（共同性）表

变量	初始共同因子方差	抽取共同因子方差
CS192	1.000	0.480
CS202	1.000	0.706
CS222	1.000	0.610
CS232	1.000	0.567
CS242	1.000	0.512
CS252	1.000	0.497
CS262	1.000	0.506
CS272	1.000	0.617
CS292	1.000	0.580
CS302	1.000	0.539
CS312	1.000	0.638
CS322	1.000	0.589
CS342	1.000	0.648
CS352	1.000	0.400
CS362	1.000	0.529
CS392	1.000	0.708
CS402	1.000	0.485
CS422	1.000	0.471
CS442	1.000	0.677
CS452	1.000	0.604
CS462	1.000	0.503
CS472	1.000	0.644
CS482	1.000	0.666
CS492	1.000	0.544
CS522	1.000	0.503
CS372	1.000	0.560

注：提取方法：主成分分析法。

相比，表 4-9 中各原始变量的共同因子方差发生了一些变化，有些变量的共同因子方差比第一次分析的结果大，有些原始变量的共同因子方差变小了一些。

表 4-10 显示的是第二次因子分析的总的解释方差。与表 4-5 第一次因子分析的总的解释方差相比，表 4-10 显示的结果也比较接近。这次分析有 7 个共同因子的特征值在 1 以上，7 个因子的累计方差百分比达到 69.053%，略低于第一次分析9 个因子的 75.384% 的累计方差百分比，但也解释了方差总量的绝大部分。

表 4-10　汉语句法意识测试第二次分析总的解释方差

成分	初始特征值			未旋转解释的方差			旋转后解释的方差		
	特征值	解释方差%	累计方差%	特征值	解释方差%	累计方差%	特征值	解释方差%	累计方差%
1	5.678	21.838	21.838	5.678	21.838	21.838	3.165	12.174	12.174
2	2.100	8.077	29.915	2.100	8.077	29.915	3.099	11.919	24.093
3	2.098	8.069	37.984	2.098	8.069	37.984	2.490	9.579	33.672
4	2.057	7.912	45.896	2.057	7.912	45.896	2.408	9.263	42.935
5	2.038	7.838	53.734	2.038	7.838	53.734	2.302	8.852	51.787
6	2.021	7.773	61.507	2.021	7.773	61.507	2.267	8.719	60.506
7	1.962	7.546	69.053	1.962	7.546	69.053	2.223	8.547	69.053
8	0.986	3.792	72.845						
9	0.793	3.050	75.895						
10	0.591	2.273	78.168						
11	0.579	2.227	80.395						
12	0.489	1.881	82.276						
13	0.478	1.838	84.114						
14	0.386	1.485	85.599						
15	0.381	1.465	87.064						
16	0.372	1.431	88.495						
17	0.367	1.412	89.907						
18	0.332	1.277	91.184						
19	0.301	1.158	92.342						
20	0.299	1.150	93.492						
21	0.291	1.119	94.611						
22	0.287	1.104	95.715						
23	0.285	1.096	96.811						
24	0.281	1.081	97.892						
25	0.278	1.069	98.961						
26	0.270	1.039	100.000						

注：提取方法：主成分分析法。

图 4-2 是第二次因子分析过程中产生的碎石图。和图 4-1 相比，情况也基本一致，不过特征值大于 1 的因子减少了 2 个，只剩下了 7 个。把表 4-10 第二次因子分析总的解释方差与图 4-2 第二次因子分析的碎石图所提供的信息结合起来，基本可以看出第二次因子分析可以提取出 7 个共同因子出来，而且这 7 个共同因子也可以解释绝大部分的方差（69.053%），虽然比 9 个因子解释的方差有所减少。

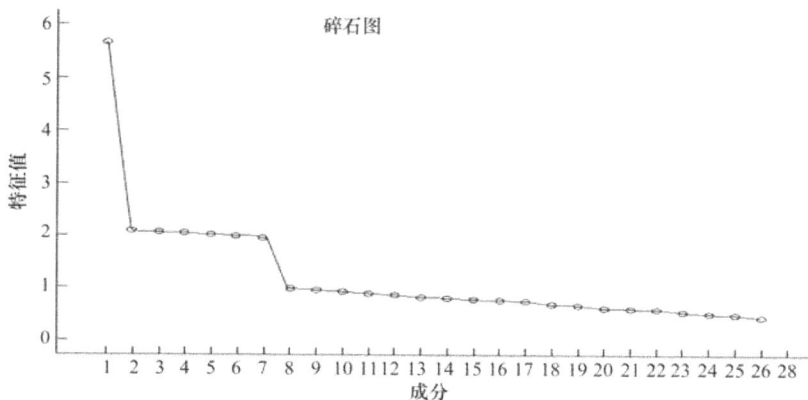

图 4-2　汉语句法意识第二次因子分析的碎石图

表 4-11 是第二次因子分析未旋转的成分矩阵，与表 4-6 第一次因子分析未旋转的成分矩阵相比，各变量的因子负荷量发生了一些变化，有些升高了，有些降低了，说明原始变量间的关系内部发生了一些变化。

表 4-12 是第二次因子分析旋转后的成分矩阵，与第一次分析的表 4-7 的情况也基本相当。从表 4-12 可以看出 26 个原始变量向 7 个共同因子发生了非常明显的聚集。每个共同因子都由 3 个以上原始变量构成，共同因子起到了凝聚作用。

（四）步骤 4 因子命名和结果综合汇报

因子分析通过方差最大旋转之后提取出的共同因子要进行命名。因为本研究进行的是探索性因子分析，事先并不清楚句法意识的具体结构，所以可根据测试题的内容为所提取的共同因子进行命名。

根据第一个因子所包含的句子内容来看，它们都涉及汉语把字句的用法，所以可以把第一个因子命名为把字句意识；第二个因子所包含的句子都涉及句法成分的残缺，病句缺少必要的句子成分，如主语残缺、宾语残缺等，所以可以把第二个因子命名为完整性意识；第三个因子所包含的句子共同的特点是都关于句子

表 4-11　汉语句法意识第二次因子分析未旋转的成分矩阵

成分矩阵 a

变量	成分						
	1	2	3	4	5	6	7
CS402	0.656		−0.169			−0.196	
CS462	0.655	−0.192		0.148		0.109	−0.136
CS242	0.638		0.207		−0.211	−0.150	0.110
CS442	0.634	−0.348	−0.335		0.140		−0.178
CS262	0.615	0.235	0.105				0.272
CS272	0.593	−0.397		0.135	0.107	−0.102	0.266
CS392	0.587	−0.381	−0.360	0.217			−0.219
CS222	0.582	0.124	−0.198	−0.198	0.285		−0.316
CS302	0.570	0.223		−0.259	−0.308		
CS522	0.569	0.323			−0.193	0.145	
CS322	0.555	−0.449		−0.235	0.152		
CS422	0.548	0.118	−0.329	−0.129	−0.164		
CS312	0.540	−0.109		−0.405	−0.206	−0.333	0.110
CS452	0.532	0.306		−0.350	−0.173		−0.255
CS192	0.530	0.175	−0.162		0.121		0.335
CS352	0.526	0.186	0.188	0.116	0.138		
CS362	0.522	0.230	−0.254			0.265	−0.236
CS342	0.516		0.547		0.158	0.132	−0.151
CS252	0.193	−0.272	0.477	−0.223			
CS372	0.321		0.459	0.298	−0.172	0.236	−0.210
CS472	0.356	−0.162		0.597	−0.220	−0.275	0.139
CS492	0.215	0.295	0.161	0.561			−0.249
CS202	0.182	0.266			0.695	−0.104	
CS292	0.269	−0.246	0.213			0.638	
CS232	0.373	0.152	0.275		0.205	−0.430	
CS482	0.260	0.149	−0.129		0.230	0.362	0.625

注：提取方法：主成分分析法。

a：共提取 7 个因子。

结构层次不清，句式杂糅的问题，所以可以命名为层次结构意识；第四个因子包含的句法错误句子都是关于存在句的，所以命名为存在句意识；第五个因子包含的错句都是词序出现错误，所以命名为词序意识；第六个因子所含错句都是功能词用错，各种虚词误用，所以命名为功能词意识；第七个因子所含错句都跟词性有关，属于词性误用，所以命名为词性意识。

表 4-12 汉语句法意识测试第二次因子分析旋转后的成分矩阵

旋转后的成分矩阵 [a]

变量	成分						
	1	2	3	4	5	6	7
CS392	0.764				0.127		
CS442	0.740						
CS272	0.732	0.183		0.104	0.139	0.219	
CS322	0.702	0.123	0.199		0.188	−0.282	
CS262	0.364	0.682	0.403	0.207	−0.299	0.225	0.121
CS452		0.665					0.169
CS302		0.654	0.118	0.181			
CS312		0.188	0.648		0.354	−0.275	
CS242	0.312	−0.112	0.645	0.209			
CS472	0.129	−0.215	0.638	0.332		0.314	
CS402	0.326	0.185	0.632	0.161	0.283		0.121
CS342		0.110	0.220	0.625		0.227	0.247
CS252			0.176	0.624			
CS462	0.191		−0.108	0.620	−0.158		−0.278
CS372			0.135	0.617			
CS362	0.155	0.185	0.196	0.212	0.614		0.164
CS222		0.329		0.197	0.601	0.150	0.132
CS352		0.146	0.280	0.103	0.587	0.256	0.225
CS492	0.238		0.227	0.331	0.579	0.306	
CS192	0.376			0.250		0.565	
CS522		0.387	0.312	0.134	0.394	0.563	
CS422					0.123	0.552	0.163
CS292			0.119			0.536	
CS202		−0.106		0.226	−0.118		0.525
CS232		0.193			0.356	0.133	0.520
CS482	0.410	0.354			−0.175		0.430

注：提取方法：主成分分析法。

旋转方法：方差最大旋转。

a 迭代次数：16。

这些因子的特征值、方差、累计方差汇总在表 4-13。由表 4-13 可以看出，所提取出的 7 个因子特征值都在 2.0 以上，远远大于一般统计要求的 1.0 的可接受值。7 个因子可以解释的整个测试卷方差累计达到 69.053%，较好地保留了测试题的绝大部分信息。

结果汇总的另一个表格是表 4-14。该表把所提取的因子按照特征值大小进行了排列，并把每个因子所包含的具体测试题及每个题项的因子负荷量都汇总在一

表 4-13　汉语句法意识各因子的特征值、解释方差和累计方差汇总表

因子	标签	特征值	方差	累计方差
因子 1	把字句意识	3.165	12.174	12.174
因子 2	完整性意识	3.099	11.919	24.093
因子 3	层次结构意识	2.490	9.579	33.672
因子 4	存在句意识	2.408	9.263	42.935
因子 5	词序意识	2.302	8.852	51.787
因子 6	功能词意识	2.267	8.719	60.506
因子 7	词性意识	2.223	8.547	69.053

表 4-14　汉语句法意识测试题目及负荷量

因子	变量	原始题号	负荷	共同性
把字句意识	CS392	21	0.764	0.708
	CS442	26	0.740	0.677
	CS272	9	0.732	0.617
	CS322	14	0.702	0.589
完整性意识	CS262	8	0.682	0.506
	CS452	27	0.665	0.604
	CS302	12	0.654	0.539
层次结构意识	CS312	13	0.648	0.638
	CS242	6	0.645	0.512
	CS472	29	0.638	0.644
	CS402	22	0.632	0.485
存在句意识	CS342	16	0.625	0.648
	CS252	7	0.624	0.497
	CS462	28	0.620	0.503
	CS372	19	0.617	0.560
词序意识	CS362	18	0.614	0.529
	CS222	4	0.601	0.610
	CS352	17	0.587	0.400
	CS492	31	0.579	0.544
功能词意识	CS192	1	0.565	0.480
	CS522	34	0.563	0.503
	CS422	24	0.552	0.471
	CS292	11	0.536	0.580
词性意识	CS202	2	0.525	0.706
	CS232	5	0.520	0.567
	CS482	30	0.430	0.666

注：原始题目见附录 1。附录 1 中有些题目是填充题，所以未在此表上出现。

起。从表中可见，各因子中的题项负荷量在 0.430～0.764，均高于 0.30 的可接受值（秦晓晴，2003）。

（五）小结

通过因子分析，研究一从汉语句法意识测试中成功提取出 7 个因子，这 7 个因子解释了句法意识测试题绝大部分的方差。根据每个因子所含题项的内容，对每个因子进行了命名。从命名结果可以初步看出这些因子反映了句法意识的不同方面，这说明汉语句法意识是一个多成分的结构，而不是一个不可切分的单一结构。

二、英语句法意识结构成分

经过对数据的整理，把测试中不合格的答卷进行了剔除，包括答题不够认真或答题以及背景不完整的被试。最后英语句法意识测量合格被试总人数 571 人，平均年龄 17.2 岁，其中男生 275 人，占 48.2%；女生 296 人，占 51.8%。被试的性别、年龄和年级分布见表 4-15。

表 4-15　英语句法意识研究被试的性别、年龄和年级分布

	高一	高二	高三	大一	总人数
男生数（所占比例）	53（43.4%）	72（54.5%）	72（53.3%）	78（42.9%）	275（48.2%）
女生数（所占比例）	69（56.6%）	60（45.5%）	63（46.7%）	104（57.1%）	296（51.8%）
总人数	122	132	135	182	571
平均年龄	15.5	16.7	17.5	18.8	17.2

对句法错误定位任务 28 个测试句子得分进行的内部一致性检验，得出 $\alpha=0.884$，（N of cases＝571，N of items＝28）说明测试信度可靠，可以进行进一步的统计分析。各题的平均值和标准差见表 4-16。表中变量一列是各测试语句的统计代码。

下面对英语句法意识测试结果进行因子分析，统计分析具体过程与汉语句法意识相同，因此下面将更加简要地汇报。

（一）步骤 1 计算所有测试变量的相关矩阵，以判断应用因子分析方法的适合性

表 4-17 是对英语句法意识数据进行的 KMO 测度与巴特利特球体检验结果

表 4-16　英语句法意识各题的平均值与标准差

变量	样本量	最小值	最大值	平均数	标准差
es182	571	0.00	1.00	0.653 4	0.116 11
es192	571	0.00	1.00	0.759 4	0.159 09
es202	571	0.00	1.00	0.788 6	0.186 98
es212	571	0.00	1.00	0.533 8	0.107 25
es232	571	0.00	1.00	0.511 2	0.093 76
es242	571	0.00	1.00	0.680 4	0.146 46
es252	571	0.00	1.00	0.461 1	0.144 57
es262	571	0.00	1.00	0.640 8	0.187 61
es282	571	0.00	1.00	0.653 1	0.116 08
es292	571	0.00	1.00	0.566 2	0.121 02
es302	571	0.00	1.00	0.667 8	0.126 67
es322	571	0.00	1.00	0.704 6	0.136 39
es332	571	0.00	1.00	0.532 0	0.102 85
es342	571	0.00	1.00	0.551 3	0.120 29
es352	571	0.00	1.00	0.506 7	0.167 82
es362	571	0.00	1.00	0.532 0	0.109 33
es372	571	0.00	1.00	0.504 9	0.100 66
es382	571	0.00	1.00	0.774 3	0.155 19
es402	571	0.00	1.00	0.598 6	0.161 14
es412	571	0.00	1.00	0.649 0	0.165 58
es422	571	0.00	1.00	0.537 1	0.146 92
es432	571	0.00	1.00	0.570 8	0.139 25
es452	571	0.00	1.00	0.614 5	0.045 32
es462	571	0.00	1.00	0.380 9	0.056 73
es472	571	0.00	1.00	0.500 7	0.068 07
es492	571	0.00	1.00	0.317 3	0.067 01
es502	571	0.00	1.00	0.681 9	0.101 27
es512	571	0.00	1.00	0.816 6	0.243 46
Valid N（listwise）	571				

表。如表中所示，数据的 KMO 测度值达到 0.919，表明变量间共同因子多，数据非常适合用因子分析。同时，巴特利特球体检验表明原始变量间的相关矩阵不是单位矩阵，原始变量之间存在相关性，对数据进行因子分析具有前提基础，也即原始变量间有显著的关系，有潜在的共同因子存在，肯定了因子分析的适用性。

表 4-17　英语句法意识 KMO 测度与巴特利特球体检验表

KMO 样本充足性检验		0.919
巴特利球体检验	近似卡方值	3545.430
	自由度	378
	显著性水平	0.000

（二）步骤 2 提取公共因子，确定因子的数量和求因子解的方法

表 4-18 显示的是共同因子方差，表明每个原始变量被解释的方差量，从表中可以看出所有变量被解释的方差都在 50%以上。

表 4-18　英语句法意识共同因子方差（共同性）表

变量	初始共同因子方差	抽取共同因子方差
es182	1.000	0.682
es192	1.000	0.691
es202	1.000	0.744
es212	1.000	0.523
es232	1.000	0.780
es242	1.000	0.742
es252	1.000	0.750
es262	1.000	0.840
es282	1.000	0.539
es292	1.000	0.785
es302	1.000	0.758
es322	1.000	0.734
es332	1.000	0.714
es342	1.000	0.790
es352	1.000	0.710
es362	1.000	0.757
es372	1.000	0.662
es382	1.000	0.526
es402	1.000	0.690
es412	1.000	0.769
es422	1.000	0.639
es432	1.000	0.738
es452	1.000	0.569
es462	1.000	0.670
es472	1.000	0.690
es492	1.000	0.734
es502	1.000	0.796
es512	1.000	0.671

注：提取方法：主成分分析法。

　　表 4-19 是因子分析过程中产生的总的解释方差表。表中显示，共有 7 个共同因子初始特征值大于 1，它们累计解释方差达到 70.832%，所提取的因子旋转前后特征值有所变化，但总的解释方差没变。

表 4-19　英语句法意识因子分析总的解释方差

成分	初始特征值			未旋转解释的方差			旋转后解释的方差		
	特征值	解释方差%	累计方差%	特征值	解释方差%	累计方差%	特征值	解释方差%	累计方差%
1	7.840	28.000	28.000	7.840	28.000	28.000	3.359	11.998	11.998
2	2.150	7.679	35.679	2.150	7.679	35.679	3.348	11.958	23.956
3	2.099	7.496	43.175	2.099	7.496	43.175	3.066	10.950	35.906
4	2.037	7.275	50.450	2.037	7.275	50.450	2.794	9.977	45.883
5	1.977	7.061	57.511	1.977	7.061	57.511	2.607	9.312	55.195
6	1.885	6.732	64.243	1.885	6.732	64.243	2.385	8.516	63.711
7	1.845	6.589	70.832	1.845	6.589	70.832	2.274	8.121	70.832
8	0.989	3.532	74.364						
9	0.728	2.600	76.964						
10	0.565	2.018	78.982						
11	0.504	1.800	80.782						
12	0.433	1.546	82.328						
13	0.405	1.446	83.774						
14	0.389	1.389	85.163						
15	0.383	1.368	86.531						
16	0.379	1.354	87.885						
17	0.368	1.314	89.199						
18	0.366	1.307	90.506						
19	0.355	1.268	91.774						
20	0.328	1.171	92.945						
21	0.305	1.089	94.034						
22	0.284	1.014	95.048						
23	0.262	0.936	95.984						
24	0.257	0.918	96.902						
25	0.233	0.832	97.734						
26	0.220	0.786	98.520						
27	0.218	0.779	99.296						
28	0.196	0.704	100.000						

　　注：提取方法：主成分分析法。

图 4-3 是因子分析过程中所产生的碎石土，图中所反映的情况跟表 4-19 所显示的情况是一致的，有 7 个因子的特征值在 1 以上，从第 7 个因子以后的曲线开始变得平滑，几近一条直线。

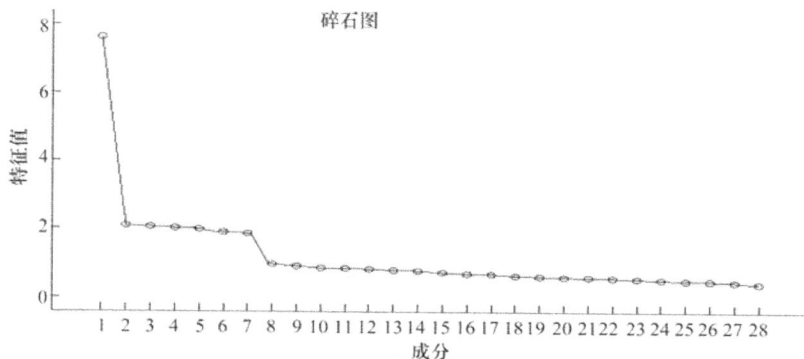

图 4-3　英语句法意识因子分析碎石图

（三）步骤 3 进行因子旋转，通过坐标变换使因子解的意义更加明显

表 4-20 是未旋转的因子成分矩阵，显示了每个原始变量在未旋转的因子上的因子负荷量，其中小于 0.10 的因子负荷量没有显示出来。每个数值反映了该变量与未旋转的因子之间的相关性程度。

为了使原始变量向共同因子更加靠近，使因子意义更加容易解释，我们进行了因子旋转操作。表 4-21 显示的是因子旋转之后的成分矩阵。从该表中可以发现，各原始变量根据负荷量的大小进行了排列，旋转之后的因子矩阵和旋转之前的矩阵有明显差异，原始变量的负荷量明显向 0 和 1 发生了两极分化，可以很容易判断哪些原始变量向哪些因子聚拢了。表中共有 7 个共同因子，每个因子里面分别聚集了几个变量。

（四）步骤 4 因子命名和结果综合汇报

下面根据因子分析所抽取出来的共同因子及其所含原始变量的具体内容，对因子进行命名。因子分析共提取出 7 个因子。第一个因子所含的题项都是跟词序错误有关，所以命名为词序意识；第二个因子所含题项都涉及英语句法中的搭配和照应，包括主谓一致、性数搭配、时态照应等，所以命名为搭配照应意识；第三个因子所含题项与成分残缺有关，所以命名为完整性意识；第四个因子所含题

表 4-20 英语句法意识因子分析未旋转的成分矩阵

成分矩阵 ᵃ

变量	成分						
	1	2	3	4	5	6	7
es302	0.703	−0.249		−0.283		0.185	
es332	0.702	−0.263			−0.188		−0.192
es502	0.691	0.336	−0.118	−0.179		0.187	−0.221
es292	0.680	−0.158	−0.145	0.286		−0.318	0.116
es472	0.675	−0.165		0.278			−0.211
es432	0.657	−0.190	−0.363	−0.152		−0.125	0.134
es252	0.655	−0.210		0.378			0.188
es462	0.648	0.390					
es322	0.642	−0.193	0.127	−0.370	−0.218		
es212	0.634				−0.106		−0.104
es382	0.630			0.130	−0.106	0.107	
es202	0.625	−0.121		−0.373	−0.176	0.187	−0.214
es422	0.624	0.336		0.195			
es262	0.597	−0.254	−0.232	−0.223		−0.218	0.421
es372	0.592	0.215	0.129				0.385
es282	0.588		0.220			−0.195	
es242	0.581	−0.245			0.353		−0.348
es402	0.575	0.421		−0.125	0.149		−0.196
es352	0.570	0.102	0.423		0.181	0.190	0.154
es192	0.564		0.172	0.258	−0.406	0.118	
es342	0.559		0.383	−0.341	0.239		0.220
es452	0.479	0.317	−0.101	0.125	−0.183		0.252
es512	0.451	0.592	−0.286				−0.110
es492	0.498		−0.546		0.289	0.288	
es182	0.450		0.534	0.268	0.204	0.239	
es232	0.432	−0.103			0.573	−0.226	
es362	0.457		−0.194	0.192		0.616	
es412	0.396		0.181	0.158	−0.250	−0.537	−0.318

注：提取方法：主成分分析法。

a 共提取 7 个因子。

项句法错误都是因为词性误用，所以可命名为词性意识；第五个因子所含句法错误题目都是关于各种功能词误用，所以可命名为功能词意识；第六个因子所含题项都是关于 there be 句型错用，所以命名为存在句意识；第七个因子所含题项都是关于句子的层次结构不清，或主从句混乱，所以可命名为层次结构意识。

表 4-21　英语句法意识旋转后的成分矩阵

旋转后的成分矩阵 [a]

变量	成分						
	1	2	3	4	5	6	7
es512	0.774	0.053	0.035	−0.076	0.060	0.060	0.001
es202	0.731	0.105	0.067	−0.123	0.001	−0.001	0.027
es342	0.714	0.002	−0.092	0.099	−0.036	0.108	0.052
es372	0.700	0.097	−0.171	0.095	−0.129	0.064	0.013
es262	0.301	0.694	−0.137	−0.109	0.040	0.097	−0.026
es322	0.300	0.648	0.178	0.181	−0.229	0.050	−0.263
es432	0.181	0.612	0.080	0.067	0.026	−0.116	0.067
es492	0.095	0.598	0.157	0.126	−0.242	−0.064	0.037
es462	0.054	0.113	0.682	−0.211	0.206	0.012	0.058
es292	0.061	0.024	0.611	0.093	0.103	0.086	0.108
es422	0.203	0.112	0.590	−0.005	−0.036	−0.325	0.102
es252	0.143	0.046	0.524	0.054	0.131	0.090	−0.132
es212	0.143	−0.169	−0.091	0.661	0.057	−0.230	0.195
es362	0.107	0.052	−0.207	0.588	0.009	0.147	−0.297
es192	0.033	−0.018	0.102	0.565	−0.147	0.145	0.061
es382	0.154	0.029	0.168	0.554	0.076	−0.128	0.079
es182	0.160	−0.261	0.030	0.162	0.600	0.256	0.022
es452	0.125	−0.146	0.132	0.031	0.553	0.114	0.070
es352	−0.005	0.040	0.223	0.126	0.532	−0.182	0.107
es282	0.184	0.310	−0.111	0.069	0.530	−0.167	−0.194
es242	−0.312	0.136	0.062	0.035	0.377	0.569	−0.105
es332	0.127	0.139	0.063	0.148	−0.174	0.518	0.037
es502	0.055	0.160	0.101	0.047	0.137	0.503	0.088
es412	0.201	0.015	0.007	−0.110	0.031	0.496	0.147
es302	0.126	0.197	0.166	0.156	0.038	−0.057	0.531
es232	0.207	0.101	−0.006	−0.056	0.116	0.134	0.487
es402	0.149	0.006	0.102	−0.215	0.038	0.057	0.462
es472	0.063	0.101	0.132	0.121	−0.024	0.136	0.434

注：提取方法：主成分分析法。

旋转方法：方差最大旋转。

a 迭代次数：11。

表 4-22 对所提取因子的特征值、方差及累计方差进行了汇总。从中可以看出，各因子的特征值都在 2.0 以上，均大于 1.0 的可接受水平；累计解释方差达到 70.832%，解释了测试题绝大部分的方差。

表 4-23 对各因子和因子所含题项以及每个题项的因子负荷量进行了汇总。从中可以看出，每个题项的因子负荷量都在 0.4 以上，均高于 0.3 的可接受水平（秦晓晴，2003）。

表 4-22　英语句法意识各因子的特征值、解释方差和累计方差汇总表

因子	标签	特征值	方差	累计方差
因子 1	词序意识	3.359	11.998	11.998
因子 2	搭配照应意识	3.348	11.958	23.956
因子 3	完整性意识	3.066	10.950	35.906
因子 4	词性意识	2.794	9.977	45.883
因子 5	功能词意识	2.607	9.312	55.195
因子 6	存在句意识	2.385	8.516	63.711
因子 7	层次结构意识	2.274	8.121	70.832

表 4-23　英语句法意识测试题目及负荷量

因子	变量	原始题号	负荷	共同性
词序意识	es512	35	0.774	0.671
	es202	3	0.731	0.744
	es342	17	0.714	0.790
	es372	20	0.700	0.662
搭配照应意识	es262	9	0.694	0.840
	es322	15	0.648	0.734
	es432	26	0.612	0.738
	es492	32	0.598	0.734
完整性意识	es462	29	0.682	0.670
	es292	12	0.611	0.785
	es422	25	0.590	0.639
	es252	8	0.524	0.750
词性意识	es212	4	0.661	0.523
	es362	19	0.588	0.757
	es192	2	0.565	0.691
	es382	21	0.554	0.526
功能词意识	es182	1	0.600	0.682
	es452	28	0.553	0.569
	es352	18	0.532	0.710
	es282	11	0.530	0.539
存在句意识	es242	7	0.569	0.742
	es332	16	0.518	0.714
	es502	33	0.503	0.796
	es412	24	0.496	0.769
层次结构意识	es302	13	0.531	0.758
	es232	6	0.487	0.780
	es402	23	0.462	0.690
	es472	30	0.434	0.690

注：原始题目见附录 2。附录中有些题目没有出现在上表中，是没有句法错误的填充题。

（五）小结

通过因子分析，研究一从被试英语句法意识测试中成功提取出 7 个因子，这 7 个因子解释了英语句法意识测试题绝大部分的方差，也就是能反映句法意识的绝大部分。根据每个因子所含题项的内容，对每个因子进行了命名。从命名结果可以初步看出这些因子反映了英语句法意识的不同方面，这说明英语句法意识也是一个多成分的结构。

第四节 讨 论

总体上看，研究一所得到的主要结果可以从两个层次上来解读，第一个层次是从语言一般性上来看，本项研究从汉、英语句法意识中均成功提取出了若干因子，这些因子可以代表句法意识的绝大部分信息。据此，可以得出一个结论：句法意识是一个多成分的结构，而不是一个单一成分的结构。

第二个层次，从语言具体性上来看，汉语句法意识包含了把字句意识、完整性意识、层次结构意识、存在句意识、词序意识、功能词意识和词性意识等 7 个成分；英语句法意识包含了词序意识、搭配照应意识、完整性意识、词性意识、功能词意识、存在句意识和层次结构意识等 7 个成分。通过比较可以发现，汉、英两种语言的句法意识有相同或相似的成分，因为它们具有相同的命名，而命名是根据变量的内容进行的，如完整性意识、词序意识、词性意识、功能词意识、层次结构意识以及存在句意识，这些成分反映了双语者句法意识中具有语言共性的部分；也有独特的成分，如汉语有把字句意识，英语有搭配照应意识，这些成分反映了双语者句法意识中具有语言特异性的部分。据此，可以得出第二个结论：不同语言的句法意识具体结构是不同的，它们既有语言共性的部分，又有语言特异性的部分。

综合这两个层次的结论，可以认为，本研究开始提出的理论假设得到了证实，即句法意识是一个多成分的能力结构，不同语言的句法意识既具有语言的共性，又具有语言的特异性。

但有两点是需要指出的。一是两种语言句法意识有共性，但是共性的强度是存在差异的，这种差异可以从因素分析中相关因素对公因子的贡献率看出。在两种语言中，这些具有语言共性的成分对公因子的贡献率各不相同，表现为各因子的特征值和解释方差各不相同（见表 4-13 和表 4-22），共性的成分在两种语言的句法意识中按特征值和解释方差排列的顺序并不相同。二是句法意识的共性强度是动态变化的，不同时期的共性可能有所不同，这就有可能导致有些共性能力在不同学习阶段迁移的情况可能是不一样的。那么为什么不按发展阶段进行因素分析呢？这里有一个客观的技术问题，即当参与因素分析的被试太少，因素分析结果的可靠性就会降低，因为因素分析对被试数量有较高要求，而要在每个年级都进行大样本的研究，不是本研究所能完成的。因为，财力和被试获得都是极大的困难——在应试教育的中国学校，即便得到批准，对学生进行实验研究也是很难获得支持和配合的。

把研究一所得的结果放回到句法意识研究的背景中去，和以往的句法意识研究进行比较，可以发现，这是就句法意识的结构成分问题所进行的第一次系统揭示，对未来的句法意识研究具有理论指导价值。

下面就句法意识的多成分结构及句法意识的语际共性与语言特异性（language specific）问题再做进一步的理论讨论。

句法意识本质上是一种认知能力，是对语言的句法方面进行心理操作的能力，这种能力是人的一种心理特征（彭聃龄，2001：390），属于思维的层面。这种能力体现在个体对语言进行加工的行为活动中，因此是可以通过行为观察进行研究的，是可以认识的。

当代认知语言学认为，思维是不能脱离形体的（Croft & Cruse，2004；Evans & Green，2006；Lakoff，1987），因为认知语言学以经验主义为其哲学基础（文旭，2001）。语言是人类社会存在的一种客观现象，具有客观现实性。句法是语言现象的一个方面，是句子的组织规则。个体要能够对句法规则进行心理操作必须具有相应的句法知识，句法意识就是把句法知识提高到意识水平上进行心理操作的能力。个体的句法知识是通过语言认知活动，从个体自身的语言经验中逐步表征（represent）在个体心理中的。也就是说，句法意识来源于语言实际，是在个体的语言学习和使用等语言认知活动中获得的。换句话说，句法意识的形成是受到语言现实的影响的，来源于个体的语言经验。

那么，语言现实是什么样的呢？世界上的语言多种多样，语言之间既有共性，也有很大的差异性，这就是最直观的语言现实。在语言的句法方面也是这样的，世界各地的语言，在句法规则方面有相似性，也有差异性。这样的语言现实反映在个体的心理上，不同语言的句法意识也必然是既有相似性又有差异性的。语言的句法规则是多方面的，因此反映在人的思维中句法意识也应是多成分的结构；现实中，语言的句法结构规则既有语言共性，也有语言特异性，相应地，不同语言环境中形成的句法意识具体成分也应既具有语言间的共性，也具有语言间的特异性。

就共性的方面来说，以汉语和英语为例，两种语言尽管来自不同的语系，在语言的家族关系上有较大距离，但是都以词序为重要的组织规则来安排句子内部各成分之间的位置关系，这个共同点体现了语言要素的横组合关系（Syntagmatic relations）（de Saussure，2001：122）。这种关系是由语言要素的线性排列规则所决定的，而语言的线性规则是一种具有语言普遍性的规则。

就特异性方面来说，英语有各种时态、性、数、人称等方面的形式搭配和照应，而汉语则相对简单，主要通过增减字数和使用虚词等手段。这反映了汉、英两种语言在句法方面的差异性之一。

这些语言句法方面的共性和特异性在个体通过语言现实学习语言知识，建立句法知识的心理表征，从而形成句法意识的过程中必然会产生影响，最终体现在个体形成的句法意识结构上，不同语言的句法意识应该是由不同的成分构成的。

其实，回顾以往句法意识研究的文献可以看到，尽管没有系统、明确的理论阐述，但有些研究者在实际研究中已经把句法意识当做一个多成分的心理结构了。所以有的研究会把某个成分拿出来单独进行考察。比如，有人专门研究了英语儿童的词序意识（Cain，2007；Gottardo，Stanovich & Siegel，1996），也有人专门研究了希伯来语的搭配照应意识（Leikin & Assayag-Bous，2004），还有学者研究了汉语儿童的把字句意识（龚少英，2007）。这说明，一些研究者已经意识到句法意识不是一个单一的结构，它是由不同的成分构成的，是可分的，既可以从几个方面进行综合研究，也可以对某个成分进行单独考察。这就像在语音意识研究中那样既可以把音节意识、首-尾音意识、音位意识综合起来考察，也可以对某个成分，如首音-尾音意识（Bowey，2002）、音位意识（Castiglioni-Spalten & Ehri，2003；Janse，deBree & Brouwer，2010；Mayo，et al.，2003；Roberts，2005）或韵脚意识（Hulme，2002；Seymour，Duncan & Bolik，1999；Wood，2000），单独进行研究。

第五节　本　章　小　结

　　研究一主要内容是对汉、英语句法意识的结构成分进行划分。结果汉语和英语均抽取了 7 个因素，而且能够进行几乎完全相同的命名（除一个因素）。这说明了句法意识的共性（普遍性）是主导的。然而，更为重要的是，虽然因素的个数相同，命名也几乎相同。但是，每个因素对公因子的贡献率是不相同的。那么，这种差异是否体现为语言的个性呢？这会否对双语之间的迁移起到决定性的作用呢？为此，我们将根据从两种语言所抽取的各 7 个因子，设计出一套相关的具体语句来测量两种语言的句法意识，并且同时考察 7 类句法意识与年级的关系，句法意识在各个测量年级的变化。这些将由下一章研究二来完成。

第 五 章

研究二：汉-英双语者汉、英句法意识的发展规律

从本章开始的三个系列实证研究是围绕核心研究问题展开的。这个核心问题就是汉-英双语者两种语言句法意识发展之间的关系，问题的关键就是考察汉、英双语句法意识的迁移。核心问题系列研究以上一章研究一所划分出来的汉、英句法意识基本构成成分为基础。

第一节 研 究 问 题

在第三章中，研究的总体思路部分已有阐述，主线研究被分解为三个方面。本章内容是第一个方面，作为解决核心问题的起点，首先从宏观上对汉-英双语者两种语言的句法意识发展过程获得全局的宏观认识，分别弄清两种语言句法意识各自动态发展的脉络、阶段、总体，以及各成分的发展进程，初步观察作为两种语言"共性"的句法意识在每个年级的发展趋势和发展速度是否相同。这是本章研究二的目标。

本章的研究问题是：双语者汉、英句法意识发展的规律是什么？

第二节 研 究 方 法

一、被试情况

被试分布从高一到大一四个年级，其中高中生被试来自福建省泉州市一所普通高中，大学一年级被试来自福建省一所省属普通师范高校。这些被试中福建省的高中生和大学生都是从小学三年级开始正式学习英语的，大学生被试中有极少

数非福建省学生是从初中一年级开始正式学习英语的。从背景信息调查所反映的情况来看，他们的家庭社会经济地位分布较广，父母职业身份包括农民、个体户、私营企业主、（外资、合资）企业职工、各级学校教师、政府公务员、医生及自由职业者等，还有少数高中生父母是外地来泉州的务工人员。父母文化程度从初中毕业到本科和硕士都有。被试的人口学信息和研究一中的被试大体类似。根据任课教师的介绍，这些被试只在学校里把英语当做一门重要的学科来学习，课堂是英语学习的主要渠道，课堂以外有少部分中学生会参加社会教育辅导机构开办的英语补习班，其中大部分是高三学生。

二、测试工具与计分方式

（一）智力问卷

对被试进行智力测试的工具和研究一中的相同，仍然是北京师范大学心理系与北京师范大学心理测量与咨询中心 1988 年 3 月翻译编制出版的《瑞文高级推理测验（第二版）》。评分方式按量表规定进行。同时，我们也通过被试的任课教师进行了了解，所有被试均不存在智力障碍问题。

（二）汉语句法意识测试卷

研究一的结果为句法意识研究提供了理论框架。依据研究一划分出来的句法意识构成成分，我们设计了汉语句法意识测试卷。测试以书面形式进行，理由同研究一。测试卷共含有汉语把字句意识、完整性意识、层次结构意识、存在句意识、词序意识、功能词意识和词性意识 7 个句法意识成分，每个成分包含 6 个题目。每个成分的操作定义参见上一章汉语句法意识因子命名部分。

考虑到句法意识的意识性程度问题，我们这次在测试卷中给任务设计了三种认知操作：句法判断、句法错误定位和句法修改。不同认知操作的任务难度不同，要求被试对句法结构规则的意识性从内隐（implicit）到外显（explicit）有程度上的变化。其中，判断任务难度最低，对句法规则的意识性水平要求也最低，被试仅从直觉也可以完成判断任务，当然这种直觉也能够反映一定的句法意识水平；句法修改任务难度居中，因为被试即使能够把句子修改正确，却不一定能够明确说出句法错误的原因；句法错误定位难度最大，因为被试不仅要判断准确，还需要能够明确说出句法错误的原因，而能够明确指出错误一般也就能够修改正确。

　　具体说来测试题包括三大题，第一大题，只要求被试进行句法判断，判断所给句子在句法上是否有错，判断正确得一分，判断错误得 0 分；第二大题，要求被试先判断，对判断为错误的句子需要进一步明确指出错误所在或说明错误的原因，要在句中相应部分画下划线并加文字表述，每题有判断和错误定位两个得分点，每点一分；第三大题，再加入一个句法修改要求，即把判断为错误的句子，在指明错误原因之后再修改为正确的句子，因此这一大题中每个小题有三个得分点，每点 1 分。

　　句法意识 7 个成分，每个成分 6 个题目，平均分配在三大题中，每大题中 2 题。也就是说第一大题句法判断题，含把字句意识、完整性意识、层次结构意识、存在句意识、词序意识、功能词意识和词性意识等 7 个句法意识成分，每个成分 2 题，共 14 小题；同样，第二大题也是 7 个成分，每个成分 2 个题目，共 14 小题；第三大题 7 个成分，每个成分 2 题，共 14 小题。但三大题给分点不同：第一大题只要求判断，所以每小题只有 1 分；第二大题每小题有判断和错误定位两个给分点，每个给分点分值是 1 分；第三大题有判断、错误定位、句法修改 3 个给分点，每个点分值为 1 分。

　　评分时，判断题和句法修改题相对容易评分。但是对于第二和第三大题中句法错误定位的评分稍微有点复杂。题目中对这部分的具体要求是先判断有无句法错误（1 分）；判断为有语病的句子，先在其前面的括号中打"×"，再明示错误，即把句中错误之处用下划线画出来或把错误类型用汉语简要写在后面的括号里（1 分）。但在实际做题时，学生会有种种不同表现：有的没画线，但用语言明确指出了错误；有的画了线但没有明确说明错误原因；有的画了线，没说明原因，却进行了修改；等等。根据对这些表现的归纳总结，以及对每种情况分别在多大程度上表现了被试的句法意识水平，我们制定了如表 5-1 所示的评分标准来专门为句法错误定位题评分。为保持评分标准的稳定性和一致性，所有句法意识测试题均由研究者一人评阅。

　　具体测试题目的选择跟研究一中相同。首先收集全国各地市高一到高三 2012～2013 学年度的期中和期末语文统考试卷和 2013 年全国各省（直辖市、自治区）高考语文试卷，从中挑选出修改病句的题目，对有些题目进行了修改以符合研究的需要。比例分配：7 个成分，每个成分 6 个小题；高一、高二、高考或高三毕业考试卷中各 2 个。每个成分中的 6 个小题平均分配给三个大题。也就是

表 5-1　句法错误定位题评分标准

画线	明示	修改	得分
+	+	+	1
+	−	+	0.5
+	+	−	1
+	−	−	0.5
−	+	+	1
−	−	+	0.5
−	+	−	1
−	−	−	0

注：表中"＋"号表示正确地进行了此操作；"－"号表示没有进行此操作或虽然进行了此操作，但操作错误。

每一大题共 7 个成分，每个成分 2 小题，共 14 小题。这样，整个句法意识测试题中目标题目共 42 小题，总分 84 分。第一大题判断题，14 小题，每题判断正确得 1 分，判断错误或未作答得 0 分；第二大题判断并指出错误所在，14 小题，每题判断正确得 1 分，判断错误或未作答得 0 分，判断为错误的题目要指出错误所在，具体计分方式见表 5-1；第三大题判断、指出错误所在并把错误句法修改正确，14 小题，前两项计分方式同第二大题，最后一项句法修改，句子修改正确得 1 分，未修改正确或未作答得 0 分。

目标题目设定完之后又加入了 10 个正确的句子作为填充题，被试在填充题上的表现不管正确与否均不计分。最后把每大题中的目标句连同填充句打乱顺序随机排序。题目中出现的汉字均是常用字，不含生僻字。测试卷设计完成后请高一至大一共 25 名学生进行了试测，试测结果显示测试卷总体信度良好，$\alpha=0.862$（N of cases＝25，N of items＝84）。根据对参加试测学生的访谈，征询对测试卷的意见，对个别词语进行了调整。最后定稿用于正式测试的测试卷见附录 3。

（三）英语句法意识测试卷

英语句法意识测试卷的设计和汉语句法意识测试卷的设计原则、方式、计分标准、设计程序完全相同。两份测试卷除了具体题目内容不同，其他很多方面可以看做是平行的。英语目标题目主要是从 2012～2013 学年度全国各地市高一至高三年级其中或期末英语统考试卷和 2013 年全国各省（直辖市、自治区）高考英语试卷中挑选的，或者对其中某些题目进行了改造以符合研究的需要。

以研究一所划分出来的英语句法意识基本构成成分为基础，所设计的英语句法意识测试题包含了词序意识、搭配照应意识、完整性意识、词性意识、功能词意识、存在句意识和层次结构意识等 7 个成分。每个成分的操作定义参见上一章英语句法意识因子命名部分的内容。每个成分也包含 6 个小题，分布方式和汉语测试卷一样。

题目中所用单词均是高一之前课本中出现过的常用单词，不含生僻单词。测试卷设计完成后请参加汉语测试卷试测的 25 名学生参加了试测，试测结果显示测试卷总体信度α值达到 0.883（N of cases＝25，N of items＝84）。根据对参加试测学生的访谈，征询对测试卷的意见，对几个句子又做了些修改。最后定稿用于正式测试的测试卷见附录 4。

三、数据收集

数据收集工作从两个方面进行，一是通过校方提供的档案材料，主要是考试成绩等；二是通过现场测试。现场测试前均征得了被试的集体口头同意，告知测试结果只用于科研。测试从 2013 年 11 月下旬开始，三个研究中所需数据全部收集上来，总共用了 5 周时间，至 12 月底。这里只报告跟本章研究直接相关的部分。

（一）中学生部分

测试时间由校方安排在晚自习时间，因为学生主要住在学校附近，学校平时规定学生每晚在校上晚自习，学校有老师在各班值守。测试时以班级为单位进行，每个年级三个班同时测试相同的内容，每个班一名主试和一名辅助老师，主试是有经验的教育测试专业人员，辅助老师是校方安排的班级任课老师或班主任。测验前各班主试和辅助老师集体商讨了各项事宜，确保他们熟悉各项内容，明确各项注意事项，包括秩序维持等。

第一周，智力测验，具体程序跟研究一相同。周二晚上高一测试，周三晚上高三测试，周五晚上高二测试。在测验开始前请被试填写简单的背景信息问卷，包括父母的职业（要求被试自己填写）、父母的文化程度（要求被试在"初中以下、初中文化、高中文化、大学、硕士、博士、其他"之间选择）、被试自己正式开始学习英语的时间等三项内容。其中前两项主要是为了了解被试的家庭社会经济地位。接下来按照智力测验施测指导中规定的程序进行智力测验。背景信息填写和智力测试总共约 50 分钟时间，其中背景信息填写约 3 分钟。

第二周，英语句法意识测试。测试以英语语法专项小测验的形式呈现给被试。学生对这样的测验形式很熟悉，所以进展比较顺利。周二晚上高一测试，周三晚上高三测试，周五晚上高二测试。

第三周，汉语句法意识测试。基本形式和程序与汉语句法意识测试相同。

（二）大学生部分

所有测试程序与高中生基本相同，只是具体时间安排不同。测试由学生所在学院协助安排。三个自然班的智力测验、汉语和英语句法意识测试也是在三周内完成。

第三节　数据分析与结果

数据收集工作完成之后，先进行评分，然后把数据录入计算机，使用统计软件 SPSS13.0 进行统计分析。因信息不完整，或答卷不合要求等原因，部分个案被删除，进入统计分析的被试分布情况如表 5-2 所示。

表 5-2　被试性别、年龄、年级分布

人数与年龄	高一	高二	高三	大一	总人数
男生数（所占比例）	42（47%）	38（42%）	54（57%）	38（44%）	172（48%）
女生数（所占比例）	48（53%）	52（58%）	41（43%）	49（56%）	190（52%）
总人数	90	90	95	87	362
平均年龄	15.4	16.5	17.6	18.9	17.5

一、汉语句法意识发展过程与规律

（一）步骤 1 数据初步检验

汉语句法意识测试第一大题句法判断题每小题 1 个得分点，共 14 小题，总分 14 分；第二大题每小题有判断并指出错误 2 个得分点，共 14 小题，总分 28 分；第三大题每小题有判断、指出错误、修改 3 个得分点，共 14 小题，总分 42 分；整个测试题满分 84 分。测试卷共 84 个得分点总体信度 $\alpha=0.895$（$N \text{ of cases}=362$，$N \text{ of items}=84$）。

总测试题中包含 7 个句法意识成分，也就是总的得分点可以分为 7 类，每个成分包含 2 题判断题（2×1 个得分点）、2 题判断并指出错误（2×2＝4 个得分点）、2 题判断加指出错误加修改（2×3＝6 个得分点），所以每个成分内有 12 个得分点。12 个得分点得分总和为该成分总分。以 12 个得分点计算的信度为该成分的信度。各成分的内部一致性检验结果如表 5-3 所示。检验结果符合可接受的水平（Woods，et al.，2000；余建英和何旭宏，2003）。

表 5-3 汉语句法意识各成分的内部一致性检验结果表

成分	把字句意识	完整性意识	层次结构意识	存在句意识	词序意识	功能词意识	词性意识
α 值*	0.794	0.702	0.797	0.762	0.741	0.705	0.751

注：* N of cases=362，N of items=12。

（二）步骤 2 对各年级各成分进行描述性统计

把各个成分的得分点得分进行累计得到各成分的总分，所有 84 个得分点的得分和为句法意识总分。然后按年级对各成分及总分进行描述性统计，结果如表 5-4 所示。

由表 5-4 可以初步观察到汉语句法意识各成分和总分随着被试年级的升高而增长，说明被试在汉语各个方面的句法意识都在发展，但每个成分增长的量是不完全一样的。当然这种增强是否有年级间的统计显著性还需进一步检验。

（三）步骤 3 对汉语总体句法意识及其各成分的平均分进行年级间方差分析

为了检验被试的句法意识总体成绩及其各成分成绩的发展在年级间是否有显著差异，我们分别对句法意识总分及其各成分的成绩进行了多元方差分析，以获知句法意识总体及每个成分在不同年级详细的发展轨迹。下面进行详细报告。

在进行方差分析之前，先对各因变量进行年级组之间方差齐性检验。结果如表 5-5 所示，从表 5-5 中可以发现句法意识总分及各组成成分的分数在各年级组之间方差没有显著差异，也就是说可以认为它们的方差是相等的，这就说明符合方差分析的条件，可以进行方差分析。

为了检验汉语句法意识及其各内部成分的年级平均分是否有显著差异，我们进行了多元（因变量）单因素（年级）方差分析，因变量是汉语句法意识总成绩及其各成分的年级平均分，共 8 个变量，自变量是年级。表 5-6 显示的是方差分

表 5-4　汉语句法意识各年级各成分的描述性统计表

成分	年级	最小值	最大值	平均值	标准差
把字句意识	高一	5.50	9.00	7.513 5	0.839 82
	高二	1.00	11.00	7.885 1	2.479 43
	高三	3.00	11.00	8.989 6	1.585 95
	大一	8.50	12.00	9.906 7	0.491 09
完整性意识	高一	3.00	10.00	5.891 9	1.809 92
	高二	4.00	12.00	7.297 3	2.235 94
	高三	5.00	12.00	9.111 8	2.048 85
	大一	6.00	12.00	10.680 0	2.172 68
层次结构意识	高一	3.00	10.00	6.351 4	1.801 31
	高二	3.00	12.00	7.628 4	2.335 05
	高三	4.50	12.00	10.207 0	2.124 49
	大一	6.50	12.00	11.200 0	1.637 81
存在句意识	高一	0.00	11.00	4.520 3	2.328 26
	高二	1.00	11.00	4.756 8	2.160 10
	高三	4.00	12.00	7.923 2	2.011 97
	大一	6.00	12.00	9.773 3	1.771 19
词序意识	高一	2.00	12.00	5.756 8	2.129 77
	高二	3.00	12.00	6.783 8	2.181 93
	高三	5.00	12.00	8.867 6	1.960 37
	大一	8.00	12.00	11.040 0	1.472 17
功能词意识	高一	2.00	11.00	5.587 8	1.806 30
	高二	3.00	12.00	6.633 7	2.112 58
	高三	4.00	12.00	8.076 1	1.966 52
	大一	7.50	12.00	11.133 3	1.810 88
词性意识	高一	4.00	12.00	6.587 8	1.830 78
	高二	5.00	12.00	7.473 0	1.811 10
	高三	5.00	12.00	7.888 2	1.630 13
	大一	6.00	12.00	9.773 3	1.720 88
句法意识总分	高一	27.50	64.50	42.209 5	8.203 33
	高二	31.00	76.00	48.458 0	10.621 20
	高三	39.00	79.00	61.063 4	9.137 43
	大一	60.50	80.50	73.506 7	4.623 31

析结果。结果表明，汉语句法意识总体成绩及其各成分分数在年级之间有显著差异，这就说明汉语句法意识总成绩和各成分的年级平均分至少有两个年级之间有显著差异。但是这只是一个总体的情况，具体这些平均分在哪些年级之间有差异还需进一步进行事后多重比较才能了解清楚。

表 5-5　汉语句法意识及其成分年级间方差齐性检验表

成分	检验统计量	自由度 1	自由度 2	P 值
汉语句法意识总分	1.058	3	358	0.236
汉语把字句意识	1.364	3	358	0.435
汉语完整性意识	0.521	3	358	0.668
汉语层次结构意识	1.877	3	358	0.085
汉语存在句意识	1.897	3	358	0.130
汉语词序意识	0.585	3	358	0.058
汉语功能词意识	0.754	3	358	0.520
汉语词性意识	0.715	3	358	0.544

表 5-6　汉语句法意识总分及各成分年级间方差分析结果表

方差分析法

				偏差平方和	自由度	均方	F 值	P 值
汉语句法意识总得分	Between Groups	(Combined)		43 169.760	3	14 389.920	202.228	0.000
		Linear Term	Unweighted	42 273.284	1	42 273.284	584.085	0.000
			Weighted	42 300.442	1	42 300.442	584.466	0.000
			Deviation	869.318	2	434.659	6.108	0.003
	Within Groups			20 991.321	358	71.157		
	Total			64 161.081	361			
汉语把字句意识	Between Groups	(Combined)		264.652	3	88.217	36.835	0.000
		Linear Term	Unweighted	255.779	1	255.779	106.799	0.000
			Weighted	256.006	1	256.006	106.894	0.000
			Deviation	8.645	2	4.323	1.805	0.166
	Within Groups			706.511	356	2.395		
	Total			971.163	361			
汉语完整性意识	Between Groups	(Combined)		977.937	3	325.979	75.824	0.000
		Linear Term	Unweighted	975.624	1	975.624	226.934	0.000
			Weighted	975.851	1	975.851	226.987	0.000
			Deviation	2.086	2	1.043	0.243	0.785
	Within Groups			12 68.248	358	4.299		
	Total			22 46.185	361			
汉语层次结构意识	Between Groups	(Combined)		1 126.512	3	375.504	94.525	0.000
		Linear Term	Unweighted	1 093.021	1	1 093.021	275.143	0.000
			Weighted	1 093.626	1	1 093.626	275.295	0.000
			Deviation	32.886	2	16.443	4.139	0.017

续表

			偏差平方和	自由度	均方	F 值	P 值
	Within Groups		1 171.903	358	3.973		
	Total		2 298.415	361			
汉语存在句意识	Between Groups	(Combined)	1 452.018	3	484.006	112.242	0.000
		Linear Term Unweighted	1 335.032	1	1 335.032	309.597	0.000
		Weighted	1 336.989	1	1 336.989	310.050	0.000
		Deviation	115.029	2	57.514	13.338	0.000
	Within Groups		1 272.089	358	4.312		
	Total		2 724.107	361			
汉语词序意识	Between Groups	(Combined)	1 227.356	3	409.119	107.064	0.000
		Linear Term Unweighted	1 198.739	1	1 198.739	313.703	0.000
		Weighted	1 199.522	1	1 199.522	313.907	0.000
		Deviation	27.834	2	13.917	3.642	0.027
	Within Groups		1 127.272	358	3.821		
	Total		2 354.627	361			
汉语功能词意思	Between Groups	(Combined)	1 300.453	3	433.484	116.604	0.000
		Linear Term Unweighted	1 218.248	1	1 218.248	327.699	0.000
		Weighted	1 218.859	1	1 218.859	327.863	0.000
		Deviation	81.594	2	40.797	10.974	0.000
	Within Groups		1 096.687	358	3.718		
	Total		2 397.140	361			
汉语词性意识	Between Groups	(Combined)	403.722	3	134.574	43.985	0.000
		Linear Term Unweighted	370.618	1	370.618	121.134	0.000
		Weighted	370.592	1	370.592	121.126	0.000
		Deviation	33.130	2	16.565	5.414	0.005
	Within Groups		902.571	358	3.060		
	Total		1 306.293	361			

方差分析接下来呈现的结果就是事后多重比较结果。由于结果表格过大，下面把各个因变量的年级间比较结果分别提取出来逐一报告。

表 5-7 显示，汉语句法意识总成绩在各个年级之间的差异都达到显著了水平。

表 5-7　汉语句法意识总成绩年级间事后多重比较检验结果表

因变量：汉语句法意识总得分

（I）年级	（J）年级	平均差值（I-J）	标准误	P 值	95%置信区间	
					下限	上限
高一年级	高二年级	−6.248 52*	1.386 78	0.000	−8.977 8	−3.519 3
	高三年级	−18.853 97*	1.377 63	0.000	−21.565 2	−16.142 8
	大一年级	−31.297 21*	1.382 15	0.000	−34.017 3	−28.577 1
高二年级	高一年级	6.248 52*	1.386 78	0.000	3.519 3	8.977 8
	高三年级	−12.605 46*	1.377 63	0.000	−15.316 7	−9.894 2
	大一年级	−25.048 69*	1.382 15	0.000	−27.768 8	−22.328 6
高三年级	高一年级	18.853 97*	1.377 63	0.000	16.142 8	21.565 2
	高二年级	12.605 46*	1.377 63	0.000	9.894 2	15.316 7
	大一年级	−12.443 23*	1.372 97	0.000	−15.145 3	−9.741 2
大一年级	高一年级	31.297 21*	1.382 15	0.000	28.577 1	34.017 3
	高二年级	25.048 69*	1.382 15	0.000	22.328 6	27.768 8
	高三年级	12.443 23*	1.372 97	0.000	9.741 2	15.145 3

注：* 平均差显著性水平为 0.05。

图 5-1 更加清晰直观地表现了汉语句法意识总成绩随着被试年级的升高而发展的情况。从图中可以看出，高一至高二，句法意识增长稍缓，但是根据表 5-7，这种增长也达到了显著程度，从高二至大一，句法意识保持持续增长的趋势。

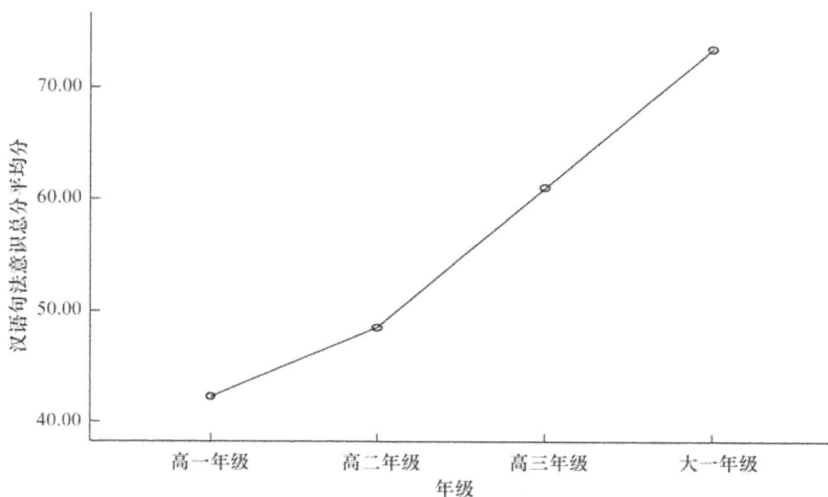

图 5-1　汉语句法意识各年级平均值分布图

表 5-8 是对汉语把字句在高一至大一之间进行两两比较的结果，表中显示把字句意识从高一到高二没有显著增长，但是从高二往后年级间发展显著。

表 5-8　汉语把字句意识年级间事后多重比较检验结果表

因变量：汉语把字句意识

(I)被试所属年级	(J)被试所属年级	平均差值 (I-J)	标准误	P 值	95%置信区间 下限	95%置信区间 上限
高一年级	高二年级	−0.371 62	0.254 42	0.145	−0.872 3	0.129 1
	高三年级	−1.476 10*	0.252 74	0.000	−1.973 5	−0.978 7
	大一年级	−2.393 15*	0.253 57	0.000	−2.892 2	−1.894 1
高二年级	高一年级	0.371 62	0.254 42	0.145	−0.129 1	0.872 3
	高三年级	−1.104 48*	0.252 74	0.000	−1.601 9	−0.607 1
	大一年级	−2.021 53*	0.253 57	0.000	−2.520 6	−1.522 5
高三年级	高一年级	1.476 10*	0.252 74	0.000	0.978 7	1.973 5
	高二年级	1.104 48*	0.252 74	0.000	0.607 1	1.601 9
	大一年级	−0.917 05*	0.251 88	0.000	−1.412 8	−0.421 3
大一年级	高一年级	2.393 15*	0.253 57	0.000	1.894 1	2.892 2
	高二年级	2.021 53*	0.253 57	0.000	1.522 5	2.520 6
	高三年级	0.917 05*	0.251 88	0.000	0.421 3	1.412 8

注：* 平均差显著性水平为 0.05。

图 5-2 较直观地显示了汉语把字句意识随年级升高而发展变化的趋势，总体上显示把字句意识呈发展趋势，其中，高一和高二年级间发展不显著，但高二至大一持续发展。

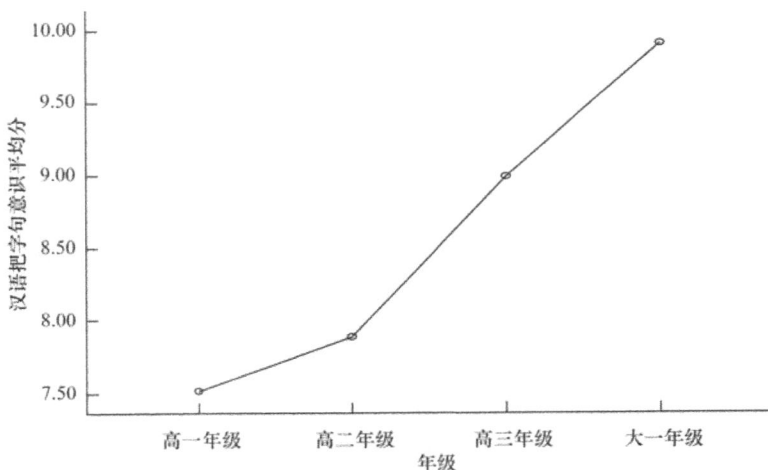

图 5-2　汉语把字句意识各年级平均值分布图

表 5-9 显示，汉语完整性意识从高一到大一阶段一直保持持续发展，而且年级间增长变化达到显著水平。

表 5-9 汉语完整性意识年级间事后多重比较检验结果表

因变量：汉语完整性意识

(I)被试所属年级	(J)被试所属年级	平均差值 (I-J)	标准误	P 值	95%置信区间	
					下限	上限
高一年级	高二年级	−1.405 41*	0.340 87	0.000	−2.076 3	−0.734 6
	高三年级	−3.219 86*	0.338 62	0.000	−3.886 3	−2.553 4
	大一年级	−4.788 11*	0.339 73	0.000	−5.456 7	−4.119 5
高二年级	高一年级	1.405 41*	0.340 87	0.000	0.734 6	2.076 3
	高三年级	−1.814 46*	0.338 62	0.000	−2.480 9	−1.148 0
	大一年级	−3.382 70*	0.339 73	0.000	−4.051 3	−2.714 1
高三年级	高一年级	3.219 86*	0.338 62	0.000	2.553 4	3.886 3
	高二年级	1.814 46*	0.338 62	0.000	1.148 0	2.480 9
	大一年级	−1.568 24*	0.337 48	0.000	−2.232 4	−0.904 1
大一年级	高一年级	4.788 11*	0.339 73	0.000	4.119 5	5.456 7
	高二年级	3.382 70*	0.339 73	0.000	2.714 1	4.051 3
	高三年级	1.568 24*	0.337 48	0.000	0.904 1	2.232 4

注：* 平均差显著性水平为 0.05。

图 5-3 可以清晰显示汉语完整性意识随年级而发展变化的趋势，几乎是一条直线，显示出较为稳定的逐步发展的轨迹。

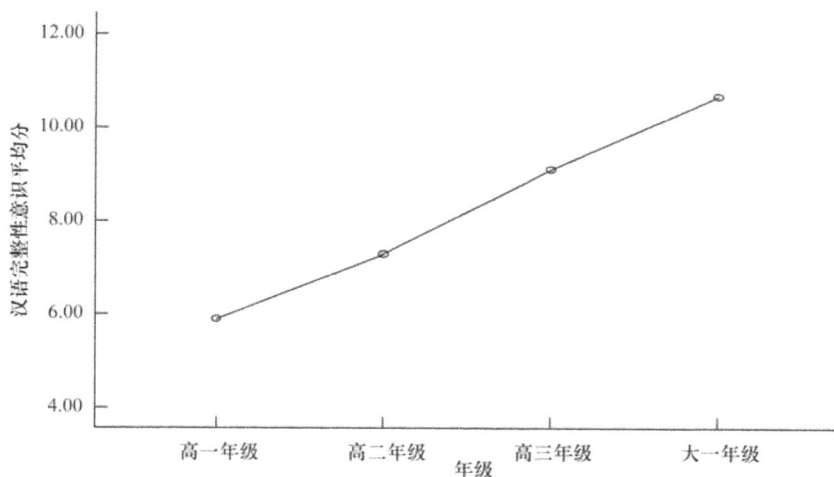

图 5-3 汉语完整性意识各年级平均值分布图

表 5-10 显示，汉语层次结构意识成绩在每两个年级之间均有显著差异，说明层次结构意识随年级发展变化显著，每个高年级平均成绩均显著高于低年级平均成绩。

表 5-10　汉语层次结构意识年级间事后多重比较检验结果表

因变量：汉语层次结构意识

（I）被试所属年级	（J）被试所属年级	平均差值 （I-J）	标准误	P 值	95%置信区间	
					下限	上限
高一年级	高二年级	−1.277 03*	0.327 67	0.000	−1.921 9	−0.632 2
	高三年级	−3.855 63*	0.325 51	0.000	−4.496 2	−3.215 0
	大一年级	−4.848 65*	0.326 57	0.000	−5.491 4	−4.205 9
高二年级	高一年级	1.277 03*	0.327 67	0.000	0.632 2	1.921 9
	高三年级	−2.578 60*	0.325 51	0.000	−3.219 2	−1.938 0
	大一年级	−3.571 62*	0.326 57	0.000	−4.214 3	−2.928 9
高三年级	高一年级	3.855 63*	0.325 51	0.000	3.215 0	4.496 2
	高二年级	2.578 60*	0.325 51	0.000	1.938 0	3.219 2
	大一年级	−0.993 02*	0.324 40	0.002	−1.631 5	−0.354 6
大一年级	高一年级	4.848 65*	0.326 57	0.000	4.205 9	5.491 4
	高二年级	3.571 62*	0.326 57	0.000	2.928 9	4.214 3
	高三年级	0.993 02*	0.324 40	0.002	0.354 6	1.631 5

注：* 平均差显著性水平为 0.05。

图 5-4 直观显示了汉语层次结构意识随年级发展变化的轨迹，从高一至高二以及从高三至大一发展稍缓，从高二至高三发展相对迅速，增长相对较多。

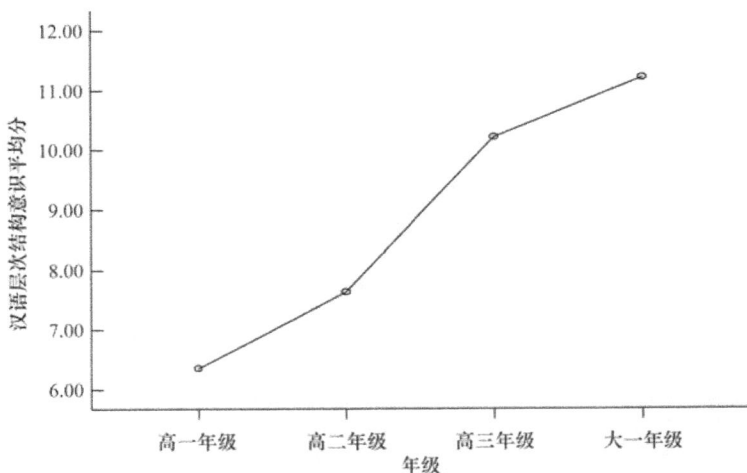

图 5-4　汉语层次结构意识各年级平均值分布图

　　如表 5-11 所示，经过进一步事后多重比较分析可以发现，汉语存在句意识从高一到高二没有显著发展，但是从高二到大一增长显著。

表 5-11　汉语存在句意识年级间事后多重比较检验结果表

因变量：汉语存在句意识

(I) 被试所属年级	(J) 被试所属年级	平均差值 (I-J)	标准误	P 值	95%置信区间 下限	上限
高一年级	高二年级	−0.236 49	0.341 39	0.489	−0.908 3	0.435 4
	高三年级	−3.402 93*	0.339 13	0.000	−4.070 4	−2.735 5
	大一年级	−5.253 06*	0.340 25	0.000	−5.922 7	−4.583 4
高二年级	高一年级	0.236 49	0.341 39	0.489	−0.435 4	0.908 3
	高三年级	−3.166 45*	0.339 13	0.000	−3.833 9	−2.499 0
	大一年级	−5.016 58*	0.340 25	0.000	−5.686 2	−4.347 0
高三年级	高一年级	3.402 93*	0.339 13	0.000	2.735 5	4.070 4
	高二年级	3.166 45*	0.339 13	0.000	2.499 0	3.833 9
	大一年级	−1.850 13*	0.337 99	0.000	−2.515 3	−1.185 0
大一年级	高一年级	5.253 06*	0.340 25	0.000	4.583 4	5.922 7
	高二年级	5.016 58*	0.340 25	0.000	4.347 0	5.686 2
	高三年级	1.850 13*	0.337 99	0.000	1.185 0	2.515 3

注：* 平均差显著性水平为 0.05。

　　从图 5-5 可以清楚看出汉语存在句意识随年级发展变化的轨迹，从高一至高二变化不明显，虽然有缓慢增长，但从高二以后增长明显。

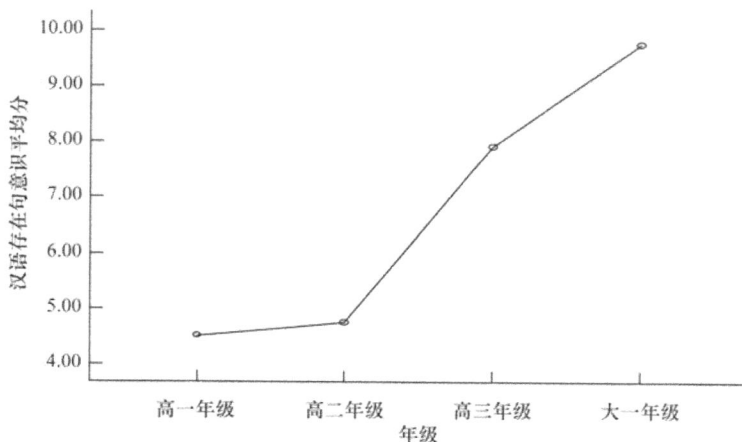

图 5-5　汉语存在句意识各年级平均值分布图

表 5-12 显示，汉语词序意识在每两个年级之间均有显著差异，从低年级到高年级保持显著增长。

表 5-12   汉语词序意识年级间事后多重比较检验结果表

因变量：汉语词序意识

（I）被试所属年级	（J）被试所属年级	平均差值（I-J）	标准误	P 值	95%置信区间 下限	上限
高一年级	高二年级	−1.027 03*	0.321 37	0.002	−1.659 5	−0.394 6
	高三年级	−3.110 88*	0.319 25	0.000	−3.739 2	−2.482 6
	大一年级	−5.283 24*	0.320 29	0.000	−5.913 6	−4.652 9
高二年级	高一年级	1.027 03*	0.321 37	0.002	0.394 6	1.659 5
	高三年级	−2.083 85*	0.319 25	0.000	−2.712 1	−1.455 6
	大一年级	−4.256 22*	0.320 29	0.000	−4.886 6	−3.625 9
高三年级	高一年级	3.110 88*	0.319 25	0.000	2.482 6	3.739 2
	高二年级	2.083 85*	0.319 25	0.000	1.455 6	2.712 1
	大一年级	−2.172 36*	0.318 17	0.000	−2.798 5	−1.546 2
大一年级	高一年级	5.283 24*	0.320 29	0.000	4.652 9	5.913 6
	高二年级	4.256 22*	0.320 29	0.000	3.625 9	4.886 6
	高三年级	2.172 36*	0.318 17	0.000	1.546 2	2.798 5

注：* 平均差显著性水平为 0.05。

图 5-6 直观反映了词序意识随年级发展增长的轨迹。

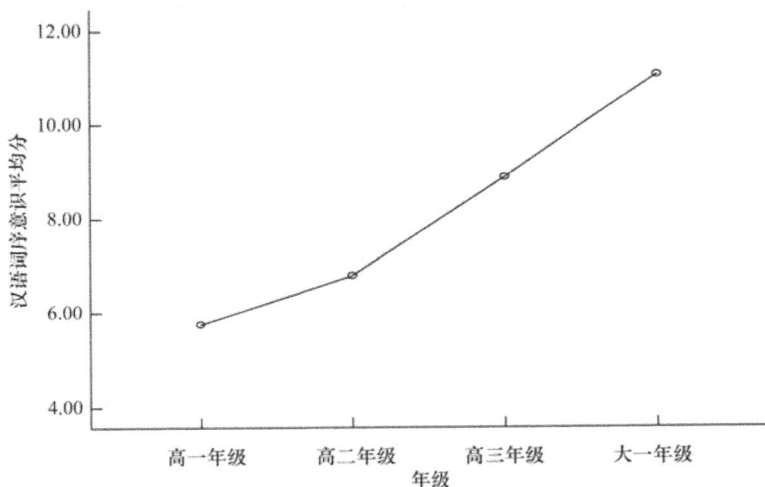

图 5-6   汉语词序意识各年级平均值分布图

如表 5-13 所示，经两两比较结果显示汉语功能词意识平均分在四个年级均有显著增长，虽然每两个年级之间增长量稍有不同。

表 5-13　汉语功能词意识年级间事后多重比较检验结果表

因变量：汉语功能词意识

(I)被试所属年级	(J)被试所属年级	平均差值 (I-J)	标准误	P 值	95%置信区间 下限	95%置信区间 上限
高一年级	高二年级	−1.045 82*	0.316 98	0.001	−1.669 6	−0.422 0
	高三年级	−2.488 25*	0.314 89	0.000	−3.108 0	−1.868 5
	大一年级	−5.545 50*	0.315 92	0.000	−6.167 2	−4.923 8
高二年级	高一年级	1.045 82*	0.316 98	0.001	0.422 0	1.669 6
	高三年级	−1.442 44*	0.314 89	0.000	−2.062 1	−0.822 7
	大一年级	−4.499 68*	0.315 92	0.000	−5.121 4	−3.877 9
高三年级	高一年级	2.488 25*	0.314 89	0.000	1.868 5	3.108 0
	高二年级	1.442 44*	0.314 89	0.000	0.822 7	2.062 1
	大一年级	−3.057 24*	0.313 82	0.000	−3.674 9	−2.439 6
大一年级	高一年级	5.545 50*	0.315 92	0.000	4.923 8	6.167 2
	高二年级	4.499 68*	0.315 92	0.000	3.877 9	5.121 4
	高三年级	3.057 24*	0.313 82	0.000	2.439 6	3.674 9

注：* 平均差显著性水平为 0.05。

图 5-7 直观描述了功能词意识平均分年级间变化的情况。

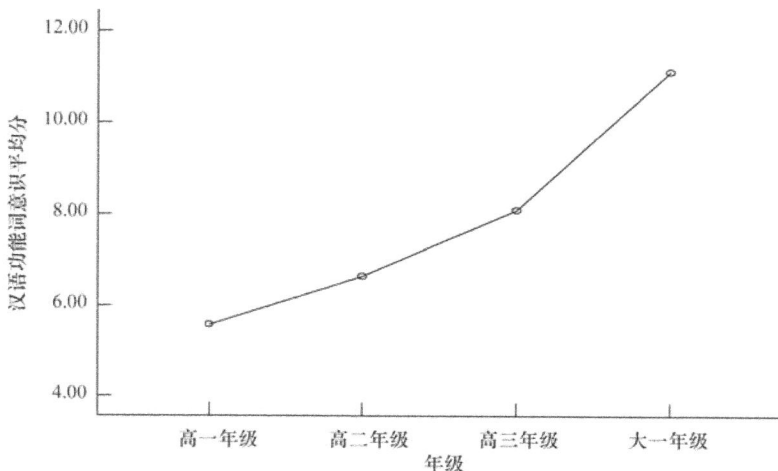

图 5-7　汉语功能词意识各年级平均值分布图

表 5-14 显示，高二和高三年级之间差异不显著，其他年级间差异显著，说明从高二至高三词性意识增长缓慢。

表 5-14　汉语词性意识年级间事后多重比较检验结果表

因变量：汉语词性意识

(I) 被试所属年级	(J) 被试所属年级	平均差值 (I-J)	标准误	P 值	95%置信区间	
					下限	上限
高一年级	高二年级	−0.885 14*	0.287 56	0.002	−1.451 1	−0.319 2
	高三年级	−1.300 32*	0.285 66	0.000	−1.862 5	−0.738 1
	大一年级	−3.185 50*	0.286 60	0.000	−3.749 5	−2.621 5
高二年级	高一年级	0.885 14*	0.287 56	0.002	0.319 2	1.451 1
	高三年级	−0.415 18	0.285 66	0.147	−0.977 4	0.147 0
	大一年级	−2.300 36*	0.286 60	0.000	−2.864 4	−1.736 3
高三年级	高一年级	1.300 32*	0.285 66	0.000	0.738 1	1.862 5
	高二年级	0.415 18	0.285 66	0.147	−0.147 0	0.977 4
	大一年级	−1.885 18*	0.284 70	0.000	−2.445 5	−1.324 9
大一年级	高一年级	3.185 50*	0.286 60	0.000	2.621 5	3.749 5
	高二年级	2.300 36*	0.286 60	0.000	1.736 3	2.864 4
	高三年级	1.885 18*	0.284 70	0.000	1.324 9	2.445 5

注：* 平均差显著性水平为 0.05。

从图 5-8 可以清楚地看到从高二至高三阶段，词性意识增长平缓，不如前后两个阶段增长显著，高三至大一期间增长迅速。整个发展变化快慢轨迹清晰直观。

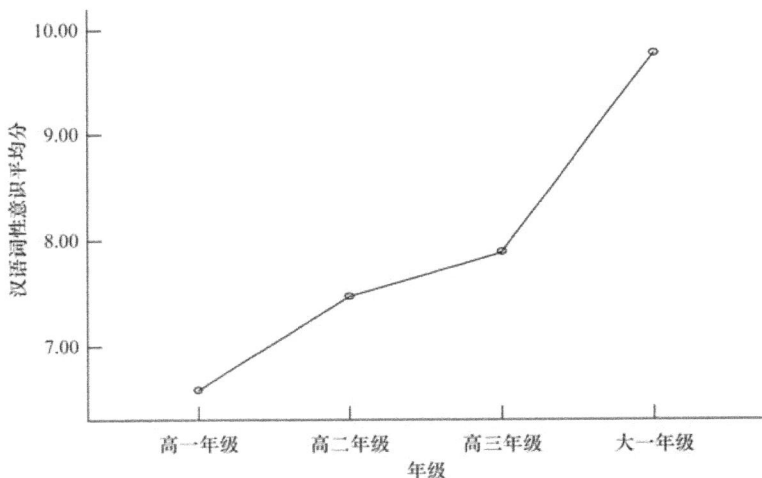

图 5-8　汉语词性意识各年级平均值分布图

（四）小结

经过各年级平均分的比较可以发现，汉语句法意识总体上从高一至大一四个年级呈现不断发展的状况，高年级被试句法意识总体成绩比低年级有显著增长；各成分也都呈现逐年增长的态势，但每个具体成分在不同年级增长速度不完全相同，表现出成分间的个体差异，比如，把字句意识和存在句意识在高一至高二年级间增长稍缓，词性意识在高二至高三年级间增长缓慢，其他各成分发展的速度也不相同。

二、英语句法意识发展过程与规律

（一）步骤 1　数据初步检验

英语句法意识测卷试形式与结构跟汉语的相同，整个测试卷满分 84 分。测试卷共 84 个得分点总体信度 $\alpha = 0.895$（N of cases＝362，N of items＝84），说明测试卷总体信度良好。

测试题中也包含 7 个句法意识成分，每个成分内有 12 个得分点。12 个得分点得分总和为该成分总分。以 12 个得分点计算的信度为该成分的信度。各成分的内部一致性检验结果如表 5-15 所示。检验结果均符合可接受的水平（Woods，et al.，2000；余建英和何旭宏，2003），说明可以用于进一步的统计分析。

表 5-15　英语句法意识各成分的内部一致性检验结果表

成分	词序意识	搭配照应意识	完整性意识	词性意识	功能词意识	存在句意识	层次结构意识
α 值*	0.784	0.766	0.803	0.812	0.736	0.719	0.757

注：* N of cases＝362，N of items＝12。

（二）步骤 2　对各年级各成分进行描述性统计

把各个成分的得分点得分进行累计得到各成分的总分，所有 84 个得分点的得分和为句法意识总分。然后按年级对各成分及总分进行描述性统计，结果如表 5-16 所示。

（三）步骤 3　对英语总体句法意识及其各成分的平均分进行年级间方差分析

为了检验被试的英语句法意识总体成绩及其各成分成绩的平均分在年级间是

表 5-16　英语句法意识各年级各成分的描述性统计表

成分	年级	最小值	最大值	平均值	标准差
英语句法意识总分	高一	17.00	68.50	38.533 3	11.142 54
	高二	21.00	71.00	41.122 2	10.461 36
	高三	17.00	77.00	44.452 6	13.842 98
	大一	28.50	81.00	49.063 2	10.164 29
词序意识	高一	1.00	11.00	5.483 3	2.105 97
	高二	1.00	11.00	5.894 4	2.328 98
	高三	1.00	12.00	6.242 1	2.474 19
	大一	2.00	12.00	7.540 2	2.326 81
搭配意识	高一	1.00	11.00	5.400 0	2.281 09
	高二	1.00	11.50	5.822 2	2.119 08
	高三	1.00	11.50	6.400 0	2.657 39
	大一	1.00	11.00	7.074 7	1.947 76
完整性意识	高一	0.00	12.00	5.372 2	2.443 24
	高二	0.00	12.00	5.750 0	2.584 80
	高三	0.00	12.00	6.436 8	2.950 16
	大一	1.00	12.00	6.655 2	2.437 96
词性意识	高一	0.00	11.50	4.772 2	2.628 88
	高二	0.00	11.50	5.272 2	2.237 53
	高三	0.00	12.00	5.547 4	2.657 86
	大一	1.00	10.00	6.333 3	2.295 94
功能词意识	高一	2.00	10.00	5.953 6	1.757 24
	高二	1.00	10.50	6.261 1	1.834 79
	高三	2.00	10.50	6.484 2	1.923 33
	大一	2.00	10.50	7.224 1	1.620 65
存在句意识	高一	0.00	11.00	5.955 8	2.324 33
	高二	1.00	9.50	6.188 9	2.013 41
	高三	2.00	11.00	6.952 6	2.301 80
	大一	1.00	11.00	7.614 9	2.118 17
层次结构意识	高一	1.00	11.00	5.594 4	2.155 34
	高二	0.00	9.50	5.933 3	2.065 23
	高三	0.00	11.00	6.389 5	2.572 54
	大一	1.00	10.50	6.620 7	2.143 09

否有显著差异，我们分别对英语句法意识总分及其各成分的平均分进行了多元方差分析，以获知英语句法意识总体及每个成分在不同年级详细的发展轨迹。

在进行方差分析之前，先对各因变量进行年级组之间方差齐性检验。结果如表 5-17 所示，从表 5-17 中可以发现句法意识总分及各组成成分的分数在各年级组之间方差没有显著差异，也就是说，可以认为它们的方差是相等的，这就说明符合方差分析的条件，可以进行方差分析。

表 5-17 汉语句法意识及其成分年级间方差齐性检验表

成分	检验统计	自由度 1	自由度2	P值
英语句法意识总分	0.662	3	358	0.403
词序意识	0.785	3	358	0.503
搭配照应意识	1.723	3	358	0.203
完整性意识	0.292	3	358	0.078
词性意识	0.763	3	358	0.515
功能词意识	1.241	3	358	0.295
存在句意识	1.212	3	358	0.305
层次结构意识	1.075	3	358	0.103

为了检验英语句法意识总成绩及其内部各成分的年级平均分在年级之间是否有显著差异，我们进行了多元方差分析，因变量是英语句法意识总成绩及其各成分的年级平均分，共 8 个变量，自变量是年级，分为 4 个水平。

表 5-18 显示的是方差分析结果。结果表明，英语句法意识总体成绩及其各成分分数在年级之间有显著差异，这就说明英语句法意识总成绩和各成分的年级平均分至少有两个年级之间有显著差异。但是这只是一个总体的情况，具体这些平均分在哪些年级之间有差异还需进一步进行事后多重比较才能了解清楚。

表 5-18 英语句法意识总分及各成分年级间方差分析结果表

				偏差平方和	自由度	均方	F 值	P 值
英语句法意识总分	Between Groups	(Combined)		5 487.086	3	1 829.029	13.731	0.000
		Linear Term	Unweighted	5 417.540	1	5 417.540	40.670	0.000
			Weighted	5 393.040	1	5 393.040	40.486	0.000
			Deviation	94.047	2	47.023	0.353	0.703
	Within Groups			7 687.995	358	133.207		
	Total			3 175.081	361			
英语词序意识	Between Groups	(Combined)		208.807	3	69.602	12.988	0.000
		Linear Term	Unweighted	188.768	1	188.768	35.225	0.000
			Weighted	186.033	1	186.033	34.714	0.000
			Deviation	22.774	2	11.387	2.125	0.121
	Within Groups			1 918.513	358	5.359		
	Total			2 127.320	361			

续表

				偏差平方和	自由度	均方	F 值	P 值
英语搭配意识	Between	(Combined)		140.482	3	46.827	9.048	0.000
	Groups	Linear Term	Unweighted	139.420	1	139.420	26.939	0.000
			Weighted	139.029	1	139.029	26.863	0.000
			Deviation	1.453	2	0.726	0.140	0.869
	Within Groups			1 852.820	358	5.175		
	Total			1 993.302	361			
英语完整性意识	Between	(Combined)		95.518	3	31.839	4.643	0.003
	Groups	Linear Term	Unweighted	91.399	1	91.399	13.327	0.000
			Weighted	92.125	1	92.125	13.433	0.000
			Deviation	3.393	2	1.696	0.247	0.781
	Within Groups			2 455.182	358	6.858		
	Total			2 550.700	361			
英语词性意识	Between	(Combined)		112.745	3	37.582	6.177	0.000
	Groups	Linear Term	Unweighted	109.232	1	109.232	1 7.954	0.000
			Weighted	108.346	1	108.346	1 7.809	0.000
			Deviation	4.399	2	2.200	0.362	0.697
	Within Groups			2 178.031	358	6.084		
	Total			2 290.776	361			
英语功能词意识	Between	(Combined)		77.235	3	25.745	8.028	0.000
	Groups	Linear Term	Unweighted	72.113	1	72.113	22.487	0.000
			Weighted	71.242	1	71.242	22.216	0.000
			Deviation	5.992	2	2.996	0.934	0.394
	Within Groups			1 148.042	358	3.207		
	Total			1 225.276	361			
英语存在句意识	Between	(Combined)		152.037	3	50.679	10.515	0.000
	Groups	Linear Term	Unweighted	146.475	1	146.475	30.390	0.000
			Weighted	146.117	1	146.117	30.316	0.000
			Deviation	5.920	2	2.960	0.614	0.542
	Within Groups			1 725.499	358	4.820		
	Total			1 877.536	361			
英语层次结构意识	Between	(Combined)		56.633	3	18.878	3.734	0.011
	Groups	Linear Term	Unweighted	55.514	1	55.514	10.979	0.001
			Weighted	55.821	1	55.821	11.040	0.001
			Deviation	0.811	2	0.406	0.080	0.923
	Within Groups			1 810.119	358	5.056		
	Total			1 866.752	361			

　　方差分析程序接下来呈现的结果就是事后多重比较结果表。同样由于结果表格过大，下面把英语句法意识总成绩及其个内部成分的数据分析结果分别提取出来逐一报告，方式和汇报汉语句法意识方差分析结果时一样。

　　表 5-19 显示英语句法意识总体成绩在高一至高二、高二至高三之间的增长未达到显著水平，但是高三至大一之间有显著增长。

表 5-19　英语句法意识总分年级间事后多重比较检验结果表

因变量：英语句法意识总分

（I）年级	（J）年级	平均差值（I-J）	标准误	P 值	95%置信区间	
					下限	上限
高一	高二	−2.588 89	1.720 51	0.133	−5.972 5	0.794 7
	高三	−5.919 30*	1.697 72	0.001	−9.258 1	−2.580 5
	大一	−10.529 89*	1.735 28	0.000	−13.942 5	−7.117 3
高二	高一	2.588 89	1.720 51	0.133	−0.794 7	5.972 5
	高三	−3.330 41	1.697 72	0.051	−6.669 2	0.008 3
	大一	−7.941 00*	1.735 28	0.000	−11.353 6	−4.528 4
高三	高一	5.919 30*	1.697 72	0.001	2.580 5	9.258 1
	高二	3.330 41	1.697 72	0.051	−0.008 3	6.669 2
	大一	−4.610 59*	1.712 68	0.007	−7.978 8	−1.242 4
大一	高一	10.529 89*	1.735 28	0.000	7.117 3	13.942 5
	高二	7.941 00*	1.735 28	0.000	4.528 4	11.353 6
	高三	4.610 59*	1.712 68	0.007	1.242 4	7.978 8

　　注：* 平均差显著性水平为 0.05。

　　图 5-9 显示句法意识总体上从低年级至高年级一直在不断发展，但是根据表 5-19，只有在高三至大一这个阶段的增长才有显著意义。

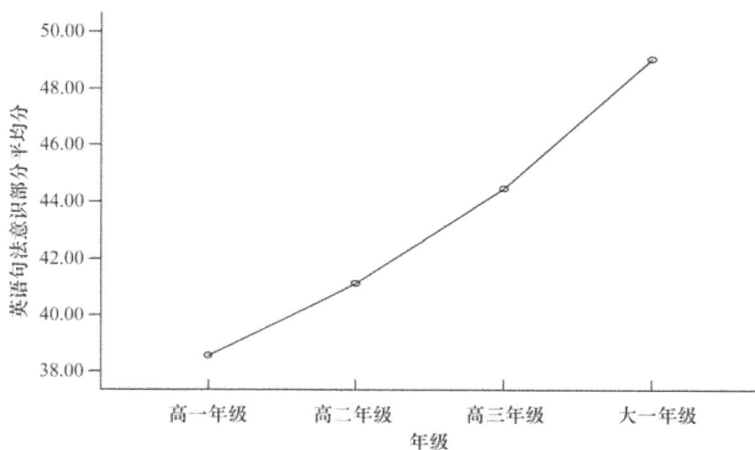

图 5-9　英语句法意识总分各年级平均值分布图

表 5-20 显示，英语词序意识在高一至高三增长都不显著，只有从高三至大一才有显著增长。

表 5-20　英语词序意识总分年级间事后多重比较检验结果表

因变量：英语词序意识

(I)年级	(J)年级	平均差值 (I-J)	标准误	P 值	95%置信区间	
					下限	上限
高一	高二	−0.411 11	0.345 09	0.234	−1.089 8	0.267 6
	高三	−0.758 77*	0.340 52	0.026	−1.428 4	−0.089 1
	大一	−2.056 90*	0.348 05	0.000	−2.741 4	−1.372 4
高二	高一	0.411 11	0.345 09	0.234	−0.267 6	1.089 8
	高三	−0.347 66	0.340 52	0.308	−1.017 3	0.322 0
	大一	−1.645 79*	0.348 05	0.000	−2.330 3	−0.961 3
高三	高一	0.758 77*	0.340 52	0.026	0.089 1	1.428 4
	高二	0.347 66	0.340 52	0.308	−0.322 0	1.017 3
	大一	−1.298 12*	0.343 52	0.000	−1.973 7	−0.622 5
大一	高一	2.056 90*	0.348 05	0.000	1.372 4	2.741 4
	高二	1.645 79*	0.348 05	0.000	0.961 3	2.330 3
	高三	1.298 12*	0.343 52	0.000	0.622 5	1.973 7

注：* 平均差显著性水平为 0.05。

从图 5-10 词序意识年级平均分分布图可以直观看出表 5-20 所显示的信息，词序意识在前两个阶段增长平缓，但从高三至大一阶段增长迅速。

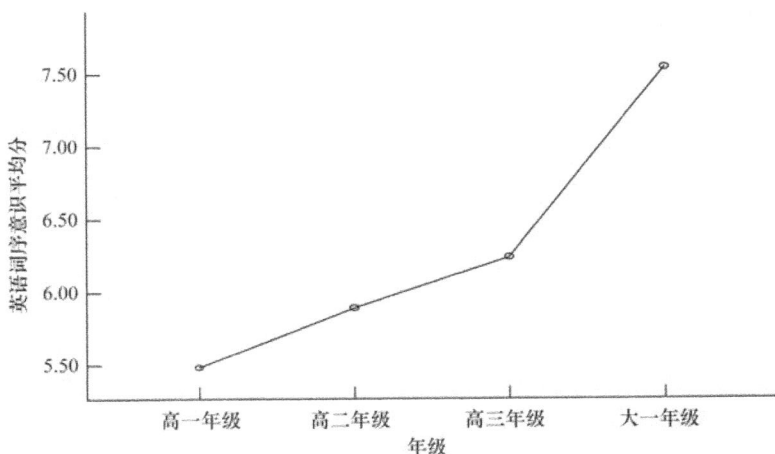

图 5-10　英语词序意识各年级平均值分布图

表 5-21 显示英语搭配照应意识在前两个阶段的增长都未达到显著，只是在最后一个阶段达到显著，但显著性不高，说明此种句法意识全程增长较为缓慢。

表 5-21　英语搭配照应意识总分年级间事后多重比较检验结果表

因变量：英语搭配照应意识

（I）年级	（J）年级	平均差值 (I-J)	标准误	P 值	95%置信区间 下限	95%置信区间 上限
高一	高二	−0.422 22	0.339 13	0.214	−1.089 2	0.244 7
	高三	−1.000 00*	0.334 64	0.003	−1.658 1	−0.341 9
	大一	−1.674 71*	0.342 04	0.000	−2.347 4	−1.002 0
高二	高一	0.422 22	0.339 13	0.214	−0.244 7	1.089 2
	高三	−0.577 78	0.334 64	0.085	−1.235 9	0.080 3
	大一	−1.252 49*	0.342 04	0.000	−1.925 2	−0.579 8
高三	高一	1.000 00*	0.334 64	0.003	0.341 9	1.658 1
	高二	0.577 78	0.334 64	0.085	−0.080 3	1.235 9
	大一	−0.674 71*	0.337 59	0.046	−1.338 6	−0.010 8
大一	高一	1.674 71*	0.342 04	0.000	1.002 0	2.347 4
	高二	1.252 49*	0.342 04	0.000	0.579 8	1.925 2
	高三	0.674 71*	0.337 59	0.046	0.010 8	1.338 6

注：* 平均差显著性水平为 0.05。

图 5-11 可以直观看到搭配照应意识的增长过程，结合表 5-21 所提供的信息可以清楚了解搭配照应意识的发展过程。

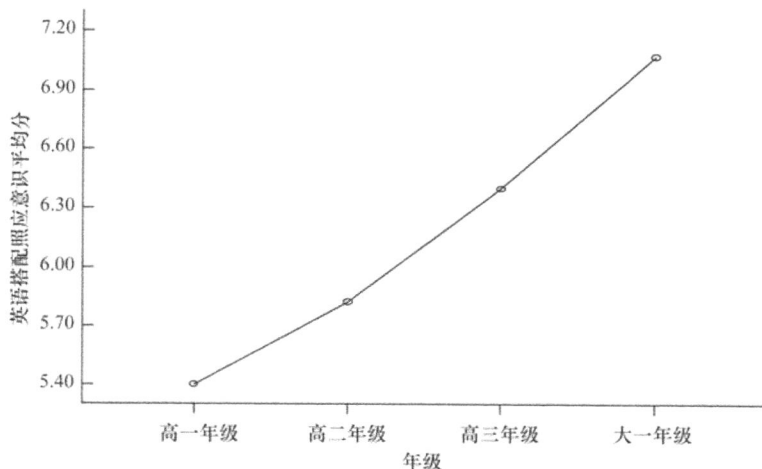

图 5-11　英语搭配照应意识各年级平均值分布图

表 5-22 显示英语完整性意识在相邻的两个年级之间均没有显著的增长，但是在不相邻的年级之间差异显著，这说明这种句法意识发展缓慢，在短时期变化不显著。

表 5-22　英语完整性意识年级间事后多重比较检验结果表

因变量：英语完整性意识

(I)年级	(J)年级	平均差值 (I-J)	标准误	P 值	95%置信区间	
					下限	上限
高一	高二	−0.377 78	0.390 39	0.334	−1.145 5	0.390 0
	高三	−1.064 62*	0.385 21	0.006	−1.822 2	−0.307 1
	大一	−1.282 95*	0.393 74	0.001	−2.057 3	−0.508 6
高二	高一	0.377 78	0.390 39	0.334	−0.390 0	1.145 5
	高三	−0.686 84	0.385 21	0.075	−1.444 4	0.070 7
	大一	−0.905 17*	0.393 74	0.022	−1.679 5	−0.130 8
高三	高一	1.064 62*	0.385 21	0.006	0.307 1	1.822 2
	高二	0.686 84	0.385 21	0.075	−0.070 7	1.444 4
	大一	−0.218 33	0.388 61	0.575	−0.982 6	0.545 9
大一	高一	1.282 95*	0.393 74	0.001	0.508 6	2.057 3
	高二	0.905 17*	0.393 74	0.022	0.130 8	1.679 5
	高三	0.218 33	0.388 61	0.575	−0.545 9	0.982 6

注：＊平均差显著性水平为 0.05。

图 5-12 是对完整性意识发展变化的直观反映，可以看出完整性意识全程都有增长，但比较平缓。

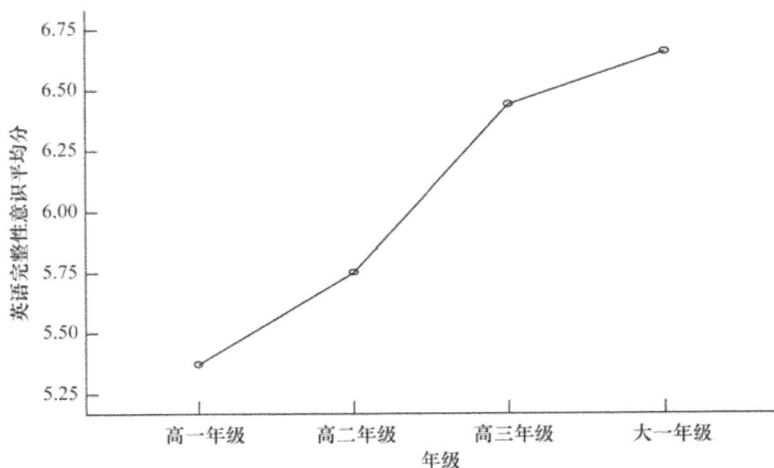

图 5-12　英语完整性意识各年级平均值分布图

表 5-23 显示英语词性意识在高一至高二之间发展显著，高二至高三之间发展缓慢，未达显著，但从高三至大一又有显著增长。

表 5-23　英语词性意识年级间事后多重比较检验结果表

因变量：英语词性意识

(I) 年级	(J) 年级	平均差值 (I-J)	标准误	P 值	95%置信区间	
					下限	上限
高一	高二	−0.500 00	0.367 69	0.175	−1.223 1	0.223 1
	高三	−0.775 15*	0.362 82	0.033	−1.488 7	−0.061 6
	大一	−1.561 11*	0.370 85	0.000	−2.290 4	−0.831 8
高二	高一	0.500 00	0.367 69	0.175	−0.223 1	1.223 1
	高三	−0.275 15	0.362 82	0.449	−0.988 7	0.438 4
	大一	−1.061 11*	0.370 85	0.004	−1.790 4	−0.331 8
高三	高一	0.775 15*	0.362 82	0.033	0.061 6	1.488 7
	高二	0.275 15	0.362 82	0.449	−0.438 4	0.988 7
	大一	−0.785 96*	0.366 02	0.032	−1.505 8	−0.066 1
大一	高一	1.561 11*	0.370 85	0.000	0.831 8	2.290 4
	高二	1.061 11*	0.370 85	0.004	0.331 8	1.790 4
	高三	0.785 96*	0.366 02	0.032	0.066 1	1.505 8

注：* 平均差显著性水平为 0.05。

从图 5-13 年级平均值分布图可以清楚地看到英语词性意识发展轨迹。

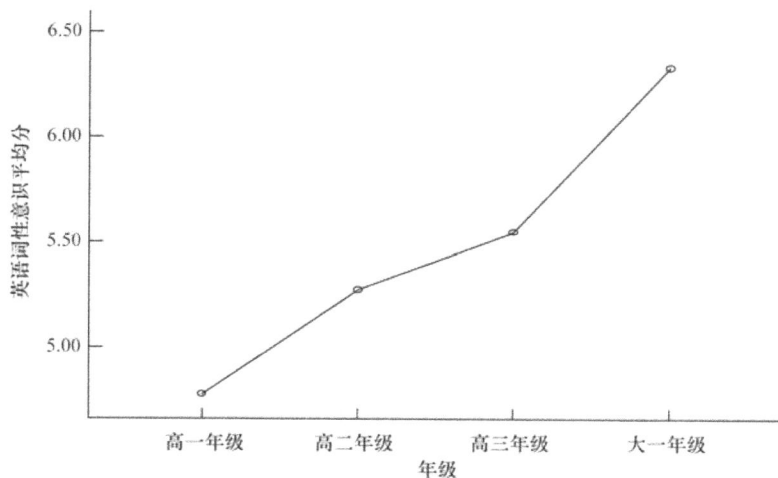

图 5-13　英语词性意识各年级平均值分布图

表 5-24 显示英语功能词意识在前两个阶段均没有显著增长，只是从高三到大一这个阶段增长迅速，达到显著水平。

表 5-24　英语功能词意识年级间事后多重比较检验结果表

因变量：英语功能词意识

（I）年级	（J）年级	平均差值（I-J）	标准误	P 值	95%置信区间	
					下限	上限
高一	高二	−0.305 56	0.266 95	0.253	−0.830 5	0.219 4
	高三	−0.528 65*	0.263 41	0.046	−1.046 7	−0.010 6
	大一	−1.268 58*	0.269 24	0.000	−1.798 1	−0.739 1
高二	高一	0.305 56	0.266 95	0.253	−0.219 4	0.830 5
	高三	−0.223 10	0.263 41	0.398	−0.741 1	0.294 9
	大一	−0.963 03*	0.269 24	0.000	−1.492 5	−0.433 5
高三	高一	0.528 65*	0.263 41	0.046	0.010 6	1.046 7
	高二	0.223 10	0.263 41	0.398	−0.294 9	0.741 1
	大一	−0.739 93*	0.265 74	0.006	−1.262 5	−0.217 3
大一	高一	1.268 58*	0.269 24	0.000	0.739 1	1.798 1
	高二	0.963 03*	0.269 24	0.000	0.433 5	1.492 5
	高三	0.739 93*	0.265 74	0.006	0.217 3	1.262 5

注：* 平均差显著性水平为 0.05。

从图 5-14 也可以看出英语功能词意识在高一至高三阶段线条较平缓，从高三到大一发展速度明显上升。

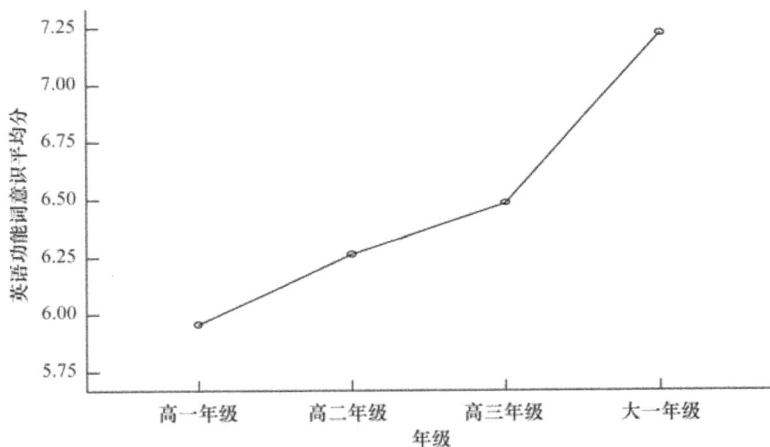

图 5-14　英语功能词意识各年级平均值分布图

表 5-25 显示英语存在句意识从高二往后发展迅速，年级间差异有显著的统计意义，而从高一到高二增长不显著。

表 5-25　英语存在句意识年级间事后多重比较检验结果表

因变量：英语存在句意识

(I)年级	(J)年级	平均差值 (I-J)	标准误	P 值	95%置信区间	
					下限	上限
高一	高二	−0.233 33	0.327 27	0.476	−0.877 0	0.410 3
	高三	−0.997 08*	0.322 94	0.002	−1.632 2	−0.362 0
	大一	−1.659 39*	0.330 08	0.000	−2.308 5	−1.010 2
高二	高一	0.233 33	0.327 27	0.476	−0.410 3	0.877 0
	高三	−0.763 74*	0.322 94	0.019	−1.398 8	−0.128 6
	大一	−1.426 05*	0.330 08	0.000	−2.075 2	−0.776 9
高三	高一	0.997 08*	0.322 94	0.002	0.362 0	1.632 2
	高二	0.763 74*	0.322 94	0.019	0.128 6	1.398 8
	大一	−0.662 31*	0.325 78	0.043	−1.303 0	−0.021 6
大一	高一	1.659 39*	0.330 08	0.000	1.010 2	2.308 5
	高二	1.426 05*	0.330 08	0.000	0.776 9	2.075 2
	高三	0.662 31*	0.325 78	0.043	0.021 6	1.303 0

注：* 平均差显著性水平为 0.05。

图 5-15 显示从高一到高二增长较缓慢，高二以后增长明显，和表 5-25 揭示的信息一致。

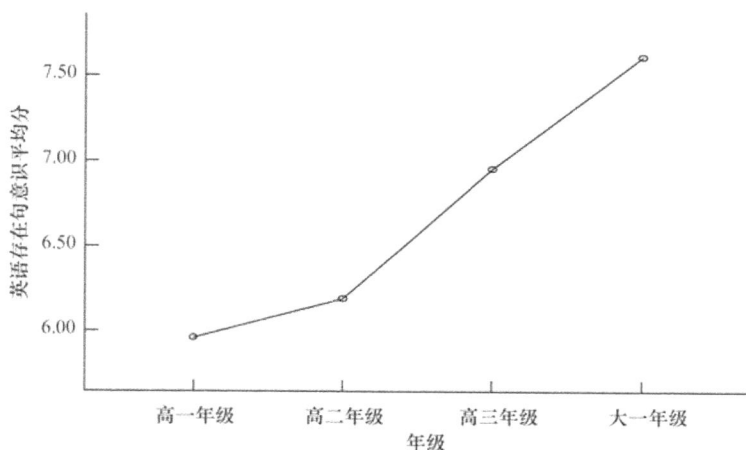

图 5-15　英语存在句意识各年级平均值分布图

表 5-26 显示的英语层次结构意识从高一至大一，在每两个相邻的年级之间增长均不显著，但从全程来看一直处于发展之中，在更长时间段中有显著增长。

表 5-26　英语层次结构意识年级间事后多重比较检验结果表

因变量：英语层次结构意识

（I）年级	（J）年级	平均差值（I-J）	标准误	P 值	95%置信区间	
					下限	上限
高一	高二	-0.338 89	0.335 20	0.313	-0.998 1	0.320 3
	高三	-0.795 03*	0.330 76	0.017	-1.445 5	-0.144 5
	大一	-1.026 25*	0.338 08	0.003	-1.691 1	-0.361 4
高二	高一	0.338 89	0.335 20	0.313	-0.320 3	0.998 1
	高三	-0.456 14	0.330 76	0.169	-1.106 6	0.194 3
	大一	-0.687 36*	0.338 08	0.043	-1.352 2	-0.022 5
高三	高一	0.795 03*	0.330 76	0.017	0.144 5	1.445 5
	高二	0.456 14	0.330 76	0.169	-0.194 3	1.106 6
	大一	-0.231 22	0.333 68	0.489	-0.887 4	0.425 0
大一	高一	1.026 25*	0.338 08	0.003	0.361 4	1.691 1
	高二	0.687 36*	0.338 08	0.043	0.022 5	1.352 2
	高三	0.231 22	0.333 68	0.489	-0.425 0	0.887 4

注：* 平均差显著性水平为 0.05。

图 5-16 显示英语层次结构意识发展轨迹是一条较平缓的线条。

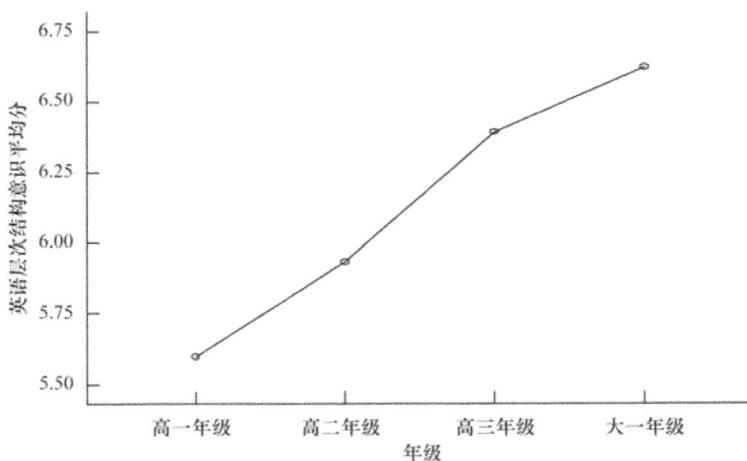

图 5-16　英语层次结构意识各年级平均值分布图

（四）小结

本小节通过方差分析的方法，比较了各年级被试英语句法意识总成绩及各成分的平均分。结果发现，英语句法意识总成绩从高一至大一呈现逐步发展的基本态势，高年级被试的句法意识总体上比低年级有显著增长；同时，通过深入考察各具体成分可以发现，各成分都呈现逐年增长的一般状况，但每个具体成分在不同阶段增长并不是以相同的速度进行的，各成分有其自身的进程。

三、汉、英共性句法意识发展之间的关系

前面两部分分别考察了汉、英两种语言的句法意识总体能力和各个具体成分从高一至大一年级发展变化的轨迹。当我们把这两种语言的句法意识放在一起，尤其是把那些具有语言共性的句法意识成分放在一起进行比较，会呈现怎样的情况呢？

一方面，可以看到有些成分之间发展轨迹具有较高的一致性。

比如，存在句意识。通过比较图 5-5 和图 5-15 可以发现，汉语和英语的存在句法意识从高一至高二都增长较为缓慢，直观表现为线条斜度较小。但是从高二开始往后发展速度都明显加快，表现为线条斜度增大，明显上扬；而且都基本保持匀速发展，表现为线条中间没有明显起伏波动。两种语言的存在句意识几乎是步调一致的发展。

再比如词性意识，步调一致性也很典型，如图 5-8 和图 5-13 所示。汉语和英语词性意识从高一到高二线条斜率几乎一样，从高二至高三也都速度放缓，线条斜率变小，而从高三到大一线条又都重新上扬，说明速度都变快；线条斜度基本持平，说明速度基本持平。

再比如功能词意识，通过图 5-7 和图 5-14 可以看出，汉、英功能词意识从高一至高三都呈缓慢但基本匀速的发展，表现为线条斜度较小，而中间没有大的波动；但是从高三到大一迅速增长，表现为线条明显上扬。

汉、英层次结构意识也表现出大体一致的发展步调，表现为发展轨迹大题相同，如图 5-4 和图 5-16 所示。

另一方面，有的共性句法意识成分都保持发展的一般趋势，但没有那么明显的步调一致性。

　　比如词序意识，把图 5-6 汉语词序意识和图 5-10 英语词序意识随年级发展的轨迹进行比较即可发现，两种语言的词序意识在四个年级均表现出逐步增长的总趋势，但是二者并不是完全同步的，也就是并非保持相同的增长速度。图 5-6 显示，汉语词序意识在四年中基本保持匀速增长，线条没有明显波动，只是在高一至高二阶段速度比后面阶段稍微慢一点，但总体呈明显的匀速状态。英语词序意识则在高一至高三阶段基本保持匀速增长，线条没有明显波动；而从高三至大一则增长速度明显加快，直观表现为线条斜度增大，明显上扬，如图 5-10 所示。

　　又比如完整性意识，图 5-3 显示汉语完整性意识从高一到大一直保持持续发展，轨迹基本上是一条直线，说明发展速度基本上是匀速的，但线条斜度较小，说明随着年级的发展速度较慢。但如图 5-12 所示，英语完整性意识则从高一至高三发展速度较快，表现为线条斜度较大，上扬明显；从高三到大一虽然也还是在增长，但速度有所下降，表现为为线条斜度变小。

　　这些情况似乎可以说明，具有共性的句法意识发展的模式也基本上是一致的，或者一致性是主导的，但在某些特定的阶段，某些成分之间会发生偏离共同轨道的情况。

第四节　讨　　论

　　研究二的结果可以描绘出汉、英两种语言的句法意识总体及各个具体成分在从高一到大一的中国英语学习者身上发展变化的轨迹，以及它们在不同的年级阶段体现出的特征。

　　就汉语句法意识的情况来看，汉语句法意识总体能力在从高一至大一这四个年级表现出不断发展增强的一般趋势（参见图 5-1）。这一结果和以往句法意识发展研究的结果是一致的。以往的研究表明，汉语儿童的句法意识是随着年龄一起逐步发展起来的，年龄大的被试比年龄小的被试句法意识更加成熟，能够在句法可接受性判断任务中逐渐摆脱语义的干扰，把注意力集中在句子的句法方面进行判断，体现了句法意识水平的不断提高（Tsang & Stokes，2001；龚少英和彭聃龄，2008a；宋正国，1992）。但以往研究的被试多为年龄较小的幼儿，本研究的被试为年龄较大的青少年。以往的研究因为被试年龄范围的限制，对汉语人群句法意识发展的后期阶段呈现怎样的状况不甚清楚。本研究由于被试年龄范围的扩

大，让我们看到了句法意识在青少年这个年龄更大的群体中仍然是保持发展趋势
的，这增加了人们对句法意识总体能力发展的现有认识。这是本章研究结果的意
义之一。

由于本研究把句法意识分解成了若干具体成分，这使得我们可以深入考察每
一种成分在四个年级阶段发展变化的详细情形。比如，龚少英（2007）的研究发
现4～5岁的汉语儿童把字句意识表现出显著的发展，因为5岁的被试句法意识测
试成绩显著高于4岁的被试。但是因为这项研究中被试年龄跨度不够大，因此无
法看到把字句意识在更长时间段里发展变化的情况。本章研究可以看到在从高一
到大一的四年间被试把字句意识总体上是呈不断发展的趋势，但在每个年级发展
并不是匀速的。在高一至高二年级间虽然有增长，但并未发生显著的差异，而从
高二往后则增长迅速，每两个年级间都呈现显著的增长（参见图5-2）。存在句法
意识的发展轨迹和把字句类似（参见图5-5）。

汉语其他各个句法意识成分的发展轨迹在不断增长的总趋势下也分别显示出
各自不同的个体差异。词性意识在高二至高三年级间增长缓慢，其他各成分发展
的速度也不相同。这和龚少英（2007）的研究结果一致，该研究发现被试对不同
句法规则的句法意识发展并不是同步的，因为句法错误句子的类型影响被试的判
断成绩。只是该研究尚未像本研究这样把句法意识分成不同的成分，所以本研究
对这个问题揭示得更加系统，对每个成分发展的轨迹描绘得更加清晰。这是本章
研究结果的另一意义。

就英语句法意识的情况来看，也可以从句法意识总体能力和各具体成分两个
方面来解读，基本情况和汉语句法意识的发展类似。

首先，被试英语句法意识在四个年级阶段也是呈现不断发展的态势，这和以
往以英语为母语的被试进行的研究结果一致（参见 Tunmer & Grieve，1984）。只
是以往的研究被试多是儿童，本研究的被试是以英语为外语的年龄较大的群体，
他们在二语句法意识的总体能力上也表现出不断发展的一般趋势（参见图5-9）。
从所掌握的文献来看，这是首次对中国青少年英语学习者群体英语句法意识发展
轨迹进行的揭示和描绘，对了解中国青少年英语学习者的学习规律具有实际意义。

被试的英语句法意识各个具体成分在总体呈现出不断增长的趋势这一大背景
下，也表现出各自不同的发展轨迹，在不同年级阶段增长的速度并不相同，具有
成分间的个体差异。比如，英语词序意识、搭配照应意识、词性意识、功能词意

识和层次结构意识，在从高一至高二和高二至高三阶段都没有显著增长，增长速度比较缓慢（参见图 5-10、图 5-11、图 5-13、图 5-14 和图 5-16），但存在句意识从高二至高三有显著增长（见图 5-15）；其他成分在从高三到大一阶段都有显著增长，而完整性意识和层次结构意识在此阶段却增长缓慢（见图 5-12 和图 5-16）。

把汉语句法意识总体能力及其各成分与英语句法意识总体能力及其各成分的发展轨迹加以比较，可以发现，这两种语言的句法意识在相同的四个年级阶段里都保持持续增长的一般规律，但其增长的速度，具体的发展轨迹又不完全相同，都表现出各自相互之间的差异性，在同一时间段内有的速度快，有的速度慢。究其原因，这可能跟很多因素的综合作用有关。比如，这些成分在语言中出现的频率，学习者对这些句法规则的接触多少等。在彭聃龄和龚少英（2008a）的研究中已经发现儿童句法意识的成绩受到句法错误类型的影响，表现出发展的不同步性。而本研究进一步证实了这一点，因为本研究正是按照不同的句法错误类型来进行的研究。另外，英语在本研究中是被试的外语，和母语环境不同，在学校以外的环境中被试很少能够全面接触英语，被试跟英语句法的接触主要是通过学校正规的课堂教学，因此，我们推测，学校语法教学内容的安排可能是影响被试英语句法意识各具体成分发展的重要因素。

把汉、英两种语言中具有共性的成分放在一起，比较其发展轨迹可以看出，这些具有共性的成分中，多数具有几乎一致的发展轨迹，这似乎表明共性的成分有可能遵循共同的发展模式。这种发展轨迹的高度相似性反过来也可以证明这些共性成分本质上可能就是同一种能力，因此尽管在不同的语言中，其发展轨迹也是几乎一致的。只有少数成分在共同发展中在特定阶段发展速度上有偏离共性轨道的现象，但大的发展趋势还是保持基本一致的。

第五节　本　章　小　结

研究二的研究旨在探索汉、英句法意识发展的过程与规律。研究以研究一所划分出来的汉、英句法意识结构的基本构成成分为基础，采取横断法对高一至大一四个年级的被试进行了汉语和英语句法意识测量。通过对汉、英句法意识总成绩和各内部成分平均分的年级间比较揭示出：被试的汉、英句法意识是一个发展变化的动态过程；汉、英句法意识呈现出随年级的升高而逐步增强的一般趋势；

句法意识总体能力及其内部各成分的发展并不是一个同步的进程，表现在同一阶段，有的成分发展快，有的成分发展较慢；同一成分，在不同的阶段，增长速度也不同，表现出时快时慢的特点；两种语言"共性"的句法意识，在四个年级都呈现出逐步发展的大趋势下，多数成分在各年级阶段的发展都表现出速度的一致性，少数成分在某些阶段表现出偏离共同轨道的情况。总体来看，汉、英句法意识发展的过程和规律得到了比较清晰的揭示，研究问题得到了较好的回答。

考察句法意识的动态变化主要是为了观测作为两种语言"共性"的句法意识，在每个年级的发展趋势和发展速度是否相同，结果发现具有共性的成分中，多数具有几乎一致的发展轨迹，只有少数成分在共同发展中在特定阶段有偏离共性轨道的现象，但大的发展趋势还是保持基本一致的。如果两个共性因素在某个阶段发展速度不相同，那么它们之间的相关程度就不相同了。接下来的问题是，偏离"共性"轨道是否意味着迁移的消失，或者仅仅迁移量的变化？这将通过下一项研究来考察。

第六章

研究三：汉—英双语者汉、英句法意识的迁移

研究二分别考察了汉、英两种语言的句法意识从高一到大一四个连续年级各自发展变化的动态过程和规律，比较了汉、英两种语言共性的句法意识发展的轨迹，为本章的研究廓清了宏观环境。研究三是针对核心问题系列实证研究之二，是研究主线的核心部分。主线研究就是汉—英双语者两种语言句法意识发展之间的关系，问题的关键就是考察汉、英双语句法意识的可迁移性。本章仍将以研究一所划分出来的句法意识基本构成成分为基础，对汉、英句法意识及内部成分之间的关系进行多角度的跨语言考察，回答主要研究问题中的第二和第三个问题。

第一节 研究问题

本章的概括性研究问题有两个：

（1）是否只有具有语言普遍性的成分才具有跨语言迁移的可能性？

（2）如果只有语言普遍成分才具有迁移的可能，那么汉—英双语者具有共性的句法意识成分在不同语言学习和使用阶段的迁移效率是否存在动态变化？

要回答的具体问题包括：汉、英句法意识各成分之间哪些会发生迁移？哪些不会？迁移发生的时间性，即迁移从何时开始、何时结束？迁移会在所有时段上都发生，还是只在某些特定的时段发生？每一个迁移的成分在不同的时段迁移的量是否相同？迁移的方向性，即迁移是单向的，还是双向的？迁移的条件，即迁移受到哪些条件的制约？

本章试图通过对汉、英句法意识迁移问题做多角度全方位的考察，以期对汉—英双语者句法意识的动态发展关系获得一个较为全面的认识。

第二节　理论假设

本研究关于句法意识迁移的基本理论假设是：具有语言共性的句法意识较容易发生迁移，具有语言特异性的句法意识较难发生迁移；句法意识的迁移是一个动态变化的过程；迁移受多种因素的影响，是多种条件共同作用的结果。

上述理论假设是建立在心理学关于迁移研究已经取得的理论成果基础之上的。

迁移（transfer）现象是心理学领域经典的研究课题之一，长期以来一直受到心理学家，尤其是教育心理学中学习理论家的持续关注。学习迁移涉及对学习本质规律的理解，与学习理论密切相关。学习迁移是指一种学习对另一种学习的影响，或习得的经验对完成其他活动的影响，其实质是经验的整合（冯忠良、伍新春、姚梅林、王建敏，2010）。这里所说的影响既包括先前的学习对后继学习的影响，也包括后继学习对先前学习的影响；这种影响既可以是积极的、正面的，也可以是消极的、负面。按照不同的标准，迁移可以分为不同的类型。比如，按迁移的方向可以分为顺向迁移和逆向迁移；按迁移的影响效果可以分为正迁移和负迁移；按学习内容的难度和复杂度可以分为横向迁移（也叫水平迁移）和纵向迁移（也叫垂直迁移）。

在学习迁移研究的历史上，不同的心理学家对迁移现象提出了不同的解释，并形成了不同的学习迁移理论，早期如德国沃尔夫（Woiff）基于官能心理学的形式训练说认为学习迁移就是心理官能由于训练从而得以发展的结果；后来桑代克（Thorndike）在实验基础上提出了相同要素说，认为只有两个学习情境有相同要素时迁移才能产生；20世纪初心理学家贾德（Judd）通过"水下击靶"实验，在批判相同要素说的基础上提出了概括化迁移理论，认为相同要素只是学习迁移的必要条件，两次学习之间能够产生迁移的基本条件是个体对前次的学习进行了概括；格式塔心理学家提出的关系转换说认为迁移的关键是看主体是否能"顿悟"两种学习情境之间的共同关系；20世纪四五十年代奥斯古德（Osgood）以对偶学习的研究结果为基础提出的三维迁移曲面图理论分别考察了刺激的相似性与反应的相似性不同组合所产生的迁移效应，并用三维曲面图来描述各种不同的迁移效应。

在认知主义背景下，随着现代学习理论在知识分类、心理表征和心理加工过程等方面的深入发展，学习迁移理论也有了新的发展，分别出现了认知结构迁移、产生式迁移和认知策略迁移等理论（邵瑞珍，1997：217-248）。学习迁移理论新近的发展以建构主义学习迁移理论为代表。该理论认为学习迁移就是知识在新环境下的重新构建过程，这种构建过程同时涉及知识的意义与运用范围两个方面，而知识的运用范围总是与特定的情境联系在一起的，包括物体、内容、活动以及社会环境等（刘儒德，2001）。

浓缩不同理论下学习迁移的研究成果，可以得出如下基本结论：迁移是个体不同方面的知识、经验和技能的相互影响和整合过程；既然是一个过程，那么迁移就是动态变化的；迁移能否发生，要看各种影响因素综合作用的结果，这些因素包括学习对象之间有无相似要素及其相似度的大小，主体对已有知识或经验的概括水平、清晰度等，还包括主体自身的智力、年龄以及对学习对象之间相似度的意识敏锐性等。本研究所要考察的影响制约因素主要是年龄、一般智力、语言水平三个因素，理论预期上它们可能会对迁移产生影响。

本研究关于汉、英句法意识迁移的理论假设正是植根于上述学习迁移研究的既有成果之中。

第三节　研　究　方　法

一、被试

本章研究三和上一章研究二的被试是同一批被试。由于系列研究涉及多个变量，各变量数据的收集是分多个场次进行的，有少数被试没有参加所有的测试，所以被试有少量中途流失现象（孟庆茂和常建华，1998；朱滢，2000）。随着研究的深入，所涉及的变量逐渐增多，对数据不完整的被试进行了剔除，所以样本量会有所减少，但绝大部分被试参加了所有测试。剔除数据不完整的被试，合格被试分布如表6-1所示。

表 6-1　被试性别、年龄、年级分布

人数与年龄	高一	高二	高三	大一	总人数
男生数（所占比例）	32（44%）	38（52%）	34（45%）	38（51%）	142（48%）
女生数（所占比例）	41（56%）	35（48%）	41（55%）	37（49%）	154（52%）
总人数	73	73	75	75	296
平均年龄	15.7	16.8	17.3	18.7	17.1

二、测量工具

除了研究二中已介绍的智力，以及汉语和英语句法意识，本研究又增加了两个变量：汉语水平和英语水平。前三个变量就是研究二所测数据。新增变量的数据高中生被试以上一个学期的期末年级统考语文和英语成绩为标准，大一被试以高考语文和英语成绩为标准。语文和英语两科满分皆为 150 分。

三、数据收集

本章所用智力、汉语句法意识、英语句法意识等变量的数据收集已在上一章的研究二中介绍。新增变量语言水平的数据通过学校提供的相关教学档案和学生档案获得，中学生每学期各科的考试成绩，大学生高考成绩，学校都有档案文件。之所以选择这些考试的成绩作为汉语和英语语言水平的指标，理由有二。一是受客观条件的限制，以研究者个人有限力量无法对这么大规模的被试组织语言水平集体统测；本研究的被试总共已有 5 场测试，如果再增加两次语言水平测试，一方面会对正常的教学形成太大干扰，被试所在学校无法安排；另一方面测试场次过多学生也易产生排斥情绪。二是上述考试是离本研究数据收集时间最近、最正规的统一考试，因此，考试成绩可以认为是被试汉语和英语语言水平真实可靠的反映指标。

四、数据分析思路与方法

以往元语言意识研究中判断迁移是否存在的统计方法主要是相关分析和回归分析（Chen，et al.，2010；Ramirez，Chen & Pasquarella，2013；Sun-Alperin & Wang，2011；Wang，Koda & Perfetti，2003），本章研究将沿用以往研究已经成熟的方法。本章数据分析具体思路是，确定汉、英语之间哪些成分是具有相似性的，哪些是具有语言特异性的，然后对两种语言中对应成分进行跨语言的相关分析和回归分析。

为什么要先确定成分的相似性呢？因为如前所述，迁移能够发生的前提条件就是对象之间有无相似性以及相似程度的大小，不是任意两个毫不相干的东西都可以放在一起比较，进行迁移研究的。在本书第二章和第三章部分业已提及，以往元语言意识研究中对元语言意识哪些部分是具有跨语言普遍性的，哪些部分是具有语言具体性的，关注很少，对于句法意识也是这样，因此，我们不知道句法意识中哪些部分具有语言共性的能力，哪些部分具有语言特异性的能力。即句法意识如果所有成分都是具有语言普遍性的，那么句法意识的迁移就是毫无疑问的；而如果句法意识成分并不都是具有语言普遍性的，那么要了解句法意识的迁移，就要首先弄清哪些句法意识具有语言共性的能力，哪些具有语言特异性的能力。句法意识中有些句法能力是非常具体的，或者说和具体的语言使用联系得更加紧密，而另一些句法能力却具有较高的普遍性。这说明句法意识中可能既具有语言共性的能力，同时也有语言特异性的能力。因此，我们要了解句法意识的迁移，必须首先明确哪些句法意识能力是普遍性能力，哪些是特异性的能力。

那么，如何确定哪些成分是有共性的成分，哪些成分是有特异性的成分呢？所依据的理由是什么呢？这需要把因子命名和汉、英对比语言学相关的研究成果结合起来进行定性的理论分析。这在第四章第二节和第三节讨论部分已简单论及，为了使理据更加充分扎实，此处再做进一步补充。

总体来看，这除了要对研究一所划分出来的汉、英句法意识各成分的内涵做具体考察和跨语言比较之外，还需要把这些句法意识成分与普通语言学（general linguistics）和对比语言学（contrastive linguistics），更准确地说是汉、英语语法对比研究，所取得的理论成果结合起来进行分析。也就是说，汉、英句法意识相似成分和特异性成分的确定，可以依据各成分的实际内涵、语言的实际使用，也需要结合普通语言学汉、英对比语言学研究的理论成果。

研究一通过因子分析把汉语句法意识划分成词序意识、词性意识、完整性意识、功能词意识、层次结构意识、存在句意识和把字句意识等 7 个成分；把英语句法意识划分成词序意识、词性意识、完整性意识、功能词意识、层次结构意识、存在句意识和搭配照应意识 7 个成分。

从内涵来看，汉语和英语的词序意识，都是反映个体对句子中字、词的线性排列顺序这个规则的理解和操控能力，个体需要理解字词顺序的改变会导致句子意思的改变。关于词序问题，索绪尔（de Saussure，2001：69-70）曾指出任意性（arbitrariness）和线性（linear character）是语言符号（linguistic signal）的根本特征；其中，线性体现了语言符号的时间性，而时间是一维的，语言符号的时间性外在表现就是线性。也就是说没有人能够在同一个时间点发出两个声音来，一句话中的词汇必须以一定的顺序构成一个线性排列，单词排列顺序的不同可能造成语义的不同。语言符号的这种线性顺序排列规则就是词序，在语言的句法关系（syntactic relations）上体现了语言符号的横组合关系（syntagmatic relations）（de Saussure，2001：121-123）。

汉语和英语中的词汇都可以根据它们在句子中的功能分成不同的词类，在句子中特定的位置必须使用特定类别的词汇，这是词汇不同性质的体现，表现在个体的句法意识上也就是词性意识。索绪尔指出语言要素（linguistic items）之间除了话语内的横组合关系，话语之外还有联想关系（associative relations）（de Saussure，2001：123-125），也叫纵聚合关系（paradigmatic relations），或替换关系（relations of substitutability）（Robins，2000：209）。句子中不同位置的词汇可以替换成其他词汇，但并不是任意替换的，可以替换的词汇应该属于同一词类，具有联想关系。

需要指出的是，词序和词性问题是具有语言普遍性的问题（Robins，2000：209），索绪尔在论述横组合关系和联想关系时也是站在普通语言学的高度来论述的，而不是就特定语言所发表的观点。也就是说，词序和词性是具有语言普遍性的规律，所以汉、英语词序意识和词性意识是具有语言普遍性的能力。

汉语和英语的句法中都不允许句法结构不完整现象，必要成分的缺失将影响句子传达完整的意义，两种语言中的句法完整性意识都是反映个体对这一规则的理解和操控能力。关于句法完整性在多数语言学著作中很难找到直接相关的系统的论述，但是观察人们实际的言语行为却可以很容易理解这一点，不管是汉语还是英语，句子成分的缺失会造成传达的信息不全，这无疑会妨碍语言认知加工。信息的完整性是人脑对信息输入的基本要求之一，信息完整性的缺失将影响大脑对信息的加工。这属于人脑的认知加工对信息完整性的一般要求。因此，句法完整性意识在汉语和英语之间也可视为普遍性的句法意识。这也解释了为什么会在各级汉语和英语语法技能测试中都会有句法成分残缺的句子要求学生判断或修改，这是以语言使用的事实为依据的。

汉、英两种语言中都存在一些虚词或功能词，它们的主要作用不在于传达语义，而在于表现句子内部的句法关系，对这种功能词作用的理解和有意识利用就是功能词意识的表现。当然汉语的功能词或虚词在种类和作用上比英语显得复杂一些（参见何善芬，2002；潘文国，1997；2010）。所以，汉、英语功能词意识也可视为具有共性的句法意识。

不管是汉语的句子还是英语的句子，一般都是由不同的句法成分组成的，如主语、谓语、宾语等。复杂的句子内部结构还会有不同的层次，层次结构之间有不同的关系，如从属关系、并列关系等。理解这些句子内部不同的层次结构和各层次结构之间关系并能有意识地加以利用就是句法意识中的层次结构意识。层次结构意识应视为汉、英之间具有共性的句法意识，体现在个体对两种语言中句子结构的分析处理方面。

表达某处有某物，这在汉、英两种语言里都有一种类似的存在句结构。但两种句子结构之间又不完全相同。仅从类型上看，英语就有所谓本体存在句、处所存在句、动词存在句等；汉语则有原型存在句和边缘存在句等（详见高文成，2007，2008）。所以本研究把汉、英语中存在句意识视为中度相似的句法意识。

此外，汉、英两种语言中都有体现各自语言独特性的句法规则和结构，如英语中需要形式的搭配照应，在性、数、人称、时态等方面要求形式照应和搭配；而在汉语中则没有相对应的句法规则。汉语中有把字句这样的独特的句法结构，英语中则没有。基于这样的语言事实，本研究把汉语把字句意识和英语中的搭配照应意识视为低度相似或具有语言特异性的句法意识。

因此，根据因子命名的结果及各因子的内涵，可以把汉、英句法意识按照相似程度分成三个水平，即具有高度相似性或语言共性的成分，包括词序意识、词性意识、完整性意识、功能词意识和层次结构意识；具有中度相似性的成分，主要是存在句意识；具有语言特异性的成分，包括汉语把字句意识和英语搭配照应意识。

第四节   数据分析过程与结果

一、数据整理和检验

因为样本数量发生了变化，所以分析数据之前先对数据可靠性进行检验，检验结果汉语句法意识测试卷总体信度 $\alpha=0.803$（N of cases＝296，N of items＝84）；英语句法意识测试卷总体信度 $\alpha=0.821$（N of cases＝296，N of items＝84）。汉、英语句法意识各成分内部一致性检验结果如表 6-2 和表 6-3 所示。检验结果显示，数据信度可靠，可以用于进一步统计分析。

表6-2　汉语句法意识各成分的内部一致性检验结果表

成分	把字句意识	完整性意识	层次结构意识	存在句意识	词序意识	功能词意识	词性意识
α值*	0.775	0.701	0.783	0.754	0.736	0.702	0.728

注：*N of cases＝296，N of items＝12。

表6-3　英语句法意识各成分的内部一致性检验结果表

成分	词序意识	搭配照应意识	完整性意识	词性意识	功能词意识	存在句意识	层次结构意识
α值*	0.753	0.735	0.788	0.772	0.731	0.709	0.735

注：*N of cases＝296，N of items＝12。

二、汉、英句法意识之间的共变关系

相关分析和回归分析是用来了解变量之间如何发生相互影响的统计方法，两种分析方法经常相互结合和渗透（何晓群和刘文卿，2011；余建英和何旭宏，2003）。通常，变量间相关程度越高，回归分析的结果也越可靠。因此，多数研究在做回归分析之前先要做相关分析（秦晓晴，2003）。

为了先从宏观上了解汉、英句法意识发展变化之间的共变关系，本研究先分别对汉英句法意识总分和汉、英句法意识对应成分逐对进行了相关分析。

上一节我们已经把汉、英句法意识按照相似程度分成了三个水平，高度相似和中度相似部分在两种语言之间有对应的两项测试结果；而汉语中有把字句意识英语中有搭配照应意识测试结果可分别代表两种语言中特异性的句法意识，因此可以把汉语把字句意识和英语搭配照应意识配对进行相关分析，通过它们之间的关系了解具有语言特异性的成分之间是否会有迁移现象。因此，我们只需要进行两种语言中对应成分的相关分析即可，而不需要把所有14个成分拢在一起做相关矩阵。本研究采取这样两两相关的分析方法是和总体研究思路相符合的，前后具有逻辑的一致性，而相关矩阵产生的结果太繁杂，而且很多并不是本研究所需要的。

相关分析的结果汇总为表6-4。该表中的信息可以从横向和纵向两个方向上进行解读，也就是说，该表反映了汉、英句法意识发展之间共时与历时两个方面的信息。

从横向上来看，在同一个年级阶段，有些句法意识成分在汉、英之间具有显著的相关性，有些则没有。比如，在高一年级，汉、英句法意识在总体上没有显著的相关性（$r=0.201$，$p=0.088$）；在各对具体成分中，只有词序意识、功能词

118

表 6-4　汉、英句法意识跨语言相关分析结果

年级 (样本量)	汉—英句 法意识总分	汉—英词 序意识	汉—英词 性意识	汉—英完 整性意识	汉—英功 能词意识	汉—英层次 结构意识	汉—英存 在句意识	把字句意识和 搭配照应意识
大一 (N=75)	$r=0.764$ $p=0.000$	$r=0.712$ $p=0.000$	$r=0.753$ $p=0.000$	$r=0.753$ $p=0.000$	$r=0.514$ $p=0.000$	$r=0.753$ $p=0.000$	$r=0.263$ $p=0.023$	$r=0.015$ $p=0.902$
高三 (N=75)	$r=0.756$ $p=0.000$	$r=0.683$ $p=0.000$	$r=0.558$ $p=0.000$	$r=0.719$ $p=0.000$	$r=0.343$ $p=0.003$	$r=0.761$ $p=0.000$	$r=0.057$ $p=0.627$	$r=0.083$ $p=0.480$
高二 (N=73)	$r=0.498$ $p=0.000$	$r=0.624$ $p=0.000$	$r=0.145$ $p=0.222$	$r=0.679$ $p=0.000$	$r=0.360$ $p=0.002$	$r=0.486$ $p=0.000$	$r=-0.033$ $p=0.783$	$r=-0.029$ $p=0.810$
高一 (N=73)	$r=0.201$ $p=0.088$	$r=0.473$ $p=0.000$	$r=0.027$ $p=0.823$	$r=-0.022$ $p=0.850$	$r=0.288$ $p=0.013$	$r=0.493$ $p=0.000$	$r=-0.172$ $p=0.146$	$r=-0.023$ $p=0.848$

意识和层次结构意识具有显著的相关性，而词性意识、完整性意识、存在句意识、把字句意识和搭配照应意识均没有达到显著的相关关系。高二的情况和高一相比，发生了两个变化，一是句法意识总体上开始具有了显著的相关性（$r=0.498$，$p=0.000$），二是完整性意识开始出现了显著相关性（$r=0.679$，$p=0.000$）。高三阶段词性意识也达到了显著相关（$r=0.558$，$p=0.000$）。到了大一阶段，存在句意识也达到了显著相关，尽管相关程度较低（$r=0.263$，$p=0.023$）。但是汉语的把字句意识和英语的搭配照应意识在各个年级上均未出现显著的相关关系。

　　上述结果说明汉、英句法意识总体水平和各个对应成分之间的相关并不是在所有年级都是相同的，在不同的年级有的句法意识成分有跨语言的显著相关性，有的只在被试达到更高年级阶段时才开始出现相关关系。这表明，汉、英句法意识之间的关系是随着年级的升高而不断发展变化的，随着年级的升高，具有显著相关性的成分逐步增多，汉、英句法意识对应成分间的关系变得越来越密切。

　　从纵向上来看，汉、英句法意识总成绩在高一阶段并未出现跨语言的显著相关，但是从高二开始，显著性相关开始出现，而且随着年级的升高，两者之间的相关性呈现逐步增强的趋势，表现在相关系数的逐步变大（$r=0.498<r=0.756<r=0.764$）。在汉、英句法意识各组对应成分中，显著性相关关系开始出现的时间也不相同。从高一开始就出现显著相关的成分有词序意识、功能词意识和层次结构意识，而且它们之间的相关关系在从高一到大一整个过程中都呈现不断加强的趋势。词性意识、完整性意识和存在句意识显著性相关关系从不同的年级考试中出现。其中，完整性意识的相关在高二开始出现（$r=0.679$，$p=0.000$），词性意识的相关在高三开始出现（$r=0.558$，$p=0.000$），而存在句意识直到大一才开始

出现（$r=0.263$，$p=0.023$）。汉语的把字句意识和英语的搭配照应意识从高一至大一在整个过程中均未出现具有统计意义的相关关系，二者之间在各年级均表现为不确定的随机关系，而且在高一和高二低年级阶段二者变化的方向还不一致。

综合起来看，汉、英句法意识在高一至大一这个阶段的中国英语学习者身上表现出很复杂的内部变化关系。一个明显的规律是，不管是总体句法意识还是具有共性的各组对应成分，它们均随年级的升高而出现一种融合或整合的趋势，具体表现为有些成分从低年级就开始出现显著的正相关，且随着年级的升高这种关系的密切程度不断增强；有些成分从低年级到高年级，相关关系从不显著变为显著，且达到显著相关后亦随年级不断增强。从这一规律性表现可以看出汉、英句法意识在被试身上表现出了迁移的趋势，类似的句法加工经验在被试的心理发生了整合，这种整合的程度随着年级的升高变得越来越深。

三、汉、英句法意识之间的迁移

前述相关分析虽然揭示了汉、英句法意识关系发展变化的一些规律，但是由于相关分析的局限性，这种揭示只能反映二者之间关系的密切程度，显著的密切关系出现的时间，以及二者关系变化的方向是否一致。但这还不够深入，尚不能揭示因果关系，也揭示不出因果关系的方向性，仅据相关分析还不足以判断迁移是否存在。因此，为了对汉、英句法意识之间的关系作出更深刻的揭示，还需对每个年级每对成分之间的关系通过回归分析进行更加深入细致的考察，以探明迁移是否发生。

下面将要进行的回归分析以表 6-4 所先行揭示的相关关系为基础，对每个年级中有显著相关关系的每对汉、英句法意识成分进行多元回归分析，先以英语句法意识成分为因变量，考察顺向迁移，再以汉语句法意识成分为因变量，考察逆向迁移；两个方向的回归分析均把年龄、智力、汉、英语水平作为理论上可能影响迁移的因素加入进去，一道进行分析，以弄清各因素对迁移的影响。选择这几个因素的根据是以往句法意识研究的成果，主要是影响句法意识发展因素的研究（参见第二章第三节第二小节）。对那些没有显著相关关系的成分组对将不再进行分析，因为它们之间既然没有显著的线性相关关系，不具备线性回归分析的前提，就不再有进行分析的必要。之所以使用多元回归分析而不使用一元回归分析，且用一种语言的某个句法意识成分去预测另一种语言的对应成分，原因是两种回归分析方法是有区别的。虽然两种回归分析的基本原理是相同的，但一元回归分析是在假定其他条件确定的情况下分析某个因素（自变量）对另一事物（因变量）的影响，是一种理想化的情况（余建英和何旭宏，2003）。在现实中，某种现象的变化往往是由多种因素共同作用的结果，迁移现象的发生也是这样，一种迁移现象的发生也是多种因素综合作用的结果。多元回归分析可以把多个影响因素组合在一起作为自变量来对因变量的变化进行预测，所以比一元回归分析更加准确有效，符合实际（王孝玲，2001）。本研究中的回归分析，除句法意识成分以外还考虑了理论上预期会有影响的其他因素，所以也需要使用多元回归分析方法。

（一）汉、英句法意识总成绩之间的关系

在做回归分析之前，先看汉语句法意识总分、英语水平、汉语水平、年龄、智力这些因素与英语句法意识之间的皮尔逊（Pearson）相关系数（双尾检测），以决定这些理论上可能有影响的因素中究竟哪些跟英语句法意识总分有显著相关，最终可以作为回归分析的自变量。结果如表 6-5 所示。

表 6-5　各因素与英语句法意识总分之间的相关性

年级（样本量）	汉语句法意识总分	英语水平	汉语水平	年龄	智力
大一（N=75）	0.764**	0.767**	0.746**	0.195	0.049
高三（N=75）	0.756**	0.781**	0.767**	0.032	0.099
高二（N=73）	0.498**	0.737**	0.494**	−0.193	−0.418**

注：** $p < 0.01$。

由表 6-5 可以看出，在三个年级中前三个因素都跟英语句法意识总分有显著的相关关系，智力只在高二年级跟英语句法意识总分由显著相关，而年龄在各个年级跟英语句法意识总成绩都没有显著相关。因此，表 6-5 就决定了在下面要进行的以英语句法意识总分为因变量的回归分析中哪些因素可以作为自变量。逐步回归分析（Stepwise）的结果汇总在表 6-6 之中。

由表 6-6 可以看出从高二至大一年级中，只有在高二年级，汉语句法意识总分对英语句法意识总分才达到具有统计意义的预测力，在高三和大一两个年级，汉语句法意识总分均没有进入回归方程，这说明它们对英语句法意识总分没有显著预测力。即使在高二年级，汉语句法意识总分对英语句法意识总分的预测力也是很微弱的，只能解释 1.2% 的英语句法意识变异。智力也有显著影响，但预测力也很微弱，只预测了英语句法意识 1.4% 的变异。

表 6-6　英语句法意识总分多元回归分析结果摘要汇总表

年级 （样本量）	预测变量	R^2	ΔR^2	F	净 F 值	B	t
大一 （$N=75$）	英语水平	0.735	0.735	1043.153***	1043.153***	0.513	32.298***
	常数					1.444	0.955
高三 （$N=75$）	英语水平	0.762	0.762	1856.441***	1856.441***	0.621	43.086***
	常数					3.196	2.969**
高二 （$N=73$）	英语水平	0.878	0.878	511.220***	511.220***	0.348	19.571***
	智力	0.892	0.014	288.881***	8.993**	−0.086	−3.122**
	汉语句法意 识总分	0.904	0.012	215.847***	8.433**	0.193	2.904**
	常数					3.436	0.997

注："预测变量"栏里各变量的顺序表示变量进入回归模型的顺序。

** $p<0.01$；*** $p<0.001$

在三个年级中英语水平都是英语句法意识总分最显著的解释变量，能够单独解释因变量绝大部分的变异，解释力从 87.6%～96.2% 不等。这说明外语水平对外语句法意识总体水平有很大影响。

以上考察了汉语句法意识总分对英语句法意识总分的迁移。下面再看英语句法意识总分对汉语句法意识总分的影响，也就是外语句法意识对母语句法意识的逆向迁移情况。先看各因素与汉语句法意识总分之间的相关系数，如表 6-7 所示。

表 6-7　各因素与汉语句法意识总分之间的相关性

年级（样本量）	英语句法意识总分	英语水平	汉语水平	年龄	智力
大一（$N=75$）	0.764**	0.774**	0.783**	0.229*	0.049
高三（$N=75$）	0.756**	0.787**	0.793**	0.047	0.144
高二（$N=73$）	0.498**	0.425**	0.772**	0.222	−0.149

注：* $p<0.05$；** $p<0.01$。

表 6-7 可以确定用于回归分析的自变量，其中与汉语句法意识总分达到统计相关的因素将被当做自变量用于各年级的回归分析。回归分析的结果汇总在表 6-8 中。

表 6-8 显示，在高二至大一的三个年级中，只有在大一这个年级英语句法意识总分对汉语句法意识总分对汉语句法意识总分具有显著的预测力，也就是说，只有在大一这个阶段发生了英语句法意识向汉语句法意识的逆向迁移，尽管预测力非常弱，因为只预测了因变量 0.2% 的变异。表 6-8 还显示，在这三个年级中汉语都是汉语句法意识的最显著预测变量，这充分说明了母语综合语言水平的决定性作用，因为它解释了汉语句法意识总成绩绝大部分的变异。

表 6-8　汉语句法意识总分多元回归分析结果摘要汇总表

年级（样本量）	预测变量	R^2	ΔR^2	F	净F值	B	t
大一 （$N=75$）	汉语水平	0.767	0.767	2117.255***	2117.255***	0.717	29.693***
	英语句法意识总分	0.769	0.002	1116.072***	4.796*	0.141	2.707***
	英语水平	0.770	0.001	776.447***	4.006*	−0.058	2.002*
	常数					−10.367	−6.007***
高三 （$N=75$）	汉语水平	0.785	0.785	4912.787***	4912.787***	0.368	70.091***
	常数					28.744	65.526***
高二 （$N=73$）	汉语水平	0.745	0.745	1211.570***	1211.570***	0.394	34.808***
	常数					15.229	15.966***

注："预测变量"栏里各变量的顺序表示变量进入回归模型的顺序。

　＊$p<0.05$；＊＊＊$p<0.001$。

（二）汉、英词序意识之间的关系

根据表 6-4，汉语和英语的词序意识之间在四个年级都有显著相关，因此，这里的回归分析应该在四个年级中都要进行。和上面的操作程序一样，先考察母语向外语方向的顺向迁移，再考察外语向母语方向的逆向迁移。

下面先考察顺向迁移的情况。首先还是观察各预期影响因素与英语词序意识之间关系的密切程度，这些预期可能有影响的因素包括双语水平、年龄和智力因素。相关分析的结果如表 6-9 所示。

表 6-9　各因素与英语词序意识之间的相关性

年级（样本量）	汉语词序意识	英语水平	汉语水平	年龄	智力
大一（$N=75$）	0.712***	0.676***	0.600**	0.207	−0.004
高三（$N=75$）	0.683**	0.725**	0.593**	0.091	0.059
高二（$N=73$）	0.624**	0.784***	0.408**	−0.202	−0.205
高一（$N=73$）	0.473***	0.642**	0.209	0.087	0.197

注：＊＊$p<0.01$；＊＊＊$p<0.001$。

由表 6-9 可以看出，年龄和智力因素在高一到大一四个年级阶段和英语词序意识都没有显著的相关性，和英语词序意识有统计相关的主要是汉语词序意识和双语水平。接下来的回归分析就以表 6-9 所确定的有显著相关的自变量为预测变量，以英语词序意识为因变量。回归分析的结果摘要汇总在表 6-10。

表 6-10 显示，在四个年级中，汉语词序意识都分别进入了回归方程，也就是说，在四个年级都发生了汉语词序意识向英语词序意识的迁移现象；而且，在大

表 6-10　英语词序意识多元回归分析结果摘要汇总表

年级（样本量）	预测变量	R^2	ΔR^2	F	净 F 值	B	t
大一 （N=75）	汉语词序意识	0.507	0.507	75.116***	75.116***	0.544	6.905***
	英语水平	0.673	0.166	74.075***	36.503***	0.054	6.042***
	常数					−2.049	−2.469*
高三 （N=75）	英语水平	0.526	0.526	80.915***	80.915***	0.055	5.988***
	汉语词序意识	0.644	0.118	65.110***	23.911***	0.412	4.890***
	常数					−0.531	−0.802
高二 （N=73）	英语水平	0.615	0.615	113.396***	113.396***	0.058	8.640***
	汉语词序意识	0.705	0.090	83.560***	21.301***	0.439	4.615***
	常数					−2.376	−3.473***
高一 （N=73）	英语水平	0.412	0.412	49.722***	49.722***	0.054	5.543***
	汉语词序意识	0.460	0.048	29.848***	6.277*	0.227	2.505*
	常数					−0.349	−0.417

注：“预测变量”栏里各变量的顺序表示变量进入回归模型的顺序。

* $p<0.05$；*** $p<0.001$。

一阶段，汉语词序意识的预测作用超过外语水平，第一个进入回归方程，成为预测英语词序意识变异的最重要变量，可以预测英语词序意识50.7%的变异。

表中显示的第二个信息是英语总体水平对英语词序意识的重要影响在四个年级都存在，而且在前三个年级都是对英语词序意识最重要的影响变量。英语总体水平和汉语词序意识，这两个因素是预测英语词序意识稳定的变量，在各个年级都显示了显著的预测力。但在对英语词序意识的影响中，两者相互之间的地位的是随着年级不同而变化的，且在大一阶段汉语词序意识的作用首次超过英语水平。这反映了各种因素之间复杂的动态影响和作用关系。

表 6-9 和表 6-10 的结果揭示了汉语词序意识向英语词序意识顺向迁移的情况。那么相反方向的迁移是否也会发生呢？下面再做逆向迁移的考察。

先看预期因素与汉语词序意识之间的相关性，如表 6-11 所示。从表 6-11 中

表 6-11　各因素与汉语词序意识之间的相关性

年级（样本量）	英语词序意识	英语水平	汉语水平	年龄	智力
大一（N=75）	0.712***	0.433***	0.513**	0.019	−0.150
高三（N=75）	0.683**	0.544**	0.566**	0.038	−0.013
高二（N=73）	0.624**	0.456***	0.468**	−0.070	−0.159
高一（N=73）	0.473***	0.426**	0.258*	−0.015	0.148

注：* $p<0.05$；** $p<0.01$；*** $p<0.001$。

可以看出，在各年级阶段都只有英语词序意识、双语水平与汉语词序意识有显著的相关性，因此，下面的回归分析中预测变量的确定以表 6-11 中有显著相关的因素为准。

表 6-12 是对汉语词序意识回归分析的结果汇总。表 6-12 显示，在高一至大一四个年级，英语词序意识都可以显著预测汉语词序意识的变异，说明英语词序意识在四个年级阶段都向汉语词序意识发生了明显的逆向迁移现象，而且一直是汉语词序意识的最重要预测变量。从低年级向高年级，英语词序意识的预测力显示出不断增强的趋势，预测力从 21.2% 逐渐达到 50%，说明随着年级的升高，英语词序意识对汉语词序意识逆向迁移的量也在不断变大。

表 6-12 还显示，母语水平在高二和高三两个阶段也对汉语词序意识有显著影响，但作用不及英语词序意识大，只影响了 5.5% 和 4% 的汉语词序意识变异，而且在其他两个年级均未能进入回归方程，即未发现显著影响。

表 6-12　汉语词序意识多元回归分析结果摘要汇总表

年级（样本量）	预测变量	R^2	ΔR^2	F	净 F 值	B	t
大一（$N=75$）	英语词序意识	0.504	0.504	74.106***	74.106***	0.677	8.667***
	常数					3.418	5.480***
高三（$N=75$）	英语词序意识	0.467	0.467	63.873***	63.873***	0.534	5.214***
	汉语水平	0.507	0.040	36.963***	5.828***	0.029	2.414*
	常数					2.159	2.642**
高二（$N=73$）	英语词序意识	0.390	0.390	45.391***	45.391***	0.399	5.332***
	汉语水平	0.445	0.055	28.023***	6.889*	0.029	2.625*
	常数					1.865	2.198*
高一（$N=73$）	英语词序意识	0.223	0.223	20.418***	20.418***	0.506	4.519***
	常数					2.488	3.602***

注："预测变量"栏里各变量的顺序表示变量进入回归模型的顺序。

* $p<0.05$；** $p<0.01$；*** $p<0.001$。

（三）汉、英词性意识之间的关系

先看汉语词性意识向英语词性意识的顺向迁移情况。根据表 6-4，在这个成分上只要分析高三和大一两个年级的情况，因为汉、英词性意识在高一和高二两个年级均没有显著的相关性，不必再进行进一步考察。首先还是看预期影响因素的相关程度，如表 6-13 所示。

表 6-13 各因素与英语词性意识之间的相关性

年级（样本量）	汉语词性意识	英语水平	汉语水平	年龄	智力
大一（N=75）	0.753***	0.669***	0.380**	0.178	−0.152
高三（N=75）	0.558**	0.778**	0.551**	0.019	0.031

注：** $p < 0.01$；*** $p < 0.001$。

表 6-13 显示，在高三和大一这两个年级，所有预计可能影响英语词性意识的因素中，只有汉语词性意识、双语水平和英语词性意识之间有符合统计意义的相关性，其他两个预期影响因素年龄和智力均未显示出与词性意识有符合统计意义的相关关系。因此，在接下来的回归分析中，两个年级均只把汉语词性意识、英语水平和汉语水平作为预测变量。

回归分析的结果汇总在表 6-14 中。由表 6-14 可以看出，在高三和大一两个年级，汉语词性意识都对英语词性意识具有显著预测力，说明了汉语词性意识对语言词性意识明显的顺向迁移现象。而且在大一年级，汉语词性意识对英语词性意识的预测力跃居首位，成为最具预测力的因素，独立解释了英语词性意识 56.1% 的变异。

表 6-14 还显示，双语水平对英语词性意识的变异在两个年级都有显著影响，其中，英语水平在高三年级还是最显著的影响因素。

表 6-14 英语词性意识多元回归分析结果摘要汇总表

年级	预测变量	R^2	ΔR^2	F	净 F 值	B	t
大一 （N=75）	汉语词性意识	0.567	0.567	95.673***	95.673***	0.895	8.588***
	英语水平	0.665	0.098	71.396***	20.960***	0.084	7.230***
	汉语水平	0.751	0.086	71.274***	24.474***	−0.122	−4.947***
	常数					2.322	1.335
高三 （N=75）	英语水平	0.605	0.605	111.602***	111.602***	0.116	7.619***
	汉语词性意识	0.638	0.033	63.358***	6.581*	0.336	3.256**
	汉语水平	0.667	0.029	47.34***	6.183*	−0.042	−2.487*
	常数					−1.649	−1.932

注："预测变量"栏里各变量的顺序表示变量进入回归模型的顺序。

* $p < 0.05$；** $p < 0.01$；*** $p < 0.001$。

下面再看英语词性意识是否会发生向汉语词性意识的逆向迁移。先看预计影响因素和汉语词性意识的相关程度，以决定回归分析中的预测变量。相关系数如表 6-15 所示。

表 6-15　各因素与汉语词性意识之间的相关性

年级（样本量）	英语词性意识	英语水平	汉语水平	年龄	智力
大一（N=75）	0.328***	0.538***	0.504**	0.257*	−0.004
高三（N=75）	0.299**	0.518**	0.560**	−0.005	0.031

注：* $p<0.05$；** $p<0.01$；*** $p<0.001$。

表 6-15 显示，在高三年级，英语词性意识、双语水平和汉语词性意识的相关性达到显著水平，可以作为高三年级回归分析的预测变量。在大一年级，英语词性意识、双语水平和年龄等几个变量与汉语词性意识之间的相关性达到统计显著水平，可以作为回归分析的预测变量进行分析。

对汉语词性意识的回归分析结果如表 6-16 所示。从表中可以看出，英语词性意识在高三和大一两个年级对汉语词性意识均有显著的预测力，说明英语词性意识对汉语词性意识的逆向迁移的存在。在两个年级中，汉语水平作为影响变量之一也有显著影响；英语水平在大一年级有微弱影响，但也达到显著水平。这说明这些预测变量在对汉语词性意识的影响中，作用是动态变化的。

表 6-16　汉语词性意识多元回归分析结果摘要汇总表

年级（样本量）	预测变量	R^2	ΔR^2	F	净F值	B	t
大一（N=75）	英语词性意识	0.567	0.567	95.673***	95.673***	0.569	8.588***
	汉语水平	0.623	0.055	59.395***	10.572**	0.089	4.389***
	英语水平	0.661	0.039	46.202***	8.101**	−0.033	−2.846**
	常数					−0.135	−0.096
高三（N=75）	汉语水平	0.314	0.314	33.391***	33.391***	0.042	3.327***
	英语词性意识	0.404	0.090	24.357***	10.828**	0.291	3.291**
	常数					2.670	3.043**

注："预测变量"栏里各变量的顺序表示变量进入回归模型的顺序。

** $p<0.01$；*** $p<0.001$。

（四）汉、英完整性意识之间的关系

先考察汉语完整性意识向英语完整性意识的顺向迁移情况。根据表 6-4，汉、英完整性意识在高二至大一三个年级有显著相关，所以这里的回归分析将在这三个年级进行。首先是对各年级预期因素与英语完整性意识之间的相关分析，结果如表 6-17 所示。

表 6-17　各因素与英语完整性意识之间的相关性

年级（样本量）	汉语完整性意识	英语水平	汉语水平	年龄	智力
大一（N=75）	0.719***	0.677***	0.613**	0.131	0.152
高三（N=75）	0.792**	0.798**	0.658**	0.002	0.078
高二（N=73）	0.697**	0.638***	0.516**	−0.080	−0.228

注：** $p<0.01$；*** $p<0.001$。

　　表 6-17 显示，在三个年级中，与英语完整性意识有显著相关的因素是汉语完整性意识、英语水平和汉语水平 3 个变量，年龄和智力两个变量和英语完整性意识之间均没有统计显著的相关。据此，在下面的回归分析中将把上述有显著相关的因素作为预测变量。回归分析的结果汇总在表 6-18 中。

表 6-18　英语完整性意识多元回归分析结果摘要汇总表

年级（样本量）	预测变量	R^2	ΔR^2	F	净 F 值	B	t
大一（N=75）	汉语完整性意识	0.517	0.517	78.222***	78.222***	0.580	5.583***
	英语水平	0.622	0.105	59.228***	19.940***	0.051	4.465***
	常数					−2.717	−2.953***
高三（N=75）	英语水平	0.636	0.636	127.669***	127.669***	0.072	6.447***
	汉语完整性意识	0.764	0.127	116.283***	38.796***	0.819	6.229***
	常数					−5.815	−6.247***
高二（N=73）	汉语完整性意识	0.486	0.486	67.019***	67.019***	0.544	5.951***
	英语水平	0.606	0.120	53.802***	21.363***	0.037	4.622***
	常数					−1.547	−2.037*

注："预测变量"栏里各变量的顺序表示变量进入回归模型的顺序。
* $p<0.05$；*** $p<0.001$。

　　表 6-18 显示，在从高二至大一的三个年级中，汉语完整性意识对英语完整性意识都具有显著的预测力，说明汉语完整性意识对英语完整性意识顺向迁移的存在。同时，在这三个年级中，进入回归方程的预测变量还有英语水平，它和汉语完整性意识一样，在每个年级都对语言完整性意识有显著的预测力，而且和汉语完整性意识的作用在高三年级有位置交换，这说明了在英语水平在汉语完整性意识对语言完整性意识的影响关系中有动态的调节作用，是变量间关系动态变化的体现。

　　考察了顺向迁移之后，再看逆向迁移的情况。和上述操作过程一样，先对预期影响因素做相关分析以确定回归分析中预测变量的数目。相关分析的结果如表 6-19 所示。

表 6-19　各因素与汉语完整性意识之间的相关性

年级（样本量）	英语完整性意识	英语水平	汉语水平	年龄	智力
大一（N=75）	0.719***	0.572***	0.659**	0.031	0.127
高三（N=75）	0.792**	0.655**	0.609**	−0.046	0.080
高二（N=73）	0.697**	0.478***	0.592**	0.206	−0.034

注：** $p<0.01$；*** $p<0.001$。

由表 6-19 可见，在高二至大一的三个年级中，和汉语完整性意识有显著统计相关的因素均只有英语完整性意识和双语水平，因此，下面在三个年级中要分别进行的回顾分析将以英语完整性意识、英语水平和汉语水平为预测变量。回归分析的结果汇总在表 6-20 中。

表 6-20 显示，在高二至大一的三个年级中，英语完整性意识对汉语完整性意识都有显著的预测作用，说明英语完整性意识向汉语完整性意识的逆向迁移的存在；而且在三个年级中，英语完整性意识都是对汉语完整性意识最主要的预测变量。汉语水平在高二和大一也是影响汉语完整性意识的变量，但作用似乎不稳定，在高三阶段没有能够进入回归方程，这也显示了这些变量间关系的动态性。

表 6-20　汉语完整性意识多元回归分析结果摘要汇总表

年级（样本量）	预测变量	R^2	ΔR^2	F	净 F 值	B	t
大一（N=75）	英语完整性意识	0.517	0.517	78.222***	78.222***	0.430	5.311***
	汉语水平	0.594	0.076	52.580***	13.521***	0.084	3.677***
	常数					−2.957	−1.520
高三（N=75）	英语完整性意识	0.627	0.627	122.778***	122.778***	0.456	11.081***
	常数					6.063	19.633***
高二（N=73）	英语完整性意识	0.486	0.486	67.019***	67.019***	0.499	5.759***
	汉语水平	0.559	0.073	44.356***	11.645***	0.044	3.413***
	常数					0.600	0.640

注："预测变量"栏里各变量的顺序表示变量进入回归模型的顺序。

*** $p<0.001$。

（五）汉、英功能词意识之间的关系

根据表 6-4，汉、英功能词意识在四个年级都有显著的相关性，那么对二者之间关系的进一步考察，在四个年级都应该进行。和前面几个成分的考察一样，按照迁移的方向分为两步，先考察顺向迁移，再考察逆向迁移。

先进行汉语功能词意识向英语功能词意识的顺向迁移情况。首先通过计算各预期影响因素与英语功能词意识之间的相关性来确定回顾分析中的预测变量。相关分析结果如表 6-21 所示。

表 6-21　各因素与英语功能词意识之间的相关性

年级（样本量）	汉语功能词意识	英语水平	汉语水平	年龄	智力
大一（N=75）	0.514***	0.475***	0.391**	0.104	0.018
高三（N=75）	0.343**	0.652**	0.449**	0.010	0.042
高二（N=73）	0.360**	0.578***	0.268**	−0.298*	−0.189
高一（N=73）	0.288*	0.313**	0.195	−0.091	0.118

注：* $p < 0.05$；** $p < 0.01$；*** $p < 0.001$。

表 6-21 显示，从高一至大一四个年级，每个年级与英语功能词意识之间有显著相关的因素并不一样，但汉语功能词意识和英语水平在四个年级都与英语功能词意识有显著相关。下面的回归分析将以表 6-21 中所确定的相关性达到显著的因素作为各年级回归分析中的自变量。

回归分析的结果汇总在表 6-22 中。由表 6-22 中可以看出，在高一、高二和大一三个年级，汉语功能词意识对英语功能词意识都具有显著的预测力，说明汉语功能词意识在这几个年级对英语功能词意识跨语言迁移作用的存在。但在高三年级没有能够进入回归方程，也就是没有出现显著的预测作用。在四个年级中，英语水平都进入了回归方程，而且在前三个年级都是最主要的预测变量，显示了

表 6-22　英语功能词意识多元回归分析结果摘要汇总表

年级（样本量）	预测变量	R^2	ΔR^2	F	净 F 值	B	t
大一 （N=75）	汉语功能词意识	0.264	0.264	26.251***	26.251***	0.295	4.178***
	英语水平	0.376	0.112	21.738***	12.933***	0.032	3.596***
	常数					1.894	2.183*
高三 （N=75）	英语水平	0.424	0.424	53.842***	53.842***	0.061	7.338***
	常数					2.490	4.025***
高二 （N=73）	英语水平	0.334	0.334	35.538***	35.538***	0.036	5.400***
	汉语功能词意识	0.395	0.061	22.853***	7.110**	0.162	2.688**
	年龄	0.443	0.048	18.286***	5.931*	−0.924	−2.435*
	常数					16.961	2.626*
高一 （N=73）	英语水平	0.098	0.098	7.723**	7.723**	0.028	2.819**
	汉语功能词意识	0.177	0.079	7.508***	6.676*	0.206	2.584*
	常数					2.355	2.255*

注："预测变量"栏里各变量的顺序表示变量进入回归模型的顺序。

* $p < 0.05$；** $p < 0.01$；*** $p < 0.001$。

对英语功能词意识有重要的影响作用。在高二年级，年龄的影响也达到了显著性，说明这些因素的综合作用。

考察了顺向迁移的情况之后，再考察逆向迁移的情况。先进行预期影响因素的相关分析，结果如表 6-23 所示。

表 6-23　各因素与汉语功能词意识之间的相关性

年级（样本量）	英语功能词意识	英语水平	汉语水平	年龄	智力
大一（$N=75$）	0.514***	0.303***	0.515**	0.290*	0.278*
高三（$N=75$）	0.343**	0.416**	0.567**	−0.043	−0.020
高二（$N=73$）	0.360**	0.203	0.500**	−0.054	−0.160
高一（$N=73$）	0.288*	0.026	0.536***	−0.057	−0.091

注：* $p<0.05$；** $p<0.01$；*** $p<0.001$。

由表 6-23 可以看出，在四个年级中，具有稳定的相关关系的变量有英语功能词意识和汉语水平，其他变量则在不同年级有时出现显著相关，有时则达不到显著相关，表现出了关系的不稳定性。下面各年级的回归分析中预测变量的确定即以表 6-23 中达到显著相关的变量为准。回归分析的结果汇总在表 6-24 中。

表 6-24　汉语功能词意识多元回归分析结果摘要汇总表

年级（样本量）	预测变量	R^2	ΔR^2	F	净 F 值	B	t
大一（$N=75$）	汉语水平	0.265	0.265	26.376***	26.376***	0.159	4.379***
	英语功能词意识	0.381	0.116	22.161***	13.449***	0.642	4.984***
	英语水平	0.448	0.067	19.238***	8.671**	−0.053	−3.077**
	智力	0.489	0.041	16.761***	5.594*	0.139	2.672**
	年龄	0.536	0.047	15.941***	6.956*	0.736	2.637*
	常数					−28.942	−4.728***
高三（$N=75$）	汉语水平	0.322	0.322	34.593***	34.593***	0.065	5.882***
	常数					2.925	3.165**
高二（$N=73$）	汉语水平	0.250	0.250	23.611***	23.611***	0.076	4.197***
	英语功能词意识	0.305	0.055	15.334***	5.545*	0.371	2.355*
	常数					−1.911	−1.215
高一（$N=73$）	汉语水平	0.287	0.287	28.624***	28.624***	0.069	5.350***
	常数					−0.649	−0.533

注："预测变量"栏里各变量的顺序表示变量进入回归模型的顺序。

* $p<0.05$；** $p<0.01$；*** $p<0.001$。

表 6-24 显示，英语功能词意识在高二和大一两个年级进入了回归方程，对因变量有显著预测力，表明在这两个年级英语功能词意识向汉语功能词意识逆向迁移的存在；但这种逆向迁移并未稳定出现，因为在其他两个年级，英语功能词意识并未进入回归方程，说明没有显著预测力，也就是说没有发生迁移现象。汉语水平从高一到大一在对汉语功能词意识的作用中都有稳定影响，而且一直是最主要的预测变量，在相关的变量中地位比较稳定。大一阶段所有预期可能有影响的变量全都进入了回归方程，显示了具有统计意义的预测力，说明这些因素在不同的年级地位和作用是动态变化的，在某个年级出现的情形在另一年级由于情况的变化未必会稳定出现。

（六）汉、英层次结构意识之间的关系

根据表 6-4，汉、英层次结构意识之间在四个年级都显示出符合统计意义的相关关系，因此，对这两个汉、英句法意识成分之间关系的深入考察也应该在四个年级都进行。先考察顺向迁移情况，再考察逆向迁移情况。

先看顺向迁移。首先做预期影响因素与英语层次结构意识之间的相关分析，结果如表 6-25 所示。

表 6-25　各预期因素与英语层次结构意识之间的相关性

年级（样本量）	汉语层次结构意识	英语水平	汉语水平	年龄	智力
大一（$N=75$）	0.753^{***}	0.752^{***}	0.613^{**}	0.030	0.145
高三（$N=75$）	0.761^{**}	0.685^{**}	0.603^{**}	-0.079	0.117
高二（$N=73$）	0.486^{**}	0.719^{***}	0.307^{**}	-0.235^{*}	-0.484^{**}
高一（$N=73$）	0.493^{**}	0.735^{***}	0.201	0.044	0.160

注：$* p<0.05$；$** p<0.01$；$*** p<0.001$。

表 6-25 中显示，在各个年级阶段，预期可能影响英语层次结构意识的诸因素中汉语层次结构意识、英语水平和汉语水平均与英语层次结构意识有显著的相关性；在高二阶段，除了这三个因素之外，年龄和智力两个因素也与英语层次结构意识具有符合统计意义的相关关系；高一阶段只有汉语层次结构意识和英语水平两个变量与英语层次结构意识有显著的相关性。

下面进行的回归分析中各年级预测变量的确定即以表 6-25 中有显著相关的因素为预测变量。回归分析的结果汇总在表 6-26 中。

表 6-26　英语层次结构意识多元回归分析结果摘要汇总表

年级（样本量）	预测变量	R^2	ΔR^2	F	净 F 值	B	t
大一 （$N=75$）	汉语层次结构意识	0.567	0.567	95.459***	95.459***	0.501	6.333***
	英语水平	0.721	0.154	92.832	39.656***	0.055	6.297***
	常数					−2.483	−3.521***
高三 （$N=75$）	汉语层次结构意识	0.579	0.579	100.268***	100.268***	0.688	6.976***
	英语水平	0.683	0.105	77.645***	23.760***	0.047	4.874***
	常数					−2.216	−2.933**
高二 （$N=73$）	英语水平	0.517	0.517	75.898***	75.898***	0.044	6.816***
	智力	0.586	0.069	49.525***	11.707***	−0.036	−3.508***
	汉语层次结构意识	0.646	0.060	42.004***	11.750***	0.265	3.428***
	常数					1.553	1.586
高一 （$N=73$）	英语水平	0.541	0.541	83.652***	83.652***	0.074	7.563***
	汉语层次结构意识	0.584	0.043	49.069***	7.191**	0.220	2.682**
	常数					−2.331	−2.739**

注："预测变量"栏里各变量的顺序表示变量进入回归模型的顺序。

** $p<0.01$；*** $p<0.001$。

表 6-26 显示，汉语层次结构意识在从高一至大一的四个年级的回归分析中都进入了回归方程，说明它是对英语层次结构意识的重要预测变量，而且其预测作用随着年级的升高而变强。这证明了汉语层次结构意识向英语层次结构意识顺向迁移的存在。英语水平是影响英语层次结构意识的另一个要变量，其作用与汉语层次结构意识不相上下。智力因素的影响在高二年级也达到显著水平。

再看逆向迁移的情况。先做预期影响因素与汉语层次结构意识之间的相关分析，以确定回归分析的预测变量。相关分析的结果如表 6-27 所示。

表 6-27　各预期因素与汉语层次结构意识之间的相关性

年级（样本量）	英语层次结构意识	英语水平	汉语水平	年龄	智力
大一（$N=75$）	0.753***	0.570***	0.613**	0.129	0.025
高三（$N=75$）	0.761**	0.544**	0.558**	−0.012	0.193
高二（$N=73$）	0.486**	0.339***	0.492**	−0.021	−0.153
高一（$N=73$）	0.493**	0.515***	0.395**	0.136	−0.132

注：** $p<0.01$；*** $p<0.001$。

表 6-27 显示，预期的影响因素中只有英语层次结构意识和双语水平与汉语层次结构意识的相关性达到统计意义的显著水平，而且各年级均相同。下面的回归分析中各年级预测变量均选择这三个因素作为预测变量。回归分析的结果汇总在表 6-28 中。

表 6-28　汉语层次结构意识多元回归分析结果摘要汇总表

年级（样本量）	预测变量	R^2	ΔR^2	F	净 F 值	B	t
大一 （N=75）	英语层次结构意识	0.567	0.567	95.459***	95.459***	0.579	6.434***
	汉语水平	0.603	0.037	54.744***	6.646*	0.058	2.578*
	常数					−1.421	−0.748
高三 （N=75）	英语层次结构意识	0.579	0.579	100.268***	100.268***	0.610	10.013***
	常数					4.206	9.370***
高二 （N=73）	汉语水平	0.242	0.242	22.661***	22.661***	0.048	3.784***
	英语层次结构意识	0.366	0.124	20.189***	13.672***	0.364	3.698***
	常数					1.174	1.122
高一 （N=73）	英语层次结构意识	0.243	0.243	22.848***	22.848***	0.446	4.337***
	汉语水平	0.335	0.091	17.600***	9.588**	0.037	3.096**
	常数					0.075	0.063

注："预测变量"栏里各变量的顺序表示变量进入回归模型的顺序。

* $p<0.05$；** $p<0.01$；*** $p<0.001$。

表 6-28 显示，在从高一至大一的四个年级的回归分析中，英语层次结构意识都进入了回归方程，对汉语层次结构意识具有显著预测力，说明了英语层次结构意识向汉语层次结构意识逆向迁移的存在。同时，除高三以外，其余三个年级都出现了汉语水平的显著影响，甚至在高二年级还是汉语层次结构意识最主要的预测变量，这体现了母语水平在句法意识迁移中是一个重要的影响因素。这些因素在不同年级影响力地位的变化反映了它们之间关系的动态性。

（七）汉、英存在句意识之间的关系

根据表 6-4，汉、英存在句意识之间只在大一这个年级达到显著的相关，因此，对汉、英这对句法意识成分之间关系的深入分析只要对大一这个年级进行。如前，先考察顺向迁移，再考察逆向迁移。

先考察汉语存在句意识向英语存在句意识的迁移情况。首先看各预期因素与英语存在句意识之间的相关关系，如表 6-29 所示。

表 6-29　各预期因素与英语存在句意识之间的相关性

年级（样本量）	汉语存在句意识	英语水平	汉语水平	年龄	智力
大一（N=75）	0.263***	0.571***	0.472**	0.156	−0.030

注：** $p<0.01$；*** $p<0.001$。

表 6-29 显示，在大一这个年级，与英语存在句意识之间有显著相关关系的因素有汉语存在句意识、英语水平和汉语水平三个因素，它们将作为回归分析中的预测变量。回归分析的结果如表 6-30 所示。

表 6-30 英语存在句意识多元回归分析结果摘要汇总表

年级（样本量）	预测变量	R^2	ΔR^2	F	净 F 值	B	t
大一	英语水平	0.326	0.326	35.265***	35.265***	0.062	5.763***
（$N=75$）	汉语存在句意识	0.363	0.037	20.515***	4.213*	0.232	2.052*
	常数					−0.539	−0.381

注："预测变量"栏里各变量的顺序表示变量进入回归模型的顺序。

* $p<0.05$；*** $p<0.001$。

表 6-30 显示，在大一年级，有英语水平和汉语存在句意识两个自变量进入了英语存在句意识的多元回归分析方程，对英语存在句意识有显著的预测力。汉语存在句意识进入方程，对英语存在句意识有显著预测能力，证明了汉语存在句意识向英语存在句意识顺向迁移的存在。

再看逆向迁移是否存在。首先看预期影响因素与汉语存在句意识之间的相关性，如表 6-31 所示。

表 6-31 各预期因素与汉语存在句意识之间的相关性

年级（样本量）	英语存在句意识	英语水平	汉语水平	年龄	智力
大一（$N=75$）	0.263***	0.125	0.348**	−0.014	0.094

注：** $p<0.01$；*** $p<0.001$。

表 6-31 显示，在各预期因素中，与汉语存在句意识实际具有显著相关的因素只有英语存在句意识和汉语水平两个，因此，下面的回归分析将以这两个因素作为预测变量投入分析。回归分析的结果如表 6-32 所示。

表 6-32 汉语存在句意识多元回归分析结果摘要汇总表

年级（样本量）	预测变量	R^2	ΔR^2	F	净 F 值	B	t
大一	汉语水平	0.121	0.121	10.067**	10.067**	0.072	3.173**
（$N=75$）	常数					2.688	1.199

注："预测变量"栏里各变量的顺序表示变量进入回归模型的顺序。

** $p<0.01$。

表 6-32 显示，对汉语存在句意识进行的回归分析中，进入回归方程的预测变量只有汉语水平一个，英语存在句意识并未能进入回归方程，这说明英语存在

句意识并未发生向汉语存在句意识的逆向迁移现象，尽管两者之间有密切的相关关系。

在对汉语存在句意识的影响因素中，汉语水平是唯一一个具有显著预测力的变量，这再次说明语言水平的重要影响作用。

第五节 讨 论

研究三在因子命名和汉、英句法结构对比研究成果的基础上按相似程度把汉、英句法意识成分分成了三个水平，并在每个水平上对每一对汉、英句法意识成分进行了相关分析和回归分析。结果和理论假设基本相符，也就是说理论假设得到了证实：具有语言共性的句法意识较容易发生迁移，具有语言特异性的句法意识较难发生迁移；句法意识的迁移是一个动态变化的过程；迁移受多种因素的影响，是多种条件共同作用的结果。

在本研究中，汉语把字句意识和英语的搭配照应意识是两种语言中低度相似或具有语言特异性的句法意识，反映了两种语言中独特的句法现象。研究结果发现这两种句法意识在各个年级水平上均没有显著的相关性，也就是说这是两种性质完全不同的句法加工技能，彼此之间没有联系性，各自按照自己的方向发展。

词序意识、层次结构意识、完整性意识、功能词意识和词性意识这五种句法意识成分是汉、英之间具有高度共性的句法意识，研究结果显示这些句法意识成分在汉、英之间较容易发生迁移。即便如此，它们在汉、英之间的关系也不完全相同。其中，词序意识和层次结构意识在四个年级都表现出显著的相关性，而且它们在四个年级汉、英对应成分之间都具有显著的预测能力，也就是说既存在顺向迁移又存在逆向迁移；词性意识在高一和高二两个年级没有显示出相关性，而到了高三和大一阶段不仅具有了相关性还出现了顺向迁移和逆向迁移；完整性意识在高一未体现出相关，但从高二开始不仅表现出相关，还在顺向和逆向两个方向上均出现了迁移；汉、英功能词意识之间关系的变化更为复杂，在四个年级都有相关性，但在高一年级只出现了顺向迁移而没有逆向迁移，在高二两个方向的迁移都出现了，高三年级两者之间均未显示出预测能力，到了大一又出现了两个方向的迁移。这些都说明汉、英句法意识成分之间动态变化的关系很复杂，一直处于动态发展之中。

存在句意识是汉、英之间具有中度相似性的句法意识,其可迁移性也居中。汉、英存在句意识从高一到高三都没有显著的相关性,只是到了大一才有相关性出现。大一阶段还出现了汉语向英语的顺向迁移,但英语向汉语的逆向迁移并未发生。

这些结果都说明了汉、英句法意识之间关系的动态变化,迁移的存在是有条件的,受到多种因素的制约,各个相似成分之间的迁移也不是同步的,而是有各自的特点。即使是同一成分迁移也不一定在每个阶段都会稳定出现。

上一章研究中发现,具有语言共性的句法意识在两种语言之间的发展轨迹具有很高的一致性,但有些共性的句法意识在特定的阶段有偏离共性轨道的情况发生(参见上一章第三节第三部分)。那么这种对共同轨道的偏离是否意味着迁移的消失呢?通过本章的研究我们发现,如果偏离的幅度并不大,那么这种偏离并未影响迁移。比如,汉、英完整性意识在高三阶段的发展轨迹有一定的偏离共同轨道的情况(见图 5-3 与图 5-12),尽管如此,二者在这一阶段仍然发生了相互之间的迁移。再比如,汉、英词序意识在高三阶段也发生了对共同轨道的偏离(见图 5-6 与图 5-10),但本章的研究发现二者在高三阶段仍然发生了相互之间的迁移。而与此相反,那些发展轨迹较为一致,始终没有出现偏离共同轨道的成分,倒未必一定会发生迁移。比如,存在句意识(见图 5-5 和图 5-15)和词性意识(见图 5-8 和图 5-13),整个发展轨迹具有有高度的一致性,但是汉、英存在句意识从高一到高三都没有显著相关性,只是在大一年级才出现了汉语向英语的顺向迁移;汉、英词性意识在高一和高二年级也没有相关性,只是在高三和大一两个年级才出现了两个方向上的互相迁移。这个结果说明句法意识之间的共性大小是影响迁移的主导因素,发展速度的小幅度不同步性并不一定会对迁移产生影响。

汉、英句法意识的总体能力之间关系也一样复杂。具体表现为在高一阶段,汉、英句法意识总体能力之间没有显著相关,从高二往后都有显著相关性;在高二年级汉语句法意识总体能力对英语句法意识总体能力有显著预测能力,说明顺向迁移的存在,但英语句法意识总体能力对汉语句法意识总体能力不具有显著预测力,说明逆向迁移不存在;高三阶段两者之间均不能相互预测,说明两个方向的迁移均不存在;到了大一阶段,英语句法意识总体能力可以显著预测汉语句法意识总体能力,说明逆向迁移存在,但顺向迁移并未发生。这种结果的出现意味着总体能力和各单项能力并不是一回事,总体能力并不是各单项能力的简单相加。

句法意识总体是由各下级成分构成，但作为一个整体，它有自己发展变化的特点，和下级单项能力并不一致。作为总体的句法意识和作为内部成分的句法意识，在两种语言之间，相互关系的发展变化也是不一样的。

以上这些研究发现在很大程度上丰富了我们对汉、英句法意识之间关系的认识，这些认识的取得主要是得益于研究中的创新思维，一是对句法意识进行了成分划分，使研究能够深入到更加细致的句法意识结构内部，二是进行动态的考察可以观察到汉、英句法意识成分之间关系的变化轨迹。

如何解释这样的结果呢？造成汉、英句法意识之间关系如此复杂的变化，原因可能是多方面的。从以上的这些研究发现可以看出，汉、英句法意识之间的关系之所以呈现出这样的表现，既有规律性的主导因素的作用，又有各种偶然因素的作用。根据迁移理论，对象之间的相似性，也即相同要素，是决定迁移是否发生的主要因素（冯忠良、伍新春、姚梅林、王健敏，2010）。首先，从句法意识的共性和特异性来看，发生迁移的都是具有共性的句法意识，具有语言特异性的句法意识之间没有发生迁移。这似乎说明成分之间共性是决定迁移能否发生的主导因素。其次，考察那些发生迁移的成分时可以发现，双语水平起到重要的影响。在汉语句法意识向英语句法意识的迁移中，英语水平影响较显著，在英语句法意识向汉语句法意识的迁移中，汉语影响较显著。这说明双语水平也是一个较稳定的影响因素。句法意识总体和各成分在汉、英之间不同年级有时会出现智力和年龄的影响，但较不稳定，应该是属于偶然因素的范围。当然汉、英句法意识总体和每一对成分之间的关系变化还可能受到其他各种因素的影响，这些因素的共同作用使这种关系的发展变化呈现出多样性和复杂性。对于这些因素之间的具体影响模式尚需进一步的深入研究。

第六节　本章小结

本章以研究一所划分出来的汉、英句法意识基本构成成分为基础，把汉、英句法意识按相似度分成了三个水平，并通过相关分析和回归分析考察了每个水平上汉、英对应成分之间的关系。结果发现具有语言共性越多的句法意识越容易发生迁移，但每对成分发生迁移的时间、方向等并不统一，迁移受到多种因素的共同制约。理论假设得到了证实。

　　本章考察了双语句法意识的迁移问题，揭示了迁移的基本条件。但是，到此我们仍然不能确定，这种迁移仅仅是抽象层面上一般性相互影响，还是可以深入地迁移到两种语言的具体语言能力上去？尽管单语研究揭示了句法意识对阅读具有较强的预测力，而且从理论上说，跨语言预测是存在的。然而，当我们将迁移强度纳入考虑时，我们便不难理解，只有达到一定的强度，一种语言的句法意识才能影响（预测）另一种语言的具体语言能力。这样一来，另一个问题就需要进一步回答，即哪些句法意识具有跨语言预测力？跨语言预测的基本条件是什么？因为各个年级在各维度的句法意识跨语言迁移强度不相同，因此，这种相关研究必须分年级展开。这些问题将由下一章的研究来解决。

第 七 章

研究四：汉、英句法意识与跨语言阅读能力的关系

学习的成效不仅仅在于知识和技能的掌握，还在于能否把所学到的知识和技能应用到新情境中，解决新问题。人在解决新问题时总是要利用已有的经验（章永生，1996）。那么，一种语言的句法意识向另一种语言迁移，这有利于促进语言知识和技能的掌握，但是这种句法加工能力的迁移效应最终能否在解决迁入语的问题中体现出来呢？即这种迁移对跨语言具体能力是否能产生作用呢？

研究三通过相关分析和回归分析，从跨语言的角度考察了汉、英句法意识相互之间的可迁移性，证实了某些句法意识在某些年级迁移的存在以及迁移的动态变化。本章将在上一章研究结果的基础上继续深入，进一步研究句法意识迁移的归宿或落脚点，即考察汉、英句法意识对双语阅读的作用，也就是一种语言的句法意识迁移到另一种语言能否对另一语言的具体能力产生效应。本章研究仍以研究一所划分出来的汉、英句法意识基本构成成分为基础，详细考察汉、英句法意识各成分的迁移对阅读能力的跨语言作用。

第一节 研 究 问 题

本章回答主要研究问题中的第四个大问题，关注的具体问题是：

（1）汉–英双语者句法意识是否会对阅读能力产生跨语言影响？

（2）如果有影响，这种影响在年级之间是怎样发展变化的？

（3）句法意识对阅读的跨语言影响具体路径是怎样的？

之所以选择句法意识对阅读的跨语言影响作为考察句法意识迁移效应的窗口，是因为阅读能力是被普遍认同的一种具体语言能力，而根据对单语者句法意

识的研究发现句法意识对阅读有促进作用（详见第二章第三节第三小节部分），那么对双语者来说，从一种语言的句法意识迁移到另一种语言，最终能否在解决迁入语的阅读问题中显现迁移的效应呢？这是本章研究四所关心的核心问题。

第二节　研　究　方　法

一、被试

本章研究四的被试和上一章研究三的被试完全相同，详见上一章相关部分。

二、测试工具

本章研究四在上一章研究三的基础上增加了汉语和英语阅读能力测试。阅读能力测试以书面篇章阅读理解的形式进行。之所以选择这种形式，理由有四：一是考虑到样本量较大，口头形式不具有可操作性；二是虽然阅读能力包括词汇、句子以及篇章等不同水平的阅读能力，但篇章阅读是学校语言教学中最常见的阅读能力测试形式，也是人们最经常的阅读行为；三是被试是在校学生，对这样的阅读测试形式很熟悉，易于测试的操作；四是与以听觉方式呈现句子让被试理解相比，书面阅读可以排除工作记忆的影响，还可以排除被试听力能力的影响，因为据我们对中国学生外语学习的多年观察，中国学生外语听力普遍不佳，这是他们外语学习的难点之一。

本研究用于汉、英阅读理解能力的测试题均以选择题的形式出现，即在一篇短文之后提供3～5个问题或不完整的句子，要求被试根据短文中的信息选择合适的答案或根据短文内容把题干补充完整。考虑到不同年级的被试阅读水平不同，汉语测试共有6篇短文，30个问题，一题一分。6篇短文难度不同，难度通过内容、句子长短进行了控制，从第一篇至第六篇难度递增。短文字数每篇大约450字。其中，高一和高二的被试只需要做前五篇，25题；高三和大一学生需要做6篇，30题；测试时间45分钟。汉语测试题详见附录5。

英语阅读理解测试题也是在短文后提供3～5个问题或不完整的句子，要求被试选择选项回答问题或把题干句子补充完整，就是和平时英语考试中阅读理解一样的题型。英语阅读测试也是根据各年级不同的阅读水平分别设计的，所选阅读材料来自全国各地高一至高三期中考试以及各省（直辖市、自治区）2013年高考试卷。高一4篇，20题；高二5篇，20题；高三6篇25题；大一5篇，25题。

所有题目均一题一分。

4 个年级的汉、英阅读理解测试题每个年级经过 5 名学生试测，调整了某些难度太大的英语短文。大一英语阅读测试题详见附录 6，其余各年级测试题题目数量和难度有差异，形式类似，为节省篇幅，不再添加相关附录。

三、数据收集

阅读理解能力数据收集工作接在智力测试、汉、英语句法意识测试之后，在第四周和第五周进行。第四周选 3 个晚自习时间，每个晚上进行一个高中年级的汉语阅读理解测试。第五周选 3 个晚自习时间，每个晚上进行一个高中年级的英语阅读理解测试。测试以小测验的方式进行，测试时由两名老师监考。大一学生的阅读理解测试在第四周和第五周课堂时间以小测验的方式进行。每场测试均为 45 分钟，绝大部分被试都在规定的时间内完成了答卷。

第三节 数据分析过程与结果

一、数据整理与准备

被试情况见表 6-1、汉语和英语句法意识各成分的信度表 6-2 与表 6-3。为了使阅读理解数据整齐统一，把被试实际得分转换成了百分制得分：用卷面实际得分除以试卷总分再乘以 100，结果取整数，作为每个被试阅读理解测试的最终成绩。汉、英阅读理解测试的信度如表 7-1 所示。其中高三年级汉语阅读理解测试题经内部一致性检验之后删除了 1 个问题，以使 α 值提高到可接受的水平，所以高三汉语阅读测试题项只有 29 个而不是 30 个。

表 7-1　各年级阅读理解测试题的信度

	高一 （N of cases＝73）	高二 （N of cases＝73）	高三 （N of cases＝75）	大一 （N of cases＝75）
汉语 （N of questions）	$\alpha=0.713$ （25）	$\alpha=0.725$ （25）	$\alpha=0.702$ （29）	$\alpha=0.716$ （30）
英语 （N of questions）	$\alpha=0.726$ （20）	$\alpha=0.731$ （20）	$\alpha=0.735$ （25）	$\alpha=0.718$ （25）

二、数据分析的思路

先对上一章的研究结果进行简单回顾与总结。上一章从多个角度考察了汉、英句法意识总体及各对应成分在各个年级阶段两种语言之间的迁移情况，包括发生迁移的句法意识成分有哪些、迁移的时间性和方向性等。结果发现句法意识总体及某些成分在不同年级不同方向迁移的存在。此处把这些迁移的情况进行了归纳，制作成一张简略的表格，表7-2，把主要信息直观地呈现出来。从表7-2可以看出，汉、英句法意识之间的迁移表现非常复杂。有些在两种语言之间对应的句法意识成分没有显著的相关关系，有些对应成分仅有相关关系，却没有迁移的证据，即没有预测能力。有的成分在不同的年级水平上都有迁移存在，有的成分的迁移只发生在某些年级阶段，有的成分只有顺向迁移或只有逆向迁移，有的成分在两个方向都有迁移。实际的情况比表7-2中显示的还要复杂，因为对于那些发生迁移的句法意识，有的在迁移中还受到双语水平、年龄和智力等因素的制约，也就是说，迁移不是自动的，是有条件的，取决于多种因素的综合作用。而这些信息在表7-2中尚未全部体现出来。

表7-2　汉–英句法意识之间相互关系汇总

年级(样本量)	汉–英句法意识总分	汉–英词序意识	汉–英词性意识	汉–英完整性意识	汉–英功能词意识	汉–英层次结构意识	汉–英存在句意识	把字句意识和搭配照应意识
大一(N=75)	○ –	+ –	+ –	+ –	+ –	+ –	+ ○	无相关
高三(N=75)	○ ○	+ –	+ –	+ –	○ ○	+ –	无相关	无相关
高二(N=73)	+ ○	+ –	无相关	+ –	+ –	+ –	无相关	无相关
高一(N=73)	无相关	+ –	无相关	无相关	+ ○	+ –	无相关	无相关

注："＋"表示汉语向英语顺向迁移存在；"–"表示英语向汉语逆向迁移存在；
"○"表示迁移不存在；"无相关"表示二者不存在统计显著的相关关系。

本章研究四的具体思路是，以上一章研究的结果为基础，聚焦于那些在上一章研究中发现迁移的句法意识，考察它们对阅读的跨语言影响，也就是观察这些发生迁移的句法意识能否在跨语言的阅读理解中体现出迁移的效应。由于在各个年级发生迁移的句法意识成分是不一样的，所以数据分析将在横向上进行，也就是在各个年级水平上进行，考察在不同年级水平上那些迁移的句法意识对阅读的跨语言影响。本章的研究将不再把句法意识总成绩包括在内，因为它和具体成分之间有包含关系；本章研究的目的是弄清那些发生迁移的具体句法意识成分对跨语言阅读能力的作用关系。统计分析方法依然使用相关分析和回归分析。

如果发现迁移的效应是存在的，那么我们将再次深入，进一步考察这些迁移效应发生的机制，也就是探寻句法意识对跨语言阅读能力产生作用的具体方式是怎样的，是直接产生作用还是通过其他中介间接产生作用？统计方法上将采取路径分析的方法来探讨这一问题。

三、句法意识迁移对阅读的跨语言效应

（一）高一年级

先考察汉语向英语顺向迁移的效应。

根据研究三的研究结果，在高一年级分别有汉语词序意识、汉语功能词意识和汉语层次结构意识三个成分向英语发生了顺向迁移（参见表 7-2）。经相关分析，只有汉语词序意识和汉语层次结构意识与英语阅读能力有显著相关，见表 7-3，汉语功能词意识与英语阅读能力之间没有显著相关性。

表 7-3　高一汉语句法意识成分与英语阅读能力的相关性

		英语阅读成绩	汉语词序意识	汉语功能词意识	汉语层次结构意识
英语阅读成绩	Pearson Correlation	1	0.401**	0.005	0.365**
	Sig. (2-tailed)		0.000	0.967	0.001
	N	73	73	73	73
汉语词序意识	Pearson Correlation	0.401**	1	−0.061	0.176
	Sig. (2-tailed)	0.000		0.608	0.136
	N	73	73	73	73
汉语功能词意识	Pearson Correlation	0.005	−0.061	1	0.080
	Sig. (2-tailed)	0.967	0.608		0.501
	N	73	73	73	73
汉语层次结构意识	Pearson Correlation	0.365**	0.176	0.080	1
	Sig. (2-tailed)	0.001	0.136	0.501	
	N	73	73	73	73

注：** Correlation is significant at the 0.01 level (2-tailed)。

接下来的回归分析将以汉语词序意识和层次结构意识为预测变量考察这两个因素对英语阅读成绩的预测能力。逐步回归分析的结果见表 7-4。表 7-4 显示，汉语词序意识和汉语层次结构意识两个成分都进入了回归方程，对英语阅读都有显著的预测力，分别可以预测英语阅读成绩 16.1% 和 8.9% 的变异，累计预测英语阅读成绩 25% 的变异。这一结果说明汉语词序意识和汉语层次结构意识对高一学生英语阅读发生了跨语言的影响，体现了这两个句法意识成分的跨语言迁移效应。

表7-4　高一英语阅读成绩多元回归分析结果摘要汇总表

年级（样本量）	预测变量	R^2	ΔR^2	F	净F值	B	t
高一 （$N=73$）	汉语词序意识	0.161	0.161	13.608***	13.608***	4.838	3.305**
	汉语层次结构意识	0.250	0.089	11.687***	8.355***	3.801	2.891**
	常数					5.749	0.594

注："预测变量"栏里各变量的顺序表示变量进入回归模型的顺序。

** $p<0.01$；*** $p<0.001$。

下面再考察英语向汉语的逆向迁移情况。

根据研究三的研究结果，在高一年级分别有英语词序意识和英语层次结构意识两个成分向汉语发生了顺向迁移（表7-2）。但是经相关分析，英语词序意识（$r=0.166$，$p=0.161$，$N=73$）和英语层次结构意识（$r=0.167$，$p=0.158$，$N=73$）均未与汉语阅读达到显著相关。这一结果说明这两个英语句法意识成分虽然发生了向汉语相应句法意识的迁移，两种语言类似的句法加工经验发生了整合，但是这种逆向迁移尚未表现出对汉语阅读的跨语言作用效应，换句话说，这种迁移的影响还没有达到那么深远。

（二）高二年级

先考察汉语向英语顺向迁移的效应。

根据表7-2，在高二年级，共有汉语词序意识、完整性意识、功能词意识和层次结构意识发生了向英语相应句法意识成分的迁移。经相关分析，这四个成分均与英语阅读成绩达到显著相关，结果如表7-5所示。

表7-5　高二年级汉语句法意识成分与英语阅读成绩之间的相关性

	汉语词序意识	汉语完整性意识	汉语功能词意识	汉语层次结构意识
高二英语阅读成绩（$N=73$）	0.534***	0.468***	0.293*	0.378***

注：* $p<0.05$；*** $p<0.001$。

接下来的回归分析即以此四个成分为自变量对高二英语阅读成绩进行预测，回逐步归分析分析的结果如表7-6所示。

表7-6　高二英语阅读成绩多元回归分析结果摘要汇总表

年级（样本量）	预测变量	R^2	ΔR^2	F	净F值	B	t
高二 （$N=73$）	汉语词序意识	0.285	0.285	28.259***	28.259***	3.402	3.925***
	汉语完整性意识	0.386	0.101	21.964***	11.493***	2.110	3.052**
	汉语层次结构意识	0.422	0.037	16.809***	4.378*	1.582	2.092*
	常数					−10.491	−1.443

注："预测变量"栏里各变量的顺序表示变量进入回归模型的顺序。

* $p<0.05$；** $p<0.01$；*** $p<0.001$。

表 7-6 显示，四个预测变量中有三个进入了回归方程，对高二英语阅读成绩具有显著的预测力，分别预测了英语阅读成绩 28.5%、10.1% 和 3.7% 的变异，三个自变量对因变量的累计预测力达到 42.2%。这个结果说明了汉语词序意识、完整性意识和层次结构意识不仅向英语相应成分发生了迁移整合，而且这种迁移效应能够在英语阅读能力中体现出明显的效应。这些迁移的句法意识在解决外语的问题中有明确的作用点，换句话说，这些句法意识成分的迁移有明确的落脚点。

再考察英语向汉语逆向迁移的效应。

根据表 7-2，共有英语词序意识、完整性意识、功能词意识和层次结构意识向汉语相应句法意识成分发生了迁移。经相关分析，这四个英语句法意识成分均与汉语阅读成绩有显著相关，结果如表 7-7 所示。接下来的回归分析即以此四个英语句法意识成分作为预测变量，对汉语阅读成绩进行预测。逐步多元回归分析的结果如表 7-8 所示。

表 7-7　高二年级英语句法意识成分与汉语阅读成绩之间的相关性

	英语词序意识	英语完整性意识	英语功能词意识	英语层次结构意识
高二汉语阅读成绩（$N=73$）	0.385^{***}	0.519^{***}	0.265^{*}	0.304^{**}

注：* $p<0.05$；** $p<0.01$；*** $p<0.001$。

表 7-8　高二汉语阅读成绩多元回归分析结果摘要汇总表

年级（样本量）	预测变量	R^2	ΔR^2	F	净 F 值	B	t
高二（$N=73$）	英语完整性意识	0.270	0.270	26.222^{***}	26.222^{***}	4.196	5.121^{***}
	常数					22.343	4.236^{***}

注："预测变量"栏里各变量的顺序表示变量进入回归模型的顺序。
*** $p<0.001$。

表 7-8 显示，四个预测变量中只有英语句法完整性意思成功进入了回归方程，可以独立预测高二汉语阅读成绩 27% 的变异。这一结果说明，尽管有四个英语句法意识成分向汉语相应成分发生了迁移，但只有英语句法完整性意识可以在汉语阅读成绩中显示出迁移效应，其他成分尚未体现出对汉语阅读具有明显的跨语言影响作用。

（三）高三年级

先考察汉语向英语的顺向迁移效应。

根究表 7-2，在高三年级，共有汉语词序意识、词性意识、完整性意识、层次结构意识四个成分向英语相应句法意识成分发生了迁移。下面对分析这四个迁移的成分能否对英语阅读产生迁移效应。经相关分析，四个成分都与英语阅读成绩有显著相关性，结果如表7-9所示。

表7-9   高三年级汉语句法意识成分与英语阅读成绩之间的相关性

	汉语词序意识	汉语完整性意识	汉语词性意识	汉语层次结构意识
高三英语阅读成绩 （N=75）	0.582***	0.644***	0.481**	0.528***

注：** $p < 0.01$；*** $p < 0.001$。

接下来的回归分析将以此四个成分作为自变量对英语阅读成绩进行预测。逐步多元回归分析的结果如表7-10所示。表7-10显示，四个汉语句法意识成分都成功进入了回归方程，都对英语阅读成绩显示出显著的预测能力。四个成分可以累计预测英语阅读成绩的变异高达68.5%。这个结果说明这四个汉语句法意识成分对英语阅读产生了跨语言的迁移效应，而且累计预测能力比高一和高二都要高。

表7-10   高三英语阅读成绩多元回归分析结果摘要汇总表

年级（样本量）	预测变量	R^2	ΔR^2	F	净F值	B	t
高三 （N=75）	汉语完整性意识	0.415	0.415	51.764***	51.764***	4.241	5.003***
	汉语词序意识	0.577	0.162	49.022***	27.493***	3.167	5.224***
	汉语词性意识	0.660	0.083	45.893	17.359***	2.201	3.534***
	汉语层次结构意识	0.685	0.026	38.116	5.691*	1.776	2.385*
	常数					−51.014	−6.320***

注："预测变量"栏里各变量的顺序表示变量进入回归模型的顺序。

* $p < 0.05$；** $p < 0.01$；*** $p < 0.001$。

再考察英语向汉语逆向迁移效应。

根据表7-2，在高三年级，向汉语逆向迁移的英语句法意识成分包括英语词序意识、词性意识、完整性意识、层次结构意识共四个成分。经相关分析，这四个成分均与汉语阅读成绩有显著相关性，如表7-11所示。

表7-11   高三年级英语句法意识成分与汉语阅读成绩之间的相关性

	英语词序意识	英语完整性意识	英语词性意识	英语层次结构意识
高三汉语阅读成绩 （N=75）	0.560***	0.608***	0.459**	0.537***

注：** $p < 0.01$；*** $p < 0.001$。

接下来的回归分析将把这四个英语句法意识成分作为自变量对高三学生汉语阅读成绩进行预测。逐步回归分析的结果如表 7-12 所示。表 7-12 显示，英语的四个句法意识成分中有三个成功进入回归方程，均对汉语阅读成绩有显著的预测力，显示了这些句法意识成分跨语言逆向迁移对母语阅读能力的效应。累计预测力达到 50.4%。

表 7-12　高三汉语阅读成绩多元回归分析结果摘要汇总表

年级（样本量）	预测变量	R^2	ΔR^2	F	净 F 值	B	t
高三 （N=75）	英语完整性意识	0.369	0.369	42.722***	42.722***	2.011	3.143**
	英语词序意识	0.467	0.098	31.560***	13.237***	2.544	3.288**
	英语层次结构意识	0.504	0.037	24.087***	5.338***	1.715	2.310*
	常数					21.451	3.875***

注：“预测变量”栏里各变量的顺序表示变量进入回归模型的顺序。

* $p < 0.05$；** $p < 0.01$；*** $p < 0.001$。

（四）大一年级

先考察汉语向英语顺向迁移的效应。

根据表 7-2，在大一年级，共有汉语词序意识、词性意识、完整性意识、功能词意识、功能词意识和存在句意识等六个句法意识成分发生了向英语相应成分的顺向迁移。经相关分析，其中共有五个成分与英语阅读成绩有显著相关，如表 7-13 所示。

表 7-13　大一年级汉语句法意识成分与英语阅读成绩之间的相关性

	汉语词序意识	汉语完整性意识	汉语词性意识	汉语层次结构意识	汉语功能词意识
大一英语阅读成绩 （N=75）	0.418***	0.547***	0.513**	0.568***	0.270*

注：* $p < 0.05$；** $p < 0.01$；*** $p < 0.001$。

接下来的回归分析将以这五个成分作为自变量对英语阅读成绩进行预测。多元逐步回归分析的结果如表 7-14 所示。表 7-14 显示，有四个汉语句法意识成分进入了回归方程，均对英语阅读成绩有显著贡献，能够显著预测英语阅读成绩的变异。四个汉语句法意识成分对英语阅读成绩可以累计预测 59.3% 的变异。这一结果说明汉语句法意识迁移到英语，并最终对英语阅读能力产生了明显的效应。而且，和低年级相比，迁移影响似乎在逐渐变强，因为累计预测变异的比例在增加。

表 7-14 大一英语阅读成绩多元回归分析结果摘要汇总表

年级（样本量）	预测变量	R^2	ΔR^2	F	净 F 值	B	t
大一 （N=75）	汉语层次结构意识	0.322	0.322	34.729***	34.729***	2.273	3.641***
	汉语词性意识	0.467	0.144	31.481***	19.454***	3.093	3.949***
	汉语完整性意识	0.553	0.087	29.323***	13.807***	2.198	3.560***
	汉语词序意识	0.593	0.039	25.445***	6.721*	1.468	2.593*
	常数					−6.184	−0.759

注："预测变量"栏里各变量的顺序表示变量进入回归模型的顺序。

* $p < 0.05$；*** $p < 0.001$。

再考察英语向汉语的逆向迁移效应。

根据表 7-2，在大一阶段，英语向汉语发生迁移的句法意识成分共有英语词序意识、词性意识、完整性意识、功能词意识和层次结构意识等五个成分。经相关分析，这五个成分与汉语阅读均有显著的相关性，如表 7-15 所示。

表 7-15 大一年级英语句法意识成分与汉语阅读成绩之间的相关性

	英语词序意识	英语完整性意识	英语词性意识	英语层次结构意识	英语功能词意识
大一汉语阅读成绩 （N=75）	0.590***	0.591***	0.364**	0.588***	0.392***

注：** $p < 0.01$；*** $p < 0.001$。

接下来的回归分析将以这五个成分作为自变量对汉语预读成绩进行预测。多元逐步回归分析的结果如表 7-16 所示。表 7-16 显示，五个英语句法意识成分中共有三个成功进入回归方程，对大一汉语阅读成绩有显著预测能力，分别解释了因变量 34.9%、19% 和 4.4% 的变异，变异累计解释比例为 56.5%。这个结果表明这些向汉语逆向迁移的英语句法意识成分在跨语言的阅读中显示出迁移效应，对汉语阅读有显著影响。和低年级相比，英语向汉语逆向迁移的句法意识对汉语阅读的作用更大，有逐渐增强的趋势。

表 7-16 大一汉语阅读成绩多元回归分析结果摘要汇总表

年级（样本量）	预测变量	R^2	ΔR^2	F	净 F 值	B	t
大一 （N=75）	英语完整性意识	0.349	0.349	39.183***	39.183***	1.765	5.084***
	英语词序意识	0.539	0.190	42.088***	29.627***	1.962	5.292***
	英语功能词意识	0.583	0.044	33.094	7.503**	1.295	2.739**
	常数					40.244	9.801***

注："预测变量"栏里各变量的顺序表示变量进入回归模型的顺序。

** $p < 0.01$；*** $p < 0.001$。

四、句法意识迁移对跨语言阅读作用的路径

通过上一小节的研究结果可以发现，汉、英之间发生迁移的句法意识成分绝大部分能够对跨语言的阅读能力产生影响，这说明不同语言之间类似的句法加工经验可以发生整合，而且这种整合对解决新的学习任务是会产生影响的，这种影响就是迁移效应的体现。

然而，问题到此似乎还没有结束。因为，既然可迁移的句法意识能够对阅读产生跨语言的影响或作用，那么一个符合逻辑的问题便会随之而来：这种作用是以怎样的方式发生的？是句法意识成分直接作用于跨语言的阅读呢，还是间接作用的呢？抑或是既有直接的作用也有间接的作用呢？如果是间接的作用，那么通过什么作为中介的呢？既然上一小节的研究发现在不同的年级，句法意识对阅读的跨语言作用成分是变化的，那么不同年级，作用的路径是相同的，还是变化的呢？要回答这些问题，就要把句法意识作用于跨语言阅读的具体路径弄清楚。

因为阅读能力可能和学习者相关语言的水平有关，因此，应当将水平因素纳入考虑。有两种可能性：①句法意识直接作用于阅读能力；②句法意识直接作用于语言水平，而通过语言水平间接作用于阅读能力。

下面，本研究将试图探索这个路径。统计方法将使用路径分析。总体上按迁移的方向分为两个方面：一是考察汉语的句法意识作用于英语阅读的路径，二是考察英语的句法意识作用于汉语阅读的路径。因为在每个年级，对跨语言阅读能力产生显著影响的句法意识不同，所以两个方向的考察又需要在不同的年级水平上进行。每个年级的具体考察均按路径分析所要求的步骤，先结合上一章研究三的结果，观察迁移的影响因素，再以这些结果作为构建概念模型的依据，绘出模型图，然后用相关数据对模型进行验证和修正，以获得路径分析的最终模型图。

（一）汉语句法意识顺向迁移对英语阅读的作用路径

1. 高一

先构建概念模型。根据上一小节的研究发现，在高一这个年级汉语向英语迁移的句法意识成分中对英语阅读产生显著作用的是汉语词序意识和汉语层次结构意识两个成分（表 7-4）；根据表 6-10 和表 6-26 中所提供的证据，这两个成分在向英语迁移中均有英语水平这个因素在起作用，而且在对英语相应成分的影响中，

英语水平的影响地位是排在第一位的。根据这样的研究发现，本研究推测英语水平可能在这两个成分对英语阅读的作用中有重要影响。那么，这两个汉语句法意识成分对英语阅读的作用路径究竟是怎样的呢？本研究根据上述已取得的研究结果，对这几个因素之间影响作用关系的推测，构建了它们之间可能的模型路径图，如图 7-1 所示。

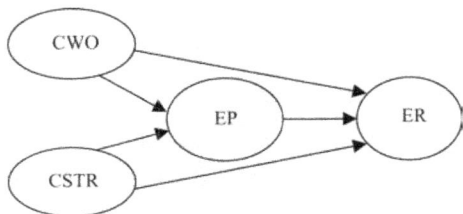

图 7-1 假设的高一汉语句法意识对英语阅读作用的路径模型

图中 CWO=汉语词序意识；CSTR=汉语层次结构意识；EP=英语水平；ER=英语阅读

在图 7-1 所示的概念模型中，汉语词序意识（CWO）与汉语层次结构意识（CSTR）作为外生变量对英语阅读（ER）既有直接作用又有间接作用，间接作用是通过英语水平这个中介变量实现的；这两个句法意识成分同时也是英语水平的外生变量；英语水平既是汉语词序意识和层次结构意识的内生变量，又是英语阅读的外生变量。

下面用相关数据对概念模型进行验证。

第一次回归分析以 ER 为因变量，以 CWO、CSTR 和 EP 为自变量。SPSS 回归分析程序输出的结果，分述如下。

由于按路径分析事先设定的变量投入方法为强迫进入法（Enter），所以表 7-17 的"引入和提出变量结果表"中进入回归方程的变量为"汉语层次结构意识"、"汉语词序意识"和"英语水平"。"回归分析综述表"中的复相关系数为 0.927，表明三个自变量与因变量之间线性相关的密切程度很高。该模型 R^2 决定系数为 0.859，即因变量可以被解释的方差比例达到 85.9%。模型的调整决定系数为 0.853，是修正 R^2 决定系数的偏差后的决定系数。

"方差分析结果表"（表 7-18）中的 F 统计量的显著值为 0.000，表明回归方程有意义，即自变量显著地解释了因变量的方差。"回归系数表"中"英语水平"的 β 标准系数为 0.933，而且它的 t 值显著性水平为 0.000，说明它的回归系数是显

表 7-17 引入和剔除变量结果表和回归模型综述表

Uariables Entered/Removed^b

模型	进入的变量	剔除的变量	方法
1	汉语层次结构意识，汉语词序意识，英语水平 ^a		进入

注：a. 全部进入的变量。

b. 因变量：英语阅读成绩。

Model Summary

模型	复相关系数	决定系数	调整后的决定系数	估计标准误
1	0.927^a	0.859	0.853	10.880 47

注：a. 预测变量：（常数），汉语层次结构意识，汉语词序意识，英语水平。

表 7-18 方差分析结果表和回归系数表

ANOVA^b

模型		离差平方和	自由度	均方	F 值	P 值
1	回归	49 878.725	3	16 626.242	140.443	0.000^a
	残差	8 168.535	69	118.385		
	总和	58 047.260	72			

注：a. 预测变量：（常数），汉语层次结构意识，汉语词序意识，英语水平。

b. 因变量：英语阅读成绩。

Coefficients^a

模型		非标准化系数		标准化系数	t	P 值
		β	标准误	β		
1	（常数）	−71.926	6.494		−11.075	0.000
	英语水平	1.393	0.081	0.933	17.280	0.000
	汉语词序意识	0.102	0.695	0.007	0.146	0.884
	汉语层次结构意识	−0.294	0.621	−0.024	−0.474	0.637

注：因变量：英语阅读成绩。

著的。但是，"汉语词序意识"和"汉语层次结构意识"两个变量的 t 值分别为 0.884 和 0.637，未达到显著水平，说明它们的回归系数不显著。这也就意味着在假定的图 7-1 所示的路径模型中，从"汉语词序意识"和"汉语层次结构意识"指向"英语阅读"的两条路径不存在。该回归模型中自变量对因变量的贡献主要是"英语水平"这个变量所产生的。

但是，这表明所假定的概念模型需要修正，要把从"汉语词序意识"和"汉语层次结构意识"指向"英语阅读"的两个箭头删除，只剩下从"英语水平"指向"英语阅读"的一个箭头。这样一来，由于自变量数目发生了变化，对因变量的影响模式发生了变化，模型需要重新设定，需要以"英语水平"为自变量，以"英语阅读"为因变量重做回归分析。

第二次回归分析的结果中，F 值显著（Sig.＝0.000），方程有意义；R^2＝0.859，自变量的 β＝0.927，t 值显著（Sig.＝0.000）。根据决定系数可以求出回归模型的残差系数（$1-R^2$）＝（$1-0.859$），再开方，结果为 0.375。

第三次回归分析以"汉语词序意识"和"汉语层次结构意识"为自变量，以"英语水平"为预测变量。分析步骤与第一次相同。SPSS 程序也输出了和第一次分析一样多的结果信息。第三次回归分析输出的方差分析结果中，F 值也达到了显著水平（0.000），说明回归方程有意义。下面只汇报模型综述表和回归系数表（表 7-19）。模型综述表中的决定系数为 0.301，模型的残差系数（$1-0.301=0.699$）再开方，结果为 0.836。回归系数表中"汉语词序意识"和"汉语层次结构意识"两个变量的标准回归系数 β 分别为 0.364 和 0.351，t 值均显著（Sig.＝0.001）。

表 7-19　模型综述表和回归系数表

Model Summary

模型	复相关系数	决定系数	调整后的决定系数	估计标准误
1	0.549[a]	0.301	0.281	16.134 28

注：a. 预测变量：（常数），汉语层次结构意识，汉语词序意识。

Coefficients [a]

模型		非标准化系数		标准化系数	t	P 值
		β	标准误	β		
	（常数）	55.769	6.950		8.024	0.000
1	汉语词序意识	3.401	0.947	0.364	3.590	0.001
	汉语层次结构意识	2.940	0.851	0.351	3.456	0.001

注：a. 因变量：英语水平。

综合三次回归分析结果，以及对概念模型进行的修正，根据各个方程中的标准系数和残差系数绘出了路径分析的最终模型图，如图 7-2 所示。

从最终模型图中可以直观地看出，"汉语词序意识"和"汉语层次结构意识"对"英语水平"的两条路径都是显著的，系数分别为 0.364 和 0.351；"英语水平"的残差系数为 0.836，说明"汉语词序意识"和"汉语层次结构意识"对其未能解释的方差还较多，也就是说对其产生的影响还有其他未纳入的变量；但"汉语词

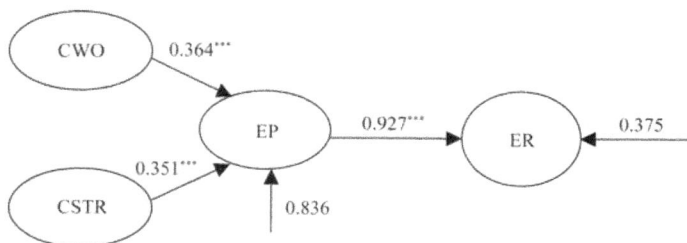

图 7-2 高一汉语句法意识对英语阅读作用的路径模型
注：图中 CWO＝汉语词序意识；CSTR＝汉语层次结构意识；EP＝英语水平；ER＝英语阅读；***P<0.001。

序意识"和"汉语层次结构意识"两个变量均不构成对"英语阅读"的直接影响，最初设定的模型中两条路径不成立，在最终模型中被删除，两个变量只能通过"英语水平"这个中介变量对"英语阅读"产生间接作用；"英语水平"对"英语阅读"有非常显著的影响；"英语阅读"尚有较小的一部分方差"英语水平"不能解释，因为其残差系数为 0.375，说明还有其他变量会对"英语阅读"产生影响，只是本模型未予以考虑。

2. 高二

根据前面的研究结果，在高二年级对英语阅读有显著影响的汉语句法意识成分为汉语词序意识、汉语完整性意识和汉语层次结构意识三个变量（表 7-5）。在这三个变量对英语阅读的影响中都有英语水平作用的体现。因此，它们对英语阅读的作用中主要要考虑英语水平所起的作用。因为具体的路径分析过程都是类似的，这里不再一一重复汇报中间的模型检验和修正过程，只报告最终的路径模型和相关的参数。高二汉语句法意识对英语阅读作用的路径图如 7-3 所示。

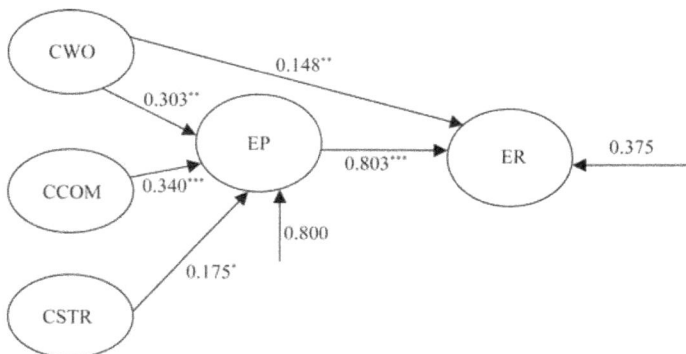

图 7-3 高二汉语句法意识对英语阅读作用的路径模型
注：图中 CWO＝汉语词序意识；CCOM＝汉语完整性意识；CSTR＝汉语层次结构意识；EP＝英语水平。
ER＝英语阅读；*P<0.05，**P<0.01，***P<0.001。

从图 7-3 可以看出，在汉语词序意识、完整性意识和层次结构意识中，词序意识不仅可以直接影响英语阅读成绩，还和完整性意识、层次结构意识一起通过英语水平对英语阅读产生间接作用。汉语词序意识和和英语水平可以解释英语阅读 85.9% 的方差（$R^2＝0.859$），此外，英语阅读还剩余 37.5% 的方差是由别的因素造成（残差系数为 0.375）。汉语词序意识、完整性意识和层次结构意识总共可以解释英语水平 36% 的变异（$R^2＝0.360$），英语水平另有 80% 的变异由其他因素造成，残差系数（1–0.36＝0.64）再开方，为 0.800。

3. 高三

根据前面的研究结果（表 7-10），在高三阶段有汉语词序意识、汉语词性意识、汉语完整性意识和汉语层次结构意识四个成分对英语阅读有显著影响。在这四个汉语句法意识成分向英语相应成分的迁移中都有一个共同的因素英语水平在起影响作用（表 6-10、表 6-14、表 6-18 和表 6-26）。据此，本研究在分析这四个因素对英语阅读的作用路径中主要英语水平这个变量的调节作用。经过对假定模型的验证与修正，最终的路径模型和相关的参数如图 7-4 所示。

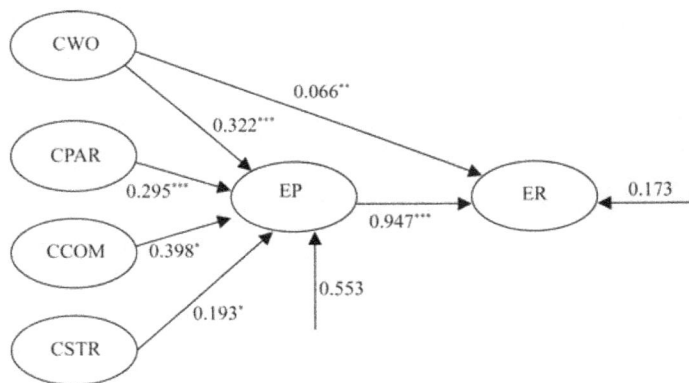

图 7-4　高三汉语句法意识对英语阅读作用的路径模型

注：图中 CWO＝汉语词序意识；CPAR＝汉语词性意识；CCOM＝汉语完整性意识；CSTR＝汉语层次结构意识；EP＝英语水平；ER＝英语阅读；*$P<0.05$，**$P<0.01$，***$P<0.001$。

图 7-4 表明，汉语词序意识、汉语词性意识、汉语完整性意识和汉语层次结构意识四个汉语句法意识成分中，只有汉语词序意识对英语阅读既有直接的影响，又和其他三个成分通过英语水平对英语阅读产生间接的影响。汉语词序意识和英

语水平作为外生变量可以解释英语阅读大部分变异，另有一部分未知因素可以解释英语阅读剩余变异（残差系数为 0.173）。四个汉语句法意识成分作为英语水平的外生变量可以解释英语水平 69.4% 的变异（$R^2=0.694$），其残差系数为 0.553，表明未知因素对英语水平的影响。

4. 大一

根据前面的研究结果，在大一年级有汉语层次结构意识、词性意识、完整性意识和词序意识对英语阅读有显著影响（表 7-14）。在这四个汉语句法意识成分向英语相应成分的迁移中都有一个共同的因素英语水平在起影响作用（表 6-10、表 6-14、表 6-18 和表 6-26）。依据这些结果，本研究在分析这四个成分对英语阅读的作用路径中主要考察英语水平这个变量的调节作用。经过对假定模型的验证与修正，最终的路径模型和相关的参数如图 7-5 所示。

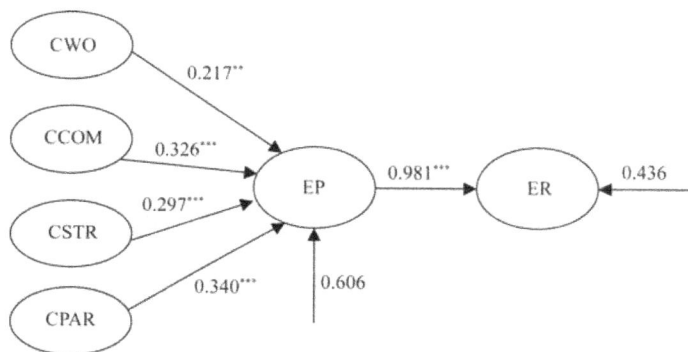

图 7-5　大一汉语句法意识对英语阅读作用的路径模型

注：图中 CWO=汉语词序意识；CCOM=汉语完整性意识；CSTR=汉语层次结构意识；CPAR=汉语词性意识；EP=英语水平；ER=英语阅读；**$P<0.05$，***$P<0.001$。

图 7-5 显示，四个汉语句法意识成分对英语阅读均没有显著的直接作用路径，它们对英语阅读的影响都是通过英语水平这个中介变量间接产生的。英语水平作为外生变量可以解释英语阅读绝大部分的变异（$R^2=0.963$），另有少部分影响由未纳入本模型考虑的因素产生（残差系数为 0.436）。内生变量英语水平的变异中有 63.3% 的部分可以被四个外生变量解释（$R^2=0.633$），残差系数为 0.606。四个汉语句法意识成分对英语水平均有显著的影响路径，但均没有对英语阅读产生显著的直接影响，它们对英语阅读的作用是通过英语水平这个中介变量间接实现的。

（二）英语句法意识逆向迁移对汉语阅读的作用路径

根据前面的研究结果，在高一阶段并未发现英语句法意识中有成分对汉语阅读具有显著影响，此处不再对其进行路径分析。

1. 高二

根据前面的研究结果，在高二阶段，只有英语完整性意识对汉语阅读具有显著的预测能力（表 7-8）。在英语完整性意识向汉语完整性意识的迁移中出现了汉语水平的显著作用（表 6-20）。根据这些结果，可以推测汉语水平在英语完整性意识对汉语阅读的作用中可能起着一定的作用。因此构建的路径模型如图 7-6 所示。

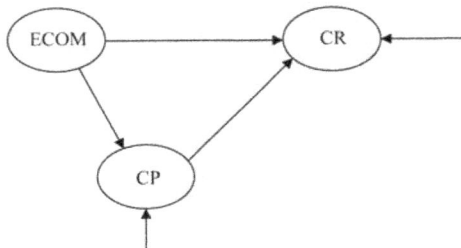

图 7-6　高二英语完整性意识对汉语阅读作用的假设路径模型

注：图中 ECOM＝英语完整性意识；CR＝汉语阅读；CP＝汉语水平。

第一次回归分析，以英语完整性意识和汉语水平为外生变量，以汉语阅读为内生变量，分析的结果显示英语完整性意识对汉语阅读的直接作用路径并不存在，也就是图 7-6 中从 ECOM 指向 CR 的路径不显著，不能和数据拟合。因此，这条假设路径被删除，变量之间的作用关系需要重新设定模型。既然这条路径不存在，那么根据前面的研究结果，英语完整性意识对汉语阅读的作用可能是通过汉语水平这个中介。经过验证，这个路径模型是成立的。路径图和相关参数如图 7-7 所示。

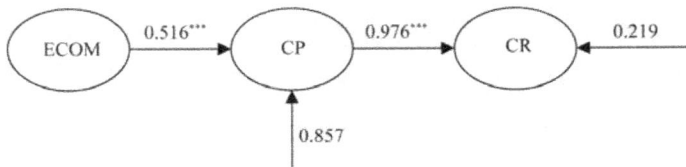

图 7-7　高二英语完整性意识对汉语阅读作用的路径模型

注：图中 ECOM＝英语完整性意识；CP＝汉语水平；CR＝汉语阅读；***$P<0.001$。

图 7-7 显示，英语完整性意识通过汉语水平这个中介变量间接作用于汉语阅读。外生变量英语完整性意识对内生变量汉语水平影响路径显著，可以解释汉语水平 26.6%的方差（$R^2=0.266$），尚有大部分变异由其他未纳入考虑的因素引起，残差系数（$1-0.266=0.734$），再开方，结果为 0.857。外生变量汉语水平对内生变量汉语阅读的影响路径显著，解释了汉语阅读 95.2%的方差（$R^2=0.952$），另有少部分变异由其他因素引起，残差系数（$1-0.952=0.048$），再开方，为 0.219。

2. 高三

根据表 7-12，在高三年级，共有英语完整性意识、词序意识和层次结构意识三个成分对汉语阅读具有显著预测作用。这三个成分在向汉语相应成分的迁移中，词序意识受到汉语水平的影响（表 6-12），完整性意识（表 6-20）和层次结构意识（表 6-28）则未见受其他因素的影响。

根据所获得的研究结果，首先假定了几种可能的路径模型，经过和数据的拟合对模型进行了评估，修正后的最终模型如图 7-8 所示。英语句法意识三个成分均不能对汉语阅读能力产生直接的影响，它们要通过汉语水平这个中介变量对汉语阅读产生间接作用。外生变量汉语水平对内生变量汉语阅读影响路径的系数显著，可以解释汉语阅读大部分变异（$R^2=0.859$），残差系数为 0.375。作为外生变量，三个英语句法因素成分对内生变量汉语水平影响路径均显著，三者可以解释汉语水平 59.4%的变异，残差为 0.637。

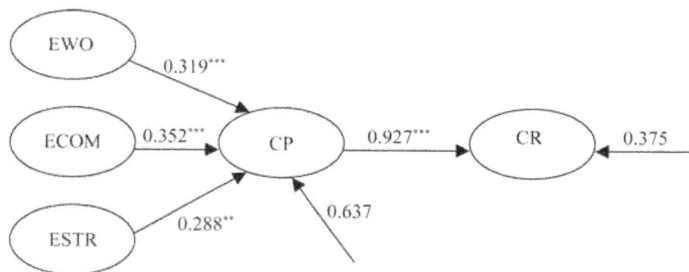

图 7-8　高三英语句法意识对汉语阅读作用的路径模型

注：图中 EWO=英语词序意识；ECOM=英语完整性意识；ESTR=英语层次结构意识；CP=汉语水平；CR=汉语阅读；**$P<0.01$，***$P<0.001$。

3. 大一

根据表 7-16，在大一阶段，共有英语完整性意识、词序意识和功能词意识三个成分对汉语阅读具有显著预测作用。这些英语句法意识成分向汉语相应成分的迁移中影响显著的仍然是汉语水平这个因素（表 6-12、表 6-20 和表 6-24）。根据所获得的结果，在路径分析中主要考虑汉语水平的作用。经过对假设模型的验证和修正，所得的最终模型如图 7-9 所示。

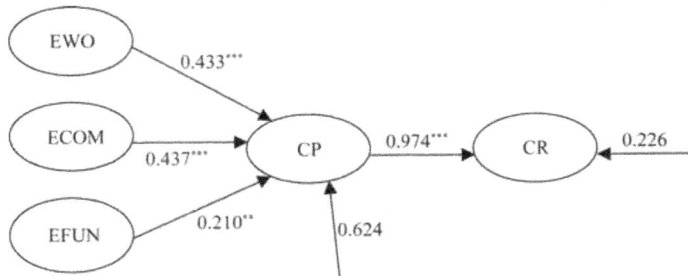

图 7-9　大一英语句法意识对汉语阅读作用的路径模型

注：图中 EWO＝英语词序意识；ECOM＝英语完整性意识；EFUN＝英语功能词意识；CP＝汉语水平；
　　CR＝汉语阅读；**P<0.01，***P<0.001。

图 7-9 路径模型显示，三个英语句法意识成分均不能对汉语阅读产生直接的影响，它们都要通过汉语水平这个中介变量才能对汉语阅读产生间接影响。汉语水平作为外生变量对内生变量汉语阅读影响路径显著，路径显著性达到 0.974，可以解释汉语阅读绝大部分方差（R^2＝0.949），另有 22.6% 的残差。作为外生变量，三个英语句法意识成分对内生变量汉语水平均有显著的影响路径，它们可以共同解释汉语水平 61% 的方差（R^2＝0.610），另有较多变异未被解释，残差系数为 0.624。

第四节　讨　　论

本节对研究四的结果进行总结讨论。研究四根据研究三所获得的结果，考察了发生迁移的句法意识成分对跨语言阅读的效应，并深入探索了这些句法意识对跨语言阅读产生影响的具体途径。

前一章研究三的结果显示，汉、英句法意识成分中有些成分在某些年级是出现了跨语言迁移的，本章的研究结果则显示，在那些发生迁移的句法意识中，并非全部都可以对跨语言的阅读能力产生明显的效应。只有迁移达到一定的强度，对跨语言阅读才能产生预测效应，在统计上的表现就是，和跨语言阅读能力相关性系数越高，越有可能产生预测效应。这证实了我们在上一章结尾关于迁移强度所进行的推测。

　　具体来看，在高一阶段，分别有汉语词序意识、汉语功能词意识和汉语层次结构意识三个成分向英语发生了顺向迁移（表7-2）。但是最终能够对英语阅读产生作用的只有汉语词序意识和汉语层次结构意识；在高一年级分别有英语词序意识和英语层次结构意识两个成分向汉语发生了顺向迁移，但本章的研究结果显示，这种逆向迁移尚未表现出对汉语阅读的跨语言作用效应。在高二年级，共有汉语词序意识、完整性意识、功能词意识和层次结构意识发生了向英语相应句法意识成分的迁移，但是其中只有汉语词序意识、完整性意识和层次结构意识对高二英语阅读成绩具有显著的预测力，功能词意识虽然发生了向英语相应句法意识的迁移，但是最终并未能在英语阅读中产生明显的效应；在同年级的相反方向上，四个发生逆向迁移的成分中只有英语句法完整性意识一个成分对汉语阅读产生了显著影响。在高三年级，共有汉语词序意识、词性意识、完整性意识、层次结构意识四个成分向英语相应句法意识成分发生了迁移，而且这四个汉语句法意识成分都成功进入了回归方程，都对英语阅读成绩显示出显著的预测能力；在同年级，向汉语逆向迁移的英语句法意识成分包括英语词序意识、词性意识、完整性意识、层次结构意识共四个成分，本章研究结果显示英语的这四个句法意识成分中有三个成功进入回归方程，对汉语阅读成绩有显著的预测力，显示了这些句法意识成分跨语言逆向迁移对母语阅读能力的效应。在大一年级，共有汉语词序意识、词性意识、完整性意识、功能词意识、层次结构意识和存在句意识等六个句法意识成分发生了向英语相应成分的顺向迁移，本章研究结果显示其中有四个汉语句法意识成分对英语阅读产生了明显效应；在此年级的相反方向上，英语向汉语发生迁移的句法意识成分共有英语词序意识、词性意识、完整性意识、功能词意识和层次结构意识等五个成分，其中共有三个成功进入回归方程，对大一汉语阅读成绩有显著影响。

　　从上述结果中可以看出几个基本规律。

　　第一个基本规律是对跨语言阅读产生显著影响的句法意识成分的数量要比汉、英两种语言之间发生迁移的句法意识成分数量少。造成这样结果的原因可能是，汉、英对应句法意识成分之间的迁移和句法意识对跨语言阅读能力的影响这两者本身就是属于不同深度的问题。两种语言对应句法意识成分之间的迁移体现的是相似的语言加工经验的整合，处于一个更浅层的水平；而句法意识对阅读能力，尤其是跨语言阅读能力，所产生的影响属于一个更深层次的问题。事物之间发生关系也是由浅及深逐步深入的。在学习过程中把类似的知识和经验进行整合，这可以促进知识和技能的掌握，而把整合的经验和技能进行应用，来解决新的任务，显现出整合的效应，这不是一朝一夕所能达到的。这两个问题前者发生在知识和技能的学习过程，后者发生在应用过程。这就是为什么从年级角度来看，随着年级的升高，对阅读产生作用的句法意识成分会越来越多，说明迁移的影响在逐渐变强，随着语言学习的深入，学习者对规律的认识逐步深入，对知识的整合逐步深化。

第二个规律是两种语言之间迁移不平衡，汉语向英语的顺向迁移效应大于英语向汉语的逆向迁移效应，在研究结果中具体表现为在各年级汉语对英语阅读产生影响的句法意识成分多于英语对汉语阅读产生影响的成分。造成这个结果的原因可能有两个，一个是汉、英两种语言在句法上的差异，另一个是被试属于不平衡双语者，母语处于强势地位，英语处于弱势地位。在文献综述部分已经提到（详见第二章），汉语和英语属于不同语系的语言，两种语言在很多方面存在差异性。就句法结构方面来说，汉语句法结构比较松散，意义的表达主要靠语义概念，而英语是一种结构语言，句法结构在传达语义中起的作用比汉语要大。在英语的阅读中，要想获得语义必须首先能够解析英语的句法结构，因此对句法意识要求较高。在汉语的阅读中，语义的获得对句法结构的依赖性没有那么高。因此，汉语句法意识强，正可以在英语阅读中发挥作用，而英语句法意识强，在汉语阅读中可能没有多少用武之处，对汉语阅读成绩影响没那么大，因为汉语阅读本身对句法结构解析能力要求没有英语那么高。第二个原因可能是本研究的被试属于不平衡双语者。在语言迁移研究中，一般是强势语言对弱势语言的影响大于弱势语言对强势语言的影响，这已是共识（Benson，2002；Ellis，1994；Kellerman，1995；俞理明，2004）。在本研究中，汉语是被试的母语，已经掌握得很熟练，被试对汉语的理解和使用已经达到了较高的水平。而对他们来说，英语是外语，水平还远未达到和汉语一样的程度。他们在解决英语的问题时自然也会较多地从母语中获得援助。

第三个基本规律是在所有年级，对跨语言阅读能够产生预测效应的句法意识成分都少于与跨语言阅读有显著相关性的成分。而那些能够进入回归方程的成分都是和阅读能力相关性较高的成分。与共性成分之间表面的相关和相互预测相比，句法意识对跨语言的阅读能力产生影响似乎是一个更为遥远的征程，只有那些达到足够强度的迁移才能对跨语言阅读能力产生迁移效应。

第四个基本规律，从作用的路径图中可以很清楚地看到，无论是汉语句法意识对英语阅读的影响，还是英语句法意识对汉语阅读的影响，无论是在低年级，还是在高年级，语言水平都是影响句法意识对阅读作用的重要中介因素，只不过在顺向迁移中发挥影响的是外语水平，在逆向迁移中发挥影响的是母语水平。这一发现是以往的研究没有清晰揭示过的。那么为什么语言水平因素会发生作用呢？这可能跟句法意识与语言水平之间是相互作用、相互促进的关系有关。也就是说更高的语言水平可能意味着句法意识也更强，而更强的句法意识则可能意味着语言水平也更高。这对语言教学，尤其是外语教学具有重要的启示意义。这说明，在外语教学中仅比较汉、英两种语言句法结构的异同以提高学生的句法意识，促进学生句法意识的迁移还是不够的，要让学生的句法意识有效发挥作用还要依赖于综合语言水平的提高，尤其是外语综合语言水平的提高。

第五节　本章小结

本章根据上一章所获得的结果，聚焦于那些在汉、英之间发生迁移的句法意识成分，使用相关分析和回归分析的方法，考察了它们的迁移对跨语言阅读的效应，并在此基础上使用路径分析的方法，深入探索了这些句法意识对跨语言阅读产生作用的具体路径。

第 八 章

总 讨 论

　　本书通过四个实证研究，回答了如下四个问题：①汉、英句法意识中是否存在两种成分，即语言普遍性和语言具体性成分？②是否只有具有语言普遍性的成分才具有跨语言迁移的可能性？③如果只有语言普遍成分才具有迁移的可能，那么汉-英双语者具有共性的句法意识成分在不同语言学习和使用阶段的迁移效率是否存在动态变化？④汉-英双语者具有共性的句法意识是否以相同的效率作用于另一语言的具体能力之中？本研究的发现有效地回答了这四个问题。

　　首先，研究发现了句法意识是一个多成分结构的元语言认知能力。不同语言的句法意识具体结构不同，它们既有语言共性的部分，又有语言特异性的部分。汉、英两种语言中共性的句法意识成分包括词序意识、词性意识、完整性意识、功能词意识、层次结构意识和存在句意识等成分；汉语语言特异性的句法意识有把字句意识，英语特异性的句法意识有搭配照应意识。

　　其次，中国青少年英语学习者汉、英句法意识总体能力及其各成分在高一至大一四个年级均处于不断发展的状态，呈现出随年级的升高逐步增强的一般趋势。汉、英句法意识总体能力及其内部各成分的发展并不是一个同步的进程，具体表现为：在同一阶段，有的成分发展快，有的成分发展较慢；即便同一成分，在不同的阶段，发展速度也不同，表现出不规则的速度特点。汉、英两种语言具有"共性"的句法意识，在四个年级都呈现出逐步发展的大趋势下，多数成分在各年级阶段的发展都表现出速度的一致性，少数成分在某些阶段表现出偏离共同轨道的情况。

　　最后，汉、英双语者两种语言的句法意识之间的迁移也呈现动态变化的关系，具有语言共性的句法意识较容易发生迁移，具有语言特异性的句法意识不能迁移。汉语把字句意识和英语的搭配照应意识在各个年级水平上均没有显著的相关性，说明这是两种不同的句法能力，彼此之间没有关联性，各自按照自己的方向发展。汉、英词序意识、层次结构意识、完整性意识、功能词意识和词性意识却是具有共性的句法意识，因而可能发生语言间迁移。

然而，共性虽然是句法意识迁移的必要条件，但不是充分条件，仅有共性并不能保证迁移一定发生。句法意识的共性也是动态变化的，同一成分在不同年级相关性不同。句法意识的迁移是一个动态变化的过程，不同的句法意识成分在迁移的时间、方向和速度方面均有差异，具有不同的表现形式；迁移是有条件的，受多种因素的影响，是多种条件共同作用的结果；双语水平对迁移起到重要的影响。

研究还发现，在那些发生迁移的句法意识中，并非全部都可以对跨语言的语言能力（阅读能力）产生明显的效应，产生效应的句法意识成分在数量上要比发生迁移的句法意识成分少。这说明句法意识对跨语言的阅读能力产生影响似乎是一个更为遥远的征程，只有迁移达到一定的强度，对跨语言能力才能产生预测效应。无论是汉语句法意识对英语阅读的影响，还是英语句法意识对汉语阅读的影响，无论是在低年级，还是在高年级，语言水平都是影响句法意识对跨语言能力作用的重要中介因素，只不过在顺向迁移中发挥影响的是外语水平，在逆向迁移中发挥影响的是母语水平。

对于这些发现，我们将从三个角度，即双语句法意识的形成与发展规律、双语句法意识的迁移机制以及句法意识的本质，进行理论分析。

第一节　双语句法意识的形成与发展规律

本研究揭示了汉、英句法意识发展的基本规律，主要是汉、英句法意识在随年级的升高而不断增强的一般趋势下，句法意识的总体能力和各成分在不同年级阶段表现出不同的发展速度；汉、英共性的句法意识具有基本一致的发展轨道。

要解释汉、英句法意识的发展为什么会呈现出这样的规律，应该把句法表征（syntactic representation）和被试两种语言句法意识发展的环境两个方面结合起来进行分析。

首先来看两种语言的句法表征过程。

句法意识是个体把句子组织规则的知识提高到意识水平上进行心理操作的能

力。句法意识是一种语言认知能力，这种能力离不开句法知识，是以句法知识为前提的。讨论双语句法意识发展，离不开从根源上探讨双语句法知识的学习，也就是双语句法知识心理表征（mental representation）的建构过程。

在本研究中，被试属于不平衡双语者，他们的母语水平高于外语水平。他们两种语言的句法表征建构过程是不一样的。从发生学的起点来看，被试学习母语是一个从零开始的过程，也就是说在学习母语之前他们没有任何语言经验可资利用。句法是语言中句子结构的组织规则。规则是抽象的，蕴含在语言之中。儿童从出生后开始在和语言的接触中，通过语言实践，逐步获得对这些规则的认识和掌握。这个发展过程伴随儿童其他方面认知能力的发展。

西方关于儿童母语句法知识的获得争论由来已久，这些争论也广为心理学和语言学界所熟知。争论的焦点主要集中在儿童的句法知识是先天的还是后天的。以乔姆斯基为代表的先天论者认为句法知识是先天的，儿童天生就在大脑里有一套普遍语法的原则（Principles of Universal Grammar），儿童出生后在具体的语言环境中学会语言的过程其实就是普遍语法的原则进行具体的语言参数设置的过程。以皮亚杰为代表的认知论者认为儿童的语言能力不是先天的，儿童的语言发展有赖于基本认知能力的发展（皮亚杰和英海尔德，1981）。我国学者对儿童语言发展的研究支持认知主义的观点（许政援，1994a，1994b；朱曼殊和武进之，1982）。其实在语言能力的发展中先天遗传属性和后天的环境及人类自身的认知因素都不可或缺，并不是只有一个因素就可以决定语言能力的成功获得。儿童认知发展研究表明，语言能力的发展必须在儿童基本认知能力发展达到了一定的水平之后才能得以发展（Bukatko & Daehler，2004；Salkind，2002），对一些特殊案例的研究表明在儿童语言发展的过程中语言环境起着重要的作用。

而外语句法知识的表征过程和母语是不一样的。从发生学的起点上来看，被试是在基本掌握了母语之后才开始学习外语的，也就是说，他们在外语学习之前就已经具有了比较丰富的母语语言经验。因此，外语句法知识的构建不是一个从零开始的过程。如果说母语的习得是一个无意识或潜意识的过程，外语学习则是一个地道的有意识过程（Skehan，1999；Nunan，2001；Stern，1999）。学习者需要有意识地控制自己的注意力，注意到那些蕴含在语言材料里的句法知识，才能进行内化（intake），也就是表征到大脑中去（Schimidt，1990）。母语句法表征的建构过程是一个自然过程，而外语句法表征的建构则是人为干预的过程。

但儿童的元语言意识并不是和基本语言能力一起出现的。它是一项特殊的语言成就，对认知能力有更高的要求，而且并不会像听和说等基本语言能力那样容易且普遍地获得（Cazden，1974）。儿童可以说出符合句法的语句时不见得能够把句法规则和语义分离出来作为思考的对象。国外以往的单语（母语）句法意识发展研究表明，句法意识的出现一般晚于基本语言能力，国内对汉语儿童的研究也获得了同样的结果（详见第二章）。

要解释汉、英句法意识的发展为什么会呈现出这样的规律，还要考虑被试两种语言的学习环境。在本研究中，汉语是被试的母语，被试是在自然的语言环境里学习这种语言的。被试和母语有充分的接触机会（exposure），可以得到充分、地道的语言输入（input）。英语是被试的外语，他们没有英语的自然语境。尽管现在中国的经济、社会与科技条件和以前相比有了大幅度的提高，学习英语比以前方便了很多，可以通过英文报刊及各种音像媒介增加英语学习的机会，但这些无论在输入的数量还是质量（Krashen，1982；1985）上仍然不可能和自然的英语语言环境比肩。

语言环境对语言学习的影响是众所周知的，它不仅影响学习的结果，也影响学习的过程（Cook，2003；Davies & Elder，2004；Ellis，1997）。这样一个客观现实给学习者提供的是两种不同的语言经验（language experience），无疑会造成被试汉、英两种语言的句法意识发展呈现出不同的规律和特点。

对母语句法意识的发展来说，语言环境是自然的，因此，特定句法结构在语言中出现的频率（frenquency）就是一个很重要的影响因素了，就是所谓频率学习的问题（statistical learning）（Emmert-Streib & Dehmer，2009；Harman & Kulkarni，2012；Hamrick，2014）。在一定量的自然语言材料的输入中，哪种句法结构出现的频率更高，学习者的大脑对这种句法结构加工的次数就更多。人脑对信息加工频率的高低是信息加工深浅的表现，而认知加工的层次越深，记忆的效果也越好（Craik & Lockheart，1972；Craik & Tulving，1975），对学习者的心理产生的影响也就更深刻。因此，在其他条件均等的情况下，学习者对语言中高频出现的句法结构的意识应该强于对低频出现的句法结构的意识，结果自然会导致学习者不同的句法意识成分发展水平不同，正如本研究中所显示的那样，即使在同一年级，不同的汉语句法意识成分发展水平也不同。

而对外语句法意识的发展来说，由于没有自然的语言环境，学习者句法意识的发展则主要受制于学校对语法教学内容的安排。也就是说，学校教学大纲中先安排什么语法项目的学习，学生自然就先掌握什么样的句法知识，发展出什么样的句法意识。这个过程基本上是人为控制的。当然，学校教学内容的安排也不是随意的，也会遵循由简单到复杂的基本顺序，和自然语言的情形尽量保持相符（Brown，2001；Brown，2006；Yalden，2000），但由于学生课堂以外接触英语自然语言输入的机会很少，所以他们对英语句法结构的学习顺序主要还是受教学安排的制约。在这种情况下，那些先学习的句法知识自然会比后学习的在学生的心理中产生更深的影响。因此，在其他条件相等的情况下，学习者对先学的句法知识的应用能力会强于后来学习的。表现在他们的句法意识上就是在同一个年级，不同的句法意识成分发展水平不同。

学习者句法意识的发展除了受外部因素的影响之外，还要受自身内部因素的影响，包括年龄、智力、基本认知能力、元认知能力、工作记忆、语言经验、语言水平等（Bialystok，2001a，2001b；Chik，et al.，2012a；Davidson，Raschke & Pervez，2009；de Andrade & Fernandes，2011；Eviatar & Ibrahim，2000；Foursha-Stevenson & Nicoladis，2011；Xhafaj & Mota，2011）。这些因素并不单独起作用，影响个体句法意识的发展，而是会交织在一起产生综合的影响。这些因素本身也不是静止不变的，而是时时处于变化之中的。这就使得句法意识的发展过程极为复杂，学习者句法意识的发展水平取决于这些因素的共同作用。正如研究二的结果所揭示的那样，无论是汉语还是英语，不同的句法意识成分在同一个年级发展水平并不相同，同一个句法意识成分在不同的年级，发展的速度也不相同。

汉、英两种语言的句法意识各成分在各自的语言内发展速度各不相同，表现出不同的发展轨迹。但是，当把两种语言中具有共性的句法意识成分放在一起进行比较时，即可发现这些具有语言共性的句法意识成分具有基本一致的发展轨迹。也就是说，它们在随年级逐步增长的一般趋势下，在各个年级表现出基本相同的发展速度，只有少数成分在少数年级发生了偏离共性轨道的情况。这个结果说明，双语者的句法意识中有些能力确实具有语言普遍性的能力，是同一种能力。因而尽管通过不同的语言对它们进行测试，根据测试结果所描绘出来的它们在两种语言中的发展轨迹也具有高度的一致性，因为两种语言所测的是同质的能力。这些具有跨语言普遍性的能力具有稳定性，不会因为测试语言的改变而改变，因为它们是超语言的抽象能力。这是具有必然性的一般规律。而在某些特定阶段的小幅度偏离共同轨道的情况只是偶然因素所导致，并不改变一般趋势。这在研究三中得到了进一步证实，即某些阶段某些句法意识对共同轨道的小幅度偏离并不会影响二者之间的迁移。

第二节　双语者句法意识之间的迁移

双语者的句法意识究竟是否具有跨语言的可迁移性？这是以往研究未能清楚回答的问题，也是本研究的核心问题。

那么，句法意识究竟是否可以迁移呢？

本研究发现，一方面，具有语言特异性的成分在各个年级都没有发生迁移，具体表现就是汉语的把字句意识和英语的搭配照应意识从高一到大一都没有达到具有统计意义的相关（表 7-2）；而另一方面，具有语言共性的句法意识均发生了迁移，具体表现就是不同共性程度的汉、英句法意识在不同的年级都有迁移发生，其中共性程度越高的成分越容易发生迁移，比如，存在句意识这样共性程度较低的成分只在一个年级出现了顺向迁移，而其他共性程度更高的成分则在多个年级出现了两个方向的迁移（表 7-2）。

从研究一因子分析的结果和研究三汉、英句法意识的迁移研究结果来看，可以发现双语者句法意识的"共性"是主导的。因子分析的结果发现汉、英两种语言中多数句法意识成分是有共性的，而迁移研究的结果也显示共性的句法意识才能够迁移。

那么，为什么会出现这种主导性呢？

首先，客观语言实际是这种主导性的基础，这个语言实际就是语言本身具有的普遍性特征。语言符号是反映客观世界的一种工具，世界上的事物及其联系都具有很多的共同性，因此，作为它们的反映的语言都有共同性（许政援，1994b）。世界上的语言虽然有很多种，但是这些语言之间却都有很多的共性特征存在。句法意识作为人的一种心理特征也必然会反映语言之间的这些共性特征。语言之间的共性是双语者句法意识共性存在的客观基础。汉、英句法意识中词序意识、词性意识、层次结构意识都反映了这两种语言的共性特征。

其次，人类认知加工有共同的规律。人类对信息的认知加工有共同的规律，这些规律并不会因种族或文化等因素而改变。比如，对输入的信息有一定的完整性要求。不完整的信息将可能造成信息加工无法顺利进行；对句子中词汇排列有顺序上的要求，语序混乱的句子也同样会造成语言加工的困难。对信息诸如此类的要求反映了人的认知加工具有的共同规律，句法意识中诸如完整性意识和词序意识这样的成分实际上反映了人类语言认知加工的共同规律。

研究三的结果揭示了汉、英句法意识之间迁移发生的基本机制，即迁移的发生是以语言共性为基础的动态过程。

如何解释迁移发生的基本机制呢？这个问题应该从两个层次来看，第一个层次是为什么会发生迁移？这可以从以下两个方面来解释。

（1）汉、英句法结构之间的共性是迁移发生的基础。

学习迁移是指一种学习对另一种学习的影响，或习得的经验对完成其他活动的影响，其实质是经验的整合（冯忠良、伍新春、姚梅林、王建敏，2010）。迁移反映的就是事物之间的相互影响和联系。以往心理学关于迁移研究的成果表明共性或相似性是迁移产生的基础，这已是基本共识。对比语言学的相关研究成果也表明汉、英两种语言之间在句法结构上存在共性（参见第六章有关内容）。这些共性是句法意识迁移得以产生的前提条件。句法结构的共性必然反映到句法意识上，因为这些知识和经验是类似的。研究三的结果清楚地表明汉、英句法结构的共性是迁移发生的基础。研究三把汉、英句法意识在经过理论论证的基础上按照共性程度大小分成了三个水平，研究结果表明共性程度越高的句法意识越容易发生迁移，而像汉语把字句意识和英语搭配照应意识这样基本没有多少共性的句法意识成分之间则很难发生迁移，它们之间甚至没有显著的相关性。具有中度相似性的存在句意识在前三个年级都没有显著的相关性，只是在大一年级才发生了汉语向英语的迁移。迁移最多的是那些具有高度相似性的句法意识成分（表7-2）。所以，句法意识迁移发生的基础性条件是成分之间具有的共性。

（2）人类基本认知规律的作用是迁移发生的动力。

仅有句法成分之间的共性并不足以导致迁移一定发生。迁移是人类的一种心理活动或过程，迁移的发生也离不开人类基本认知规律的推动作用，主要是抽象和范畴化。抽象是思维的基本方法之一，和归纳法、演绎法一样，属于人类基本的认知规律。学习者在学习语言的过程中，要接触大量的语言材料，遇到各种具体的句子，这些语句中包含了各种句法结构。抽象思维可以让学习者从所接触的大量语句中排除语句的个别性，抽取出共同的句法规则，把具有某种共性的句法进行归类，即范畴化（categorization）（Croft & Cruse，2004；Dienhart，1999；Lakoff，1987；Taylor，1995；Ungerer & Schmid，2001），从而更有利于认识和把握句法规则。范畴化也是人类认知世界的基本思维规律。人从一出生开始就在对世界进行分割归类，对所获得的各种知识进行范畴化。而范畴化的过程必然会使类似的知识和经验得到整合，这就是迁移。范畴化符合人类认知世界的要求，因为人的心理资源是有限的，人脑所接收的大量信息不可能每一条都单独储存，那样会耗费太多的心理资源，加重认知负担，令人难以承受。这也不符合人们的常识。所以人脑会把所接收到的信息，所获得的知识和经验进行归类，进行范畴化，而能够被归为一个范畴的事物一定具有某方面的相似性。

句法知识是在语言学习中获得的语言知识，人在学习语言时，由于基本认知规律的作用，也会把所学知识进行范畴化，以提高对语言规律的把握。类似知识的整合结果就是形成不同范畴的句法知识。不同的句法意识成分实际上反映了个体对不同范畴的句法知识的使用能力。

以上两点可以解释句法意识迁移为什么会发生。句法意识迁移的发生本质上就是类似的句法知识在个体认知规律的推动下发生的范畴化过程。从这个意义上来说，汉、英句法意识的迁移有其必然性。因此，迁移体现了人认识世界的一般思维规律。

第二层次的问题，句法意识迁移为什么会以这样的方式发生呢？为什么即便在"共性"的句法意识之间也并不都存在迁移？为什么在不同阶段的学习者同一句法意识维度迁移迁移强度会出现差异？为什么"共性"的句法意识在不同年级对跨语言具体语言能力的预测力和预测路径会不相同？

简而言之，这是由于特殊因素作用的结果，而这些因素又处于动态发展之中。

上面两个一般因素，只是使句法意识迁移具有了必然性，这种必然性是一般规律。但迁移发生的具体方式还需要有各种特殊因素的作用，即在特定条件下句法意识迁移以什么样的实际方式发生，这是由各种偶然因素共同决定的。主导的"共性"并不意味着全面的迁移，具体的迁移表现是由具体的偶然因素共同作用的结果，所以各成分之间会表现出特殊性。共性也不是一成不变的，汉、英之间对应的成分在不同的年级阶段相关性程度并不相同（表6-4），这表明"共性"也是动态变化的。所有这些具体的因素决定了究竟哪些句法意识成分可以发生迁移，哪些不可以，迁移发生的时间、方向、速度等具体方式。这些因素包括被试对于现有句法知识的概括水平、清晰度等，还包括主体自身的智力、年龄，以及对学习对象之间相似度的意识敏锐性等。格式塔心理学家提出的关系转换说就认为迁移的关键是看主体是否能"顿悟"两种学习情境之间的共同关系。这里所谓的"顿悟"就是指学习者能够认识到事物之间的相似性。这说明在迁移中主体自身的因素是很重要的。本研究所考察的影响制约因素主要是年龄、一般智力、语言水平三个因素，理论预期上它们可能会对迁移产生影响。从研究结果来看语言水平的影响最为显著。

研究四通过句法意识成分对跨语言阅读能力的作用，对迁移的效应进行了检验。这种检验本质上是要看发生迁移的句法意识，它们之间关系的密切程度究竟有多深。关系密切程度不同，产生的效应自然也会不同。研究结果表明发生迁移的句法意识对跨语言的阅读会产生影响，但影响的具体表现在不同的成分之间存在差异。"共性"的句法意识在不同年级对跨语言具体语言能力的预测力和预测路径会不相同。对这一结果也可以用与上面类似的观点进行解释。因为句法意识之间发生了迁移，那么就会产生影响，因为有因就会有果，这是必然规律。但是这种影响的具体表现是怎样的？包括产生效应的时间、方向、效应大小等，这些具体的表现方面是由各种具体因素综合决定的。研究四种考察了双语水平、智力和年龄等几个因素，结果发现双语水平作用最为显著，是句法意识对阅读产生迁移效应的中介变量。另外，研究四表明，并非所有发生迁移的句法意识都能够在跨语言阅读中产生效应，只有那些迁移达到一定强度的句法意识才能够在跨语言阅读中产生作用。

总之，句法意识的迁移既有必然性，也有偶然性，是一般规律和特殊规律的辩证统一。各种具体因素对迁移的影响大小是不同的，影响的最终结果取决于它们相互之间动态的综合作用。

第三节　句法意识的本质特性

以往的句法意识研究对句法意识的作用关注较多，尤其是对阅读发展的作用（Bowey，1986b；Bowey & Patel，1988；Cain，2007；Chik, et al.，2012a；Fowler，1988；Miller，2010；Nation & Snowling，2000；Plaza & Cohen，2003；Taylor， et al.，2012)。在双语认知研究中，研究们也主要是关注双语者的元语言意识优势问题，即双语经验对双语者元语言意识发展的影响，研究常把句法意识和其他元语言意识结合起来一起作为考察的变量（Barac & Bialystok，2011，2012；Bialystok，2005；Cummins，1978；Eviatar & Ibrahim，2000)。但是对于句法意识自身的本质特性问题关注得比较少，这是由于在元语言意识研究中，总体上对元语言意识本身的特性关注较少，而句法意识是元语言意识的一种。

在元语言意识研究中，关于元语言意识有什么样的本质特性，它和元认知能力之间究竟是什么关系，至今还不清楚，相关的问题还处在争议之中（参见第二章第一节)。因此，对句法意识本质特性的了解有助于对元语言意识本质特性的认识。换句话说，对群体中个别成员的了解有助于增加对整个群体的认识。

本研究通过对汉、英双语者句法意识发展之间关系的研究所获得的结果表明句法意识是一种可以跨语言迁移的能力。那么这个结果对于了解句法意识的本质特性有什么意义呢？可以逐层进行分析。

元认知就是对认知的认知（cognition about cognition)（Flavell，1979：906)，是反映或调节认知活动的任一方面的知识或认知活动（Flavell，1979：907)。从元认知的定义可以看出，元认知和认知的区别就在于元认知是把认知活动的任一方面作为认知的对象，这里涉及的一个基本变化是认知目标的转移。认知活动的目标是具体的认知操作对象，而元认知活动的目标转向了认知活动本身，包括与认知活动有关的一切知识。元认知活动要求认知主体能够从具体的认知活动中抽身出来，与认知目标拉开一定的距离，把注意力转向认知活动，对认知活动本身进行审视，并对其进行管理与调控。这对认知主体提出了更高的要求，要求主体的注意力能够在两个层次的活动之间往返，能够灵活变换注意的目标。这是元认知能力的本质特征。

那么句法意识属不属于元认知能力呢？这就需要了解句法意识有什么本质特性，这个特性是否和元认知能力相符合，这个特性是否能反映元认知能力的本质特征。

第一，从句法意识的本质上来看，句法意识是对语言中句子组织规则的心理操作能力。而语言交际的目的是语义的传达。可以说语言交流活动的本身是语义的获得或传达。在正常的语言交流中，句法是不被注意的，只有当语义因为句法问题使语言交流受阻，不能获得语义或不能准确传递出语义时，交际者才会停下来，思考句法问题。这时，主体的注意力已经从语义转向了如何解析句子结构，或如何组织句子成分。这个过程实际上已经高出了语义传递过程本身，是对语言交流过程的管理和调控，体现了元认知活动的本质特征。

第二，本研究的结果发现句法意识可以发生跨语言的迁移，这是本研究最主要的发现。那么句法意识的迁移又能说明什么呢？句法意识迁移是认知主体相似句法知识或句子处理经验的整合。而句法知识或句子处理经验本来就是从一次一次具体的认知过程（即句子处理过程）中归纳和抽象出来的。也就是说，句法意识的迁移本身已经从具体的认知活动中脱离了出来，是在元认知的层次上进行的，而不是在认知过程的层次上进行的。迁移的是句子处理的知识或经验。句法意识迁移的目标指向就是为了对认知过程进行调节以促进认知活动的顺利完成。所以，句法意识的迁移体现了元认知活动的本质特征。

综合这两个方面的分析，似乎可以认为句法意识是一种元认知能力。本研究从其中一个方面提供了实证证据，证实句法意识是可以迁移的，而迁移体现了元认知能力的本质特征。

参 考 文 献

陈宝国,陈雅丽.2008. 小学儿童句法意识、语音意识与阅读理解成绩的关系. 心理科学,31(4):892-895.

陈伟,周维杰.2013. 应用语言学研究新取向:全球化语境——《新自由主义与应用语言学》综评. 外国语,36(1):82-87.

陈雅丽,陈宝国.2006. 儿童句法意识与阅读能力发展的关系. 心理科学进展,14(1):53-59.

恩格斯.1984. 自然辩证法. 于光远等译编. 北京:人民出版社.

封宗信.2005. 语言学的元语言及其研究现状. 外语教学与研究,37(6):403-410.

冯忠良,伍新春,姚梅林,王建敏.2010. 教育心理学(第二版). 北京:人民教育出版社.

高文成.2007. 认知语言学理论框架下的英汉存在句对比研究. 上海:上海外国语大学博士学位论文.

高文成.2008. 英汉存在句认知对比研究. 武汉:武汉大学出版社.

龚少英.2007. 4~5岁幼儿把字句和被字句句法意识发展的特点. 教育科学,23(1):92-94.

龚少英,彭聃龄.2008a. 4~10岁汉语儿童句法意识的发展. 心理科学,31(2):346-349.

龚少英,彭聃龄.2008b. 句法复杂性对句法意识发展的影响.语言研究,28(1):79-83.

龚少英,徐先彩,刘华山.2010. 英语句法意识、阅读理解监控与背景信息利用的关系. 心理学探新,30(3):34-38.

龚少英,徐先彩,叶晶,等.2009. 初一英语语音意识、句法意识、工作记忆与英语阅读的关系. 湖南师范大学教育科学学报,8(1):91-95.

何善芬.2002. 英汉语言对比研究. 上海:上海外语教育出版社.

何晓群,刘文卿.2011. 应用回归分析(第三版). 北京:中国人民大学出版社.

侯丽白,郑文辉.1996. 关于逻辑史上对悖论问题的解决. 学术研究,12:40-44.

姜雪凤.2003. 语音意识、句法意识对初二学生英语阅读的影响研究. 重庆:西南师范大学硕士学位论文.

李葆嘉.2002. 汉语元语言系统研究的理论建构及应用价值. 南京师大学报(社会科学版),4:140-147.

刘儒德.2001. 论建构主义学习迁移观. 北京师范大学学报(人文社会科学版),166(4):106-112.

刘莹.2011. 中国儿童英汉语音意识、拼音技能和英语单词认读能力研究. 北京:科学出版社.

刘莹,董燕萍.2006. 汉语儿童英汉语语音意识和英语单词认读能力的关系. 心理科学,29(4):

960-962.

陆爱桃，张积家. 2006. 阅读流畅性研究及其进展. 心理科学，29（2）：376-379.

罗艳萍. 2010. 大学生英语语音、句法意识与英语阅读水平关系研究. 桂林：广西师范大学硕士学位论文.

孟庆茂，常建华. 1998. 实验心理学. 北京：北京师范大学出版社.

潘文国. 1997. 汉英语对比纲要. 北京：北京语言文化大学出版社.

潘文国. 2010. 汉英语言对比概论. 北京：商务印书馆.

彭聃龄. 2001. 普通心理学. 北京：北京师范大学出版社.

皮亚杰，J. 英海尔德，B. 1981. 儿童心理学. 吴福元译. 1981. 北京：商务印书馆.

秦晓晴. 2003. 外语教学研究中的定量数据分析. 武汉：华中科技大学出版社.

邵瑞珍. 1997. 教育心理学. 上海：上海教育出版社.

舒华，张亚旭. 2008. 心理学研究方法：实验设计和数据分析. 北京：人民教育出版社.

宋正国. 1992. 4-8岁儿童句子可接受性判断能力及其特点. 心理科学，（5）：23-29.

苏新春. 2003. 元语言研究的三种理解及释义型元语言研究评述. 江西师范大学学报（哲学社会科学版），36（6）：93-102.

汪玲，方平，郭德俊. 1999. 元认知的性质、结构与评定方法. 心理学动态，7（1）：6-11.

王孝玲. 2001. 教育统计学. 上海：华东师范大学出版社.

文秋芳，俞洪亮，周维杰. 2004. 应用语言学研究方法与论文写作. 北京：外语教学与研究出版社.

文旭. 2001. 认知语言学：诠释与思考. 外国语，132（2）：29-36.

吴师伟. 2012. 小学生汉英语音意识、句法意识在双语语篇阅读中的作用. 咸阳师范学院学报，27（4）：102-105.

徐芬. 2002. 儿童汉语和英语语音意识的发展特点及其相互关系. 杭州：浙江大学博士学位论文.

徐芬，董奇. 2005. 汉语儿童汉语与英语语音意识发展的关系. 心理发展与教育，（1）：31-35.

徐通锵. 1991. 历史语言学. 北京：商务印书馆.

许政援. 1994a. 儿童语言和认知（思维）发展的关系. 心理学报，26（4）：347-353.

许政援. 1994b. 对儿童语言获得的几点看法——从追踪研究结果分析影响儿童语言获得的因素. 心理发展与教育，（3）：1-6.

俞理明. 2004. 语言迁移与二语习得：回顾、反思和研究. 上海：上海外语教育出版社.

余建英，何旭宏. 2003. 数据统计分析与SPSS应用. 北京：人民邮电出版社.

章永生. 1996. 教育心理学. 石家庄：河北教育出版社.

朱曼殊，武进之. 1982. 对正常儿童、聋哑儿童和盲童的一项比较研究——语言和思维发展的关系. 心理科学通讯，（1）：15-21.

朱滢. 2000. 实验心理学. 北京：北京大学出版社.

朱智贤. 1991. 心理学大词典. 北京：北京师范大学出版社.

Abu-Rabia, S. & Siegel, L. S. 2002. Reading, syntactic, orthographic, and working memory skills of bilingual Arabic-English speaking Canadian children. *Journal of Psycholinguistic Research*, 31（6）: 661-678.

Alan, G. K. & Linda, A. K. 1985. Metalinguistic awareness in normal and language-disordered children. *Language, Speech, and Hearing Services in Schools*, 16: 199-210.

Albert, M. L. & Obler, L. K. 1978. *The Bilingual Brain: Neuropsychological and Neurolinguistic Aspects of Bilingualism*. New York: Academic Press.

Apel, K., Wilson-Fowler, E. B., Brimo, D. & Perrin, N. A. 2012. Metalinguistic contributions to reading and spelling in second and third grade students. *Read Writ*, 25: 1283-1305.

Baddeley, A. 1992. Working memory. *Science*, 255: 556-559.

Baddeley, A. 1998. Working memory. *Life Science*, 321: 167-173.

Barac, R. & Bialystok, E. 2011. Cognitive development of bilingual children. *Language Teaching*, 44（1）: 36-54.

Barac, R. & Bialystok, E. 2012. Bilingual effects on cognitive and linguistic development: Role of language, cultural background, and education. *Child Development*, 83（2）: 413-422.

Barron, A. 2002. *Acquisition in IL Pragmatics: How to Do Things With Words in a Study Abroad Context*. Amsterdam: John Benjamins.

Baugh, A. C. & Cable, T. 2002. *A History of the English Language*（5 th ed）London: Routledge.

Belz, J. & Kinginger, C. 2002. The cross-linguistic development of address form use in telecollaborative language learning: Two case studies. *Canadian Modern Language Review*, 59: 189-214.

Benelli, B., Belacchi, C., & Gini, G., et al. 2006. To define means to say what you know about things: The development of definitional skills as metalinguistic acquisition. *Journal of Child Language*, 33: 71-97.

Benson, C. 2002. Transfer/cross-linguistic influence. *ELT Journal*, 56（1）: 68-70.

Bentin, S., Deutsch, A. & Liberman, I. Y. 1990. Syntactic competence and reading ability in children. *Journal of Experimental Child Psychology*, 49（1）: 147-172.

Bialystok, E. 1986. Factors in the growth of linguistic awareness. *Child Development*, 57: 498-510.

Bialystok, E. 1988. Aspects of linguistic awareness in reading comprehension. *Applied Psycholinguistics*, 9（2）: 123-139.

Bialystok, E. 2001a. *Bilingualism in Development: Language, Literacy, and Cognition*. Cambridge: Cambridge University Press.

Bialystok, E. 2001b. Metalinguistic aspects of bilingual processing. *Annual Review of Applied Linguistics*, 21: 169-181.

Bialystok, E., Peets, K. F. & Moreno, S. 2014. Producing bilinguals through immersion education: Development of metalinguistic awareness. *Applied Psycholinguistics*, 35: 177-191.

Bianco, M., Pellenq, C., & Lambert, E., et al. 2012. Impact of early code-skill and oral-comprehension training on reading achievement in first grade. *Journal of Research in Reading*, 35 (4): 427-455.

Bindman, M. 2004. Grammatical awareness across languages and the role of social context: Evidence from English and Hebrew. In T. Nuners & P. Bryant (Eds.), *Handbook of Children's Literacy* (pp. 691-709). Britain: Kluwer Academic Publishers.

Birney, D. P. & Sternberg, R. J. 2006. Intelligence and cognitive abilities as competencies in development. In E. Bialystok & F. L. M. Craik (Eds.), *Lifespan Cognition* (pp. 315-330). New York: Oxford University Press.

Blackmore, A. M, Pratt, C. & Dewsbury, A. 1995. The use of props in a syntactic awareness task. *Journal of Child Language*, 22: 405-421.

Bowey, J. A. & Patel, R. K. 1988. Metalinguistic ability and early reading achievement. *Applied Psycholinguistics*, 9 (4): 367-383.

Bowey, J. A. 1986a. Syntactic awareness and verbal performance from preschool to fifth grade. *Journal of Psycholinguistic Research*, 15 (4): 285-308.

Bowey, J. A. 1986b. Syntactic awareness in relation to reading skill and ongoing reading comprehension monitoring. *Journal of Experimental Child Psychology*, 41 (2): 282-299.

Brooks, P. J. & Kempe, V. 2013. Individual differences in adult foreign language learning: The mediating effect of metalinguistic awareness. *Mem Cogn*, 41: 281-296.

Brown, H. D. 2006. *Principles of Language Learning and Teaching* (5th ed) Hong Kong: Pearson.

Brown, J. D. 2001. *The Elements of Language Curriculum: A Systematic Approach to Program Development*. Beijing: Foreign Language Teaching and Research Press.

Bukatko, D. & Daehler, M. W. 2004. Child Development—A Thematic Approach. Boston: Houghton Mifflin Company.

Bussmann, H. 2000. *Routledge Dictionary of Language and Linguistics*. Beijing: Foreign Language Teaching and Research Press.

Cain, K. 2007. Syntactic awareness and reading ability: Is there any evidence for a special relationship? *Applied Psycholinguistics*, 28: 679-694.

Cairns, H. S., Schlisselberg, G., & Waltzman, D., et al. 2006. Development of a metalinguistic skill: Judging the grammaticality of sentences. *Communication Disorders Quarterly*, 27(4): 213-220.

Castiglioni-Spalten, M. L. & Ehri, L. C. 2003. Phonemic awareness instruction: Contribution of articulatory segmentation to novice beginners' reading and spelling. *Scientific Studies of Reading*, 7 (1): 25-52.

Cazden，C. B. 1974. Play and metalinguistic awareness：One dimension of language experience. *The Urban Review*，7（1）：28-39.

Chen，X.，Xu，F.，Nguyen，T.，& Hong，G.，et al. 2010. Effects of Cross-language transfer on first-language phonological awareness and literacy skills in Chinese children receiving English instruction. *Journal of Educational Psychology*，102（3）：712-728.

Chiappe，P.，Siegel，L. S. & Wade-Woolley，L. 2002. Linguistic diversity and the development of reading skills：A longitudinal study. *Scientific Studies of Reading*，6（4）：369-400.

Chik，P. P.，Ho，C. S.，& Yeung，P.，et al. 2012b. Erratum to：Contribution of discourse and morphosyntax skills to reading comprehension in Chinese dyslexic and typically developing children. *Annals. of Dyslexia*，62：19-21.

Chik，P. P.，Ho，C. S.，& Yeung，P.，et al. 2012c. Contribution of discourse and morphosyntax skills to reading comprehension in Chinese dyslexic and typically developing children. *Annals of Dyslexia*，62：1-18.

Chik，P. P.，Ho，C. S.，Yeung，P.，& Chan，D. W.，et al. 2012a. Syntactic skills in sentence reading comprehension among Chinese elementary school children. *Read Writ*，25：679-699.

Chomsky，C. 1969. *The Acquisition of Syntax in Children from 5 to 10*. Cambridge，MA：The MIT Press.

Chomsky，N. 1975. *Reflections on Language*. New York：Pantheon.

Chow，B. W.，McBride-Chang，C. & Borgess，S. 2005. Phonological processing skills and early reading abilities in Hong Kong kindergarteners learning to read English as a second language. *Journal of Educational Psychology*，97（1）：81-87.

Clark，E. V. 1978. Awareness of language：Some evidence from what children say and do. In A. Sinclair，R. J. Jarvella & W. F. Levelt（Eds.），*The child's conception of language*（pp. 17-45）. New York：Springer-Verlag.

Cook，G. 2003. *Applied Linguistics*. Oxford：Oxford University Press.

Cormier，P. & Kelson，S. 2000. The roles of phonological and syntactic awareness in the use of plural morphemes among children in French immersion. *Scientific Studies of Reading*，4（4）：267-293.

Craik，F. I. M. & Lockheart，R. S. 1972. Levels of processing：A framework for memory research. *Journal of Verbal Learning and Verbal Behavior*，11：671-684.

Craik，F. I. M. & Tulving，E. 1975. Depth of processing and the retention of words in episodic memory. *Journal of Experimental Psychology*，104：268-294.

Croft，W. 2000. *Typology and Universals*. Beijing：Foreign Language Teaching and Research Press.

Croft，W. A. & Cruse，D. A. 2004. *Cognitive Linguistics*. Cambridge：Cambridge University

Press.

Crystal, D. 1991. *A Dictionary of Linguistics and Phonetics*. Cambridge, MA: Blackwell Publishing.

Cummins, J. 1978. Bilingualism and the development of metalinguistic awareness. *Journal of Cross-cultural Psychology*, 9 (2): 131-149.

da Fontoura, H. A. D. A. & Siegel, L.S. 1995. Reading, syntactic, and working memory skills of bilingual Portuguese-English Canadian children. *Reading and Writing: An Interdisciplinary Journal*, 7 (1): 139-153.

Davidson, D., Raschke, V. R. & Pervez, J. 2009. Syntactic awareness in young monolingual and bilingual (Urdu-English) children. *Cognitive Development*, DOI: 10.1016/j.cogdev. 2009.07.003.

Davies, A. & Elder, C. 2004. *The Handbook of Applied Linguistics*. Cambridge: MA: Blackwell Publishing.

de Andrade, V. C. & Fernandes, F. D. M. 2011. Syntactic awareness: Probable correlations with central coherence and non-verbal intelligence in autism. *J Soc Bras Fonoaudiol*, 23 (2): 142-151.

de Saussure, F. 2001. *Course in General Linguistics*. Beijing: Foreign Language Teaching and Research Press.

de Villiers, P. A. & de Villiers, J. G. 1972. Early judgments of semantic and syntactic acceptability by children. *Journal of Psycholinguistic Research*, 1 (4): 299-310.

Dehaene, S., Naccache, L., & Cohen, L., et al. 2001. Cerebral mechanisms of word masking and unconscious repetition priming. *Nature, Neuroscience*, 4 (7): 752-758.

Demont, E. & Gombert, J. E. 1996. Phonological awareness as a predictor of recoding skills and syntactic awareness as a predictor of comprehension skills. *British Journal of Educational Psychology*, 66 (3): 315-332.

Deutsch, A. & Bentin, S. 1996. Attention factors mediating syntactic deficiency in reading-disabled children. *Journal of Experimental Child Psychology*, 63: 386-415.

Dienhart, J. M. 1999. A linguistic look at riddles. *Journal of Pragmatics*, 31: 95-125.

Doherty, M. & Perner, J. 1998. Metalinguistic awareness and theory of mind: Just two words for the same thing? *Cognitive Development*, 13: 279-305.

Downing, J. 1979. *Reading and Reasoning*. Edinburgh: Chambers.

Dunabeitia, J. A., Perea, M. & Carreiras, M. 2010. Masked translation priming effects with highly proficient simultaneous bilinguals. *Experimental Psychology*, 57 (2): 98-107.

Durgunoğlu, A. Y., Nagy, W. E. & Hancin-Bhatt, B. J. 1993. Cross-language transfer of phonological awareness. *Journal of Educational Psychology*, 85 (3): 453-465.

Ellis, R. 1994. *The Study of Second Language Acquisition*. Oxford: Oxford University Press.

Ellis，R. 1997. *Second Language Acquisition*. Oxford: Oxford University Press.

Emmert-Streib，F. & Dehmer，M. 2009. *Information Theory and Statistical Learning*. Berlin: Springer.

Evans，V. & Green，M. 2006. *Cognitive Linguistics: An Introduction*. Edinburgh: Edinburgh University Press.

Eviatar，Z. & Ibrahim，R. 2000. Bilingual is as bilingual does: Metalinguistic abilities of Arabic-speaking children. *Applied Psycholinguistics*，21: 451-471.

Flavell，J. H. & Wellman，H. M. 1977. Metamemory. In R. V. Kail & W. Hagen（Eds.），*Perspectives on the Development of Memory and Cognition*（pp. 3-33）. New Jersey: Erlbaum.

Flavell，J. H. 1976. Metacognitive aspects of problem solving. In L. B. Resnick（Ed.），*The Nature of Intelligence.*（pp. 231-235）. New Jersey: Erlbaum.

Flavell，J. H. 1979. Metacogntion and cognitive monitoring: A new area of cognitive developmental inquiry. *American Psychologist*，34: 906-911.

Flood，J. & Menyuk，P. 1983. The development of metalinguistic awareness and its relation to reading achievement. *Journal of Applied Developmental Psychology*，4（1）: 65-80.

Foursha-Stevenson，C. & Nicoladis，E. 2011. Early emergence of syntactic awareness and cross-linguistic influence in bilingual children's judgments. *International Journal of Bilingualism*，15（4）: 521-534.

Fowler，A. E. 1988. Grammaticality judgments and reading skill in grade 2. *Annals of Dyslexia*，38: 73-94.

Friesen，D. C. & Jared，D. 2007. Cross-language message- and word-level transfer effects in bilingual text processing. *Memory & Cognition*，35（7）: 1542-1556.

Galambos，S. J. & Hakuta，K. 1988. Subject-specific and task-specific characteristics of metalinguistic awareness in bilingual children. *Applied Psycholinguistics*，9: 141-162.

Geva，E. & Siegel，L. 2000. Orthographic and cognitive factors in the concurrent development of basic reading skills in two languages. *Reading and Writing: An Interdisciplinary Journal*，12: 1-30.

Gleitman，L. R.，Gleitman，H. & Shipley，E. F. 1972. The emergence of the child as grammarian. *Cognition*，203（1）: 137-164.

Gombert，J. E. 1992. *Metalinguistic Development*. Chicago: University of Chicago Press.

Goodman，K. S. 1967. Reading: A psychological guessing game. *Journal of the Reading Specialist*，6: 126-135.

Gottardo，A.，Stanovich，K. E. & Siegel，L. S. 1996. The relationship between phonological sensitivity，syntactic procession，and verbal working memory in the reading performance of third-grade children. *Journal of Experimental Child Psychology*，63（3）: 563-582.

Gottardo，A.，Yan，B.，& Siegel，L. S.，et al. 2001. Factors related to English reading performance in children with Chinese as a first language: More evidence of cross-language transfer of phonological processing. *Journal of Educational Psychology*, 93 (3): 530-542.

Grosjean, F. 2013. Bilingualism: A short introduction. In Grosjean, F., Ping, L., et al. (Eds.), *The Psycholinguistics of Bilingualism* (pp. 5-25). Hoboken, NJ: Wiley-Blackwell.

Hakes, D. T. 1980. *The Development of Metalinguistic Abilities in Children*. Berlin: Springer-Verlag.

Hakes, D. T. 1982. The development of metalinguistic abilities: What develops? S. In Kuczaj (Ed.), *Language Development: Volume 2. Language, Thought, and Culture* (pp. 163-202). Hillsdale, NJ: Lawrence Erlbaum Associates.

Hakuta, K. 1987. Degree of bilingualism and cognitive ability in mainland Puerto Rican children. *Child Development*, 58: 1372-1388.

Hamrick, P. 2014. A role for chunk formation in statistical learning of second language syntax. *Language Learning*, 64 (2): 247-278.

Harman, G. & Kulkarni, S. 2012. *Reliable Reasoning : Induction and Statistical Learning Theory*. Massachusetts: Bradford Books.

Hester, E. J. & Pellowski, M. W. 2014. Speech disruptions in the narratives of African American children with reading disabilities. *Journal of Development & Physical Disabilities*, 26 (1): 83-92.

Hulme, C. 2002. Phonemes, rimes, and the mechanisms of early reading development. *Journal of Experimental Child Psychology*, 82: 58-64.

Janse, E., deBree, E. & Brouwer, S. 2010. Decreased sensitivity to phonemic mismatch in spoken word processing in adult developmental dyslexia. *Journal of Psycholinguist Research*, 39: 523-539.

Jessner, U. 2006. *Linguistic Awareness in Multilinguals : English as a Third Language*. Edinburgh: Edinburgh University Press.

Kamhi, A. G. & Koenig, L. A. 1985. Metalinguistic awareness in normal and language-disordered children. *Language, Speech, and Hearing Services in Schools*, 16: 199-210.

Karmiloff-Smith, A., Grant, J., & Sims, K., et al. 1996. Rethinking metalinguistic awareness: representing and accessing knowledge about what counts as a word. *Cognition*, 58: 197-219.

Kellerman, E. 1995. Cross-linguistic influence: Transfer to nowhere? *Annual Review of Applied Linguistics*, 15: 125-150.

Krashen, S. D. 1982. *Principles and Practice in Second Language Acquisition*. Oxford: Pergamon Press.

Krashen, S. D. 1985. *The Input Hypothesis: Issues and Implications*. New York: Longman.

Krashen, S. D. 1988. *Second Language Acquisition and Second Language Learning.* Upper Saddle River, NJ: Prentice Hall.

Lackoff, G. 1987. *Women, Fire, and Dangerous Things.* Chicago: The University of Chicago Press.

Layton, A., Robinson, J. & Lawson, M. 1998. The relationship between syntactic awareness and reading performance. *Journal of Research in Reading*, 21 (1): 5-23.

Lefrançois, P. & Armand, F. 2003. The role of phonological and syntactic awareness in second-language reading: The case of Spanish-speaking learners of French. *Reading and Writing: An Interdisciplinary Journal*, 16: 219-246.

Leikin, M. & Assayag-Bous, O. 2004. Expression of syntactic complexity in sentence comprehension: A comparison between dyslexic and regular readers. *Reading and Writing: An Interdisciplinary Journal*, 17: 801-821.

Leikin, M., Schwartz, M. & Share, D. L. 2009. General and specific benefits of biliterate bilingualism: A Russian-Hebrew study of beginning literacy. *Read Writ*, 23: 269-292.

Leonard, L., Bolders, J., & Curtiss, R. 1977. On the nature of children's judgments of linguistic features : Semantic relations and grammatical morphemes. *Journal of Psycholinguistic Research*, 6: 233-245.

Lowder, M. W., Choi, W. & Gordon, P. C. 2013. Word recognition during reading: The interaction between lexical repetition and frequency. *Memory & Congnition*, 41: 738-751.

Martohardjono, G., Otheguy, R., & Garbriele, A., et al. 2005. The role of syntax in reading comprehension: A study of bilingual readers. In J. Cohen, et al. (Eds.), *Proceedings of the 4th International Symposium on Bilingualism.* (pp. 1522-1544). Somerveille, MA: Cascadilla Press.

Mayo, C., Scobbie, J. M., & Hewlett, N., et al. 2003. The influence of phonemic awareness development on acoustic cue weighting strategies in children's speech perception. *Journal of Speech, Language, and Hearing Research*, 46: 1184-1196.

McBride-Chang, C. & Ho, C. S. H. 2005. Predictors of beginning reading in Chinese and English: A 2-year longitudinal study of Chinese kindergartners. *Scientific Studies of Reading*, 9 (2): 117-144.

Miller, P. 2010. Phonological, orthographic, and syntactic awareness and their relation to reading comprehension in prelingually deaf individuals: What can we learn from skilled readers? *Journal of Developmental & Physical Disabilities*, 22 (6): 549-580.

Miller, P., Kargin, T. & Guldenoglu, B. 2013. The reading comprehension failure of Turkish prelingually deaf readers: Evidence from semantic and syntactic processing. *Journal of Developmental & Physical Disabilities*, 25 (2): 221-239.

Myers，S. & Robertson，E. K. 2014. A closer look at phonology as a predictor of spoken sentence processing and word reading. *Journal of Psycholinguist Research*，DOI：10.1007/s10936-014-9292-8.

Nation，K. & Snowling，M. J. 2000. Factors influencing syntactic awareness skills in normal readers and poor comprehenders. *Applied Psycholinguistics*，21（2）：229-241.

Nelson，T. O. 1996.Consciousness and metacognition. *American Psychologist*，51（2）：102-116.

Nunan，D. 2001. *Second Language Teaching and Learning*. Beijing：Foreign Language Teaching and Research Press.

Paradis，M. 1986. Foreword. In J. Vaid(Ed.)，*Language Processing in Bilinguals：Psycholinguistic and Neurolinguistic Perspectives*. Hillsdale，New Jersey：Erlbaum.

Partanen，M. & Siegel，L. S. 2014. Long-term outcome of the early identification and intervention of reading disabilities. *Reading & Writing An Interdisciplinary Journal*，27（4）：665-684.

Pinto，M. A.，Iliceto，P. & Melogno，S. 2012. Argumentative abilities in metacognition and in metalinguistics：a study on university students. *European Journal of Psychology of Education*，27（1）：35-58.

Plaza，M. & Cohen，H. 2003. The interaction between phonological processing，syntactic awareness，and naming speed in the reading and spelling performance of first-grade children. *Brain and Cognition*，53（2）：287-292.

Plaza，M. & Cohen，H. 2004. Predictive influence of phonological processing，morphological/syntactic skill，and naming speed on spelling performance. *Brain and Cognition*，55（2）：368-373.

Pratt，C.，Tunmer，W. E. & Bowey，J. A. 1984. Children's capacity to correct grammatical violations in sentences. *Journal of Child Language*，11：129-141.

Quiroz，B. G.，Snow，C. E. & Zhao，J. 2010. Vocabulary skills of Spanish-English bilinguals：impact of mother—child language interactions and home language and literacy support. *International Journal of Bilingualism*，14（4）：379-399.

Ramirez，G.，Chen，X. & Pasquarella，A. 2013. Cross-linguistic transfer of morphological awareness in Spanish-speaking English language learners：The facilitating effect of cognate knowledge. *Topics in Language Disorders*，33（1）：73-92.

Ramirez，G.，Chen，X.，& Geva，E.，et al. 2010. Morphological awareness in Spanish-speaking English language learners：Within and cross-language effects on word reading. *Read Writ*，23：337-358.

Read，C. 1978. Children's awareness of language，with emphasis on sound system. In A. Sinclair，R. J. Jarvella & W. J. M. Levelt（Eds.），*The Child's Conception of Language*. Berlin：Springer-Verlag.

Reder, F., Marec-Breton, M., & Gombert, J., et al. 2013. Second-language learners' advantage in metalinguistic awareness: A question of languages' characteristics. *British Journal of Educational Psychology*, 83: 686-702.

Rego, L. L. B. 1997. The connection between syntactic awareness and reading: Evidence from Portuguese-speaking children taught by a phonic method. *International Journal of Behavioral Development*, 20 (2): 349-365.

Richards, J. C., Platt, J. & Platt, H.. 2000. Longman Dictionary of Language Teaching & Applied Linguistics. Beijing: Foreign Language Teaching and Research Press.

Riley, K. 1987. The metalanguage of transformational syntax: relations between jargon and theory. *Semiotica*, 67: 173-94.

Roberts, T. A. 2005. Articulation accuracy and vocabulary size contributions to phonemic awareness and word reading in English language Learners. *Journal of Educational Psychology*, 97 (4): 601-616.

Robins, R. H. 2000. *General Linguistics*. Beijing: Foreign Language Teaching and Research Press.

Rossiter, C. M. 1974. Instruction in metacommunication. *Central States Speech Journal*, 25 (1): 36-42.

Salkind, N.J. 2002. Child Development. New York: Macmillan Reference USA.

Sanchez, C. A., Wiley, J., & Miura, T. K., et al. 2010. Assessing working memory capacity in a non-native language. *Learning and Individual Differences*, 20: 488-493.

Schiff, R. & Ravid, D. 2012. Linguistic processing in Hebrew-speaking children from low and high SES backgrounds. *Read Writ*, 25: 1427-1448.

Schimidt, R. 1990. The role of consciousness in second language learning. *Applied Linguistics*, 11: 17-46.

Seymour, P. H. K., Duncan, L.G. & Bolik, F. M. 1999. Rhymes and phonemes in the common unit task: replications and implications for beginning reading. *Journal of Research in Reading*, 22 (2): 113-130.

Shankweiler, D., Crain, S., & Brady, S., et al. 1992. Identifying the causes of reading disability. In P. B. Gough, L.C. Ehri, & R. Treiman(Eds.), *Reading Acquisition*(pp.125-146). Hillsdale, NJ: Lawrence Erlbaum Associates.

Siegel, L. S. & Ryan, E. B. 1988. Development of grammatical-sensitivity, phonological, and short-term memory skills in normally achieving and learning disabled children. *Developmental Psychology*, 24 (1): 28-37.

Simard, D., Foucambert, D. & Labell, M. 2012. Examining the contribution of metasyntactic ability to reading comprehension. *International Journal of Bilingualism*, DOI: 10.1177/1367006912452169.

Simpson, J. A. & Weiner, E. S. C. 1989. *The Oxford English Dictionary*. Oxford: Clarendon Press.

Skehan, P. 1999. *A Cognitive Approach to Language Learning*. Shanghai: Shanghai Foreign Language Education Press.

Skinner, B. F. 1957. *Verbal Behavior*. New York: Appleton Century Crofts.

Smith, C. & Tager-Flusberg, H. 1982. Metalinguistic awareness and language development. *Journal of Experimental Child Psychology*, 34: 449-468.

So, D. & Siegel, L. S. 1997. Learning to read Chinese: semantic, syntactic, phonological and working memory skills in normally achieving and poor Chinese readers. *Reading and Writing: An Interdisciplinary Journal*, 9: 1-21.

Stern, H. H. 1999. *Fundamental Concepts of Language Teaching*. Shanghai: Shanghai Foreign Language Education Press.

Sun-Alperin, M. K. & Wang, M. 2011. Cross-language transfer of phonological and orthographic processing skills from Spanish L1 to English L2. *Read Writ*, 24: 591-614.

Tan, L. H. & Perfetti, C. A. 1999. Phonological and associative inhibition in the early stages of English word identification: Evidence from backward masking. *Journal of Experimental Psychology: Human Perception and Performance*, 25 (1): 59-69.

Taylor, J. 1995. *Linguistic Categorization*. Oxford: Clarendon Press.

Taylor, N. A., Greenberg, D., & Laures-Gore, J., et al. 2012. Exploring the syntactic skills of struggling adult readers. *Read Writ*, 25: 1385-1402.

Tsang, K. K. & Stokes, S. 2001. Syntactic awareness of Cantonese-speaking children. *Joural of Child Language*, 28: 703-739.

Tunmer, W. E. & Grieve, R. 1984. Syntactic awareness in children. In W. E. Tunmer C. Pratt & M. Herriman (Eds.), *Metalinguistic awareness in children: Theory, research, and implications* (pp. 92-104). New York: Springer-Verlag.

Tunmer, W. E. & Hoover, W. 1992. Cognitive and linguistic factors in learning to read. In P. B. Gough, L. C. Ehri & R. Treiman (Eds.), *Reading Acquisition* (pp. 175-214). Hillsdale, NJ: Lawrence Erlbaum Associates.

Tunmer, W. E., Nesdale, A. R. & Wright, A. D. 1987. Syntactic awareness and reading acquisition. *British Journal of Developmental Psychology*, 5 (1): 25-34.

Ungerer, F. & Schmid, H. J. 2001. *An Introduction to Cognitive Linguistics*. Beijing: Foreign Language Teaching and Research Press.

Verschueren, J. 2002. Notes on the role of metapragmatic awareness in language use. *Pragmatics*, 10: 439-456.

Vogel, S. A. 1974. Syntactic abilities in normal and dyslexic children. *Journal of Learning Disabilities*, 7 (2): 47-53.

Vygotsky, L. S. 1986. *Thought and language.* A. Kozulin, trans. Cambridge, MA: The MIT Press.

Wales, K. 1989. *A Dictionary of Stylistics.* Harlow: Longman.

Wang, M., Koda, K. & Perfetti, C. A. 2003. Alphabetic and nonalphabetic L1 effects in English word identification: A comparison of Korean and Chinese English L2 learners. *Cognition*, 87: 129-149.

Willow, D. M. & Ryan, E. B. 1986. The development of grammatical sensitivity and its relationship to early reading achievement. *Reading Research Quarterly*, 21 (3): 253-266.

Wood, C. 2000. Rhyme awareness, orthographic analogy use, phonemic awareness and reading: an examination of relationships. *Educational Psychology*, 20 (1): 5-15.

Woods, A., Feltcher, P. & Hughes, A. 2000. *Statistics in Language Studies.* Beijing: Foreign Language Teaching and Research Press.

Woollard, J. 2010. *Psychology for the Classroom: Behaviourism.* London: Routledge.

Xhafaj, D. C. P. & Mota, M. B. 2011. Can metalinguistic awareness explain a connection between L1 literacy and L2 proficiency level in literate adults? *Ilha do Desterro*, 60: 189-245.

Yalden, J. 2000. *Principles of Course Design for Language Teaching.* Beijing: Foreign Language Teaching and Research Press.

附 录 1

汉语句法意识因子分析测试材料

时间：45 分钟

姓名_____ 性别_____ 班级_____ 学号_____ 出生年月_____

提示：本测试纯粹为了解学生的学习状况，为老师将来的教学提供有针对性的参考。测试成绩与学生在校学业成绩无关，也不计入学生任何形式的在校成绩记录。请同学们只要认真诚实作答即可。

请判断下列句子是否有语病，正确的句子，在其前面的括号中打"√"即可，有语病的句子，先在其前面的括号中打"×"；再把句中错误之处用下划线画出来，并把错误原因简要写在后面的括号里。

（　　）1. 凡符合报考条件的考生 3 月中旬以前向本校高考招生办公室办理报名手续。（　　　　　　）

（　　）2. 同学们正在努力复习，迎接中考到来。（　　　　　　）

（　　）3. 柳永没有想到，姑苏的天空竟这般的蓝，蓝得仿佛只要一伸手，手指就会被染成蓝色。（　　　　　）

（　　）4. 在休息室里许多老师昨天都同他热情地交谈。（　　　　　　）

（　　）5. 埃及、巴比伦和希腊的文明都是这样产生和发达起来的。（　　　　　　　）

（　　）6. 磁悬浮列车的悬浮、导向、驱动和制动都靠的是利用电磁力来实现的。（　　　　　　）

（　　　　）7. 他常常帮助我，无论在生活上还是学习上都使我有进步很大。

　　　　　（　　　　　　　　）

（　　　　）8. 改革开放对中国的经济发展起着何等作用啊！（　　　　　　）

（　　　　）9. 他开着汽车正在路上行驶，发现路边躺着个人，于是他把车停想看看是

　　　　　怎么回事。（　　　　　　　　）

（　　　　）10. 文章里的中心思想确定以后，还要根据中心思想的需要，认真地选择

　　　　　组织材料。（　　　　　　　　）

（　　　　）11. 既然你来了，我也该走了。（　　　　　　　　　）

（　　　　）12. 他虽然是个工人，平常喜欢音乐，作曲很在行。（　　　　　　　　）

（　　　　）13. 当上级交给我们任务的时候，大家有既光荣又愉快的感觉是颇难以形

　　　　　容的。（　　　　　　　　）

（　　　　）14. 事故的原因是前任厂长工作不够细致，没有把隐患排除。

　　　　　（　　　　　　　　）

（　　　　）15. 读自己的书，可以动手划出重要的地方；倘是借阅的，不能做记号，

　　　　　可以摘记下来。（　　　　　　　　）

（　　　　）16. 首先，请您允许自我介绍一下。（　　　　　　　　）

（　　　　）17. 中央人民广播电台和中央电视台将在上午 10 点发布重要新闻，请各位

　　　　　听众各位观众准时收看收听。（　　　　　　　　）

（　　　　）18. 今后的路该怎么走，他们在探索着，他们在判断着，他们在寻找着，

　　　　　他们在思考着。（　　　　　　　　）

（　　　　）19. 他找到了一个允许给自己偷懒的借口。（　　　　　　　　）

（　　　　）20. 如何看待日本那段侵略历史及其给亚洲各国人民带来的灾难，是区别

　　　　　正义与非正义的原则问题。（　　　　　　　　）

（　　　　）21. 你把他找得好苦啊！（　　　　　　　　）

（　　　　）22. 止咳化痰片，它里面的主要成分是远志、桔梗、贝母、氯化铵等配制

　　　　　而成的。（　　　　　　　　）

（　　　　）23. "宝剑锋从磨砺出，梅花香自苦寒来。"小李总是自勉。（　　　　　　）

（　　　　）24. 交通建设质量问题不仅仅是一个经济、技术问题，而是关系到国家财产、

　　　　　人民生活及生命安全，是事关国计民生的重大问题。（　　　　　　　）

（　　　　）25. 艺术家们为爱美之心所激发，各以自己特有的方式表现世界，来体现自

己对美的认识，实现自己对美的追求。（　　　　　　）

（　　）26. 丈夫看着生病的妻子，自责地说："都是我不好，是我让家务活把你累垮。"（　　　　　　）

（　　）27. 全校师生在雷锋精神的鼓舞下，好人好事，如雨后春笋似的涌现出来。
（　　　　　　）

（　　）28. 他逐渐显示出来的优点使我喜欢他。（　　　　　　）

（　　）29. 这段时间，为了向同学们普及禽流感的知识，学校请来了三个医院的医生。（　　　　　　）

（　　）30. 他简简单单的两句话顿时增加了我们一种无可名状的沉重。
（　　　　　　）

（　　）31. 如果一篇作品思想有问题，那么文字即使很不错，也是要不得的。
（　　　　　　）

（　　）32. 如果说中华民族的文化是一部雄浑壮美的交响乐，那么中华节日文化便是其中一组亮丽的乐章。（　　　　　　）

（　　）33. 每次查房、会诊之后，李大夫总是耐心地指导她怎样把病历写得完整、清晰、条理，告诉她怎样诊断疑难疾病，怎样对待特殊病人。
（　　　　　　）

（　　）34. 学校在改善教师办公条件上，做了不少工作，大大提高了教师工作的积极性。（　　　　　　）

附　录　2

英语句法意识因子分析测试材料

时间：45 分钟

姓名_____　性别_____　班级_____　学号_____　出生年月_____

提示：本测试纯粹为了解学生的学习状况，为老师将来的教学提供有针对性的参考。测试成绩与学生在校学业成绩无关，也不计入学生任何形式的在校成绩记录。请同学们只要认真诚实作答即可。

语病诊断：请判断下列句子是否有语病，正确的句子，在其前面的括号中打"√"即可；有语病的句子，先在其前面的括号中打"×"，再把句中错误之处用下划线画出来或把错误类型用汉语简要写在后面的括号里。

（　　）1. School is over at half past five. Everyone must finish their work at 5：20 pm. （　　　　　）

（　　）2. We will never success if we don't work hard. （　　　　）

（　　）3. The teacher told Li Lei to not be late next time. （　　　　　）

（　　）4. The old man was hit by a car when he was acrossing the street. （　　　　）

（　　）5. People like artists and writers usually work on their own，with no one else around. （　　　　）

（　　）6. Injured in the accident，so he did not go to school. （　　　　　）

(   ) 7. Tomorrow I'll have someone repairing the machine.

        (   )

(   ) 8. Mary，who is a pretty girl from England，reading a novel with friends，

        and she regards reading as a great pleasure. (   )

(   ) 9. Mother said Uncle Li is coming to visit our family next week.

        (   )

(   ) 10. "Ordinary" was the worst word my mother could find for anything.

        (   )

(   ) 11. Now scientists have made it clear that there is no air and water on the

        moon. (   )

(   ) 12. Lin Na，a beautiful girl from Fuzhou，she is now studying in Xiamen.

        (   )

(   ) 13. Working hard and you will catch up with them. (   )

(   ) 14. George Mallory was an English school teacher who loved climbing.

        (   )

(   ) 15. Not only John but also I are going to Shanghai next week.

        (   )

(   ) 16. The terrible sound made the children frightening. (   )

(   ) 17. Tom runs enough quick to catch the bus. (   )

(   ) 18. The new plane is flying from the sky，and a lot of people are watching

        it standing on the ground. (   )

(   ) 19. Some people only want to make more money，because they think

        money can buy happy. (   )

(   ) 20. Allen had to call a taxi，because the box was too much heavy to carry

        all the way home. (   )

(   ) 21. The boss of the big factory wants to retire because he is old，and he has

        planned to let his daughter instead his position. (   )

(   ) 22. If you know astronomy a little，you will understand why this works.

        (   )

(   ) 23. Do you know the gentleman next to the lady reading a book?

（　　　　　）

（　　）24. I consider possible to work out the problem in another way.

（　　　　　）

（　　）25. Jane was very disappointed because I didn't help when she was carrying a lot of heavy books.　（　　　　　）

（　　）26. If I arrived here earlier，I would have stopped this terrible event.

（　　　　　）

（　　）27. As prices and building costs keep rising，the "do-it-yourself"（DIY）trend（趋势）in the U.S. continues to grow.　（　　　　　）

（　　）28. He was not an actor，who often appeared on stage，or a writer，writing stories.　（　　　　　）

（　　）29. The law of cutting tax is being discussed at the meeting now，and the government will put into effect next month.　（　　　　　）

（　　）30. I was very much shocked at the sight of Li's killing!　（　　　　　）

（　　）31. No one wants to look silly or do the wrong thing at a new job.

（　　　　　）

（　　）32. I was late for school because there were a lot of traffic in the street when I came.　（　　　　　）

（　　）33. She is listening to someone tell stories.　（　　　　　）

（　　）34. Look! There are lots of little red funny birds flying over the trees.

（　　　　　）

（　　）35. Most families in the country are doing everything they can to save money so they can fight the high cost of living.　（　　　　　）

附 录 3

汉语句法意识测试材料

时间：45分钟

姓名_____ 性别_____ 班级_____ 学号_____ 出生年月_____

一、判断题：请判断下面的句子是否有语病，正确的句子，在其前面的括号中打"√"，有语病的句子，在其前面的括号中打"×"。（1分）

（　　）1. 美国的次贷危机仍然在持续蔓延，不管美国政府最近推出了一系列历史上少见的救市举措。

（　　）2. 那是一个多么感动的情景啊！

（　　）3. 文章概括介绍了关于环境科学的基本知识，对环境污染问题作了比较具体的分析，人们对环境科学引起了重视。

（　　）4. 我们永远记忆周总理谆谆教诲。

（　　）5. 当今电脑已走进了千家万户的生活，很多同学也喜欢上了网络的多彩世界，也有很多同学因迷恋于上网而贻误了学业。

（　　）6. 不难看出，这起明显的错案迟迟得不到公正的判决，其根本原因是党风不正在作怪。

（　　）7. 在墙上挂着一个红红的中国结。

（　　）8. 育才小学为了提高学生综合素质，开设了一些劳动技能课，通过参加学农活动，增强了劳动观念，提高了劳动技能。

（　　）9. 我不小心打破了那口大水缸，把水流出来了。

（ ） 10. 老约翰住在一所老房子里，老房子里有一个老壁炉。

（ ） 11. 只有坚持学习，就能取得优良成绩。

（ ） 12. 这个节目表达了同学们要以实际行动向雷锋同志学习，以优异的成绩
向党汇报。

（ ） 13. 小张除跳舞外，兼任报幕、开场、结尾的节目还得由她编导。

（ ） 14. 卫生部专家组根据临床表现以及实验室检查和流行病学调查结果，诊
断该患者为传染性非典型性肺炎疑似病例。

（ ） 15. 我早就把泰山来过了。

（ ） 16. 小明的书包里一本课本、两支钢笔。

（ ） 17. 灾区大熊猫受到疾病和饥饿威胁，当地群众得知后，给病饿熊猫喂食、
治疗，减少了大熊猫的死亡率。

（ ） 18. 又一个周末到了，年轻人送来的仍是一筐不合用的木柴。

二、语病诊断：请判断下列句子是否有语病，正确的句子，在其前面的括号中打

"√"即可，有语病的句子，先在其前面的括号中打"×"（1分）；再把句中错误
之处用下划线画出来或把错误类型用汉语简要写在后面的括号里（1分）。

（ ） 1. 无论气候条件和地理环境都极端不利，登山队员仍然克服了困难，胜利
攀登到顶峰。（　　　　　　）

（ ） 2. 清澈的湖面倒影着蓝天上多多白云。（　　　　　　）

（ ） 3. 柳永没有想到，姑苏的天空竟这般的蓝，蓝得仿佛只要一伸手，手指就
会被染成蓝色。（　　　　　）

（ ） 4. 在休息室里许多老师昨天都同他热情地交谈。（　　　　　）

（ ） 5. 经过半年多的刻苦学习，小张现在已经非常熟练这套工作流程了。
（　　　　　）

（ ） 6. 磁悬浮列车的悬浮、导向、驱动和制动都靠的是利用电磁力来实现的。
（　　　　　）

（ ） 7. 每一张桌子的上面有一个本子和一支笔。（　　　　　）

（ ） 8. 椐专家分析，造成这次日本实习船被撞沉是美国潜艇在没有认真确认水
面是否安全的情况下突然上浮。（　　　　　）

（ ） 9. 校长把事情的全部经过知道了。（　　　　　）

（　　　　）10. 文章里的中心思想确定以后，还要根据中心思想的需要，认真地选择组织材料。（　　　　　　　）

（　　　　）11. 本校师生员工出入校门一律凭工作证和学生证。（　　　　　　　）

（　　　　）12. 羽毛工艺在我国有着悠久的历史，早在春秋战国时期，就把羽毛当作装饰品了。（　　　　　　　）

（　　　　）13. 当上级交给我们任务的时候，大家有既光荣又愉快的感觉是颇难以形容的。（　　　　　　　）

（　　　　）14. 我们应该把野生动物保护。（　　　　　　　）

（　　　　）15. 读自己的书，可以动手划出重要的地方；倘是借阅的，不能做记号，可以摘记下来。（　　　　　　　）

（　　　　）16. 餐桌坐着三个孩子，他们每人面前放着一个瓷盘和一双筷子。（　　　　　　　）

（　　　　）17. 中央人民广播电台和中央电视台将在上午 10 点发布重要新闻，请各位听众各位观众准时收看收听。（　　　　　　　）

三、修改病句：请判断下列句子是否有语病，正确的句子，在其前面的括号中打"√"，有语病的句子，先在其前面的括号中打"×"（1 分），再把句中错误之处用下划线画出来或把错误类型用汉语简要写在后面的括号里（1 分），最后把句子修改正确抄写在横线上（1 分）。

（　　　　）1. "心连心"艺术团到来的消息传开后，街道里的妇女、老人和孩子许多都跑了出来。（　　　　　　　）

_____

_____

（　　　　）2. 他们忽然发现在前面有一个小村庄，于是欣喜若狂地奔跑过去。（　　　　　　　）

_____

_____

（　　　　）3. 如何看待日本那段侵略历史及其给亚洲各国人民带来的灾难，是区别正义与非正义的原则问题。（　　　　　　　）

_____

_____

（　　　）4. 我把母亲的话永远忘不了！（　　　　　　　）

___

（　　　）5. 止咳化痰片，它里面的主要成分是远志、桔梗、贝母、氯化铵等配制而成的。（　　　　　　　）

___

（　　　）6. 权威人士强调：最近国内接连发生特大爆炸事件，全国人民必须提高意识，尽量防止此类事件再次发生。（　　　　　　　）

___

（　　　）7. 交通建设质量问题不仅仅是一个经济、技术问题，而是关系到国家财产、人民生活及生命安全，是事关国计民生的重大问题。（　　　　　　　）

___

（　　　）8. 艺术家们为爱美之心所激发，各以自己特有的方式表现世界，来体现自己对美的认识，实现自己对美的追求。（　　　　　　　）

___

（　　　）9. 我把他介绍了我们国家近来的情况。（　　　　　　　）

___

（　　　）10. 通过这次"树标兵，促后进"的评选活动，激发了许多个体经营者奋发向上，文明经商的意识。（　　　　　　　）

___

（　　　）11. 在村子里来了一个陌生人，大家对他的口音感觉很新鲜。（　　　　　　　）

___

(　) 12. 这些古诗，老师读了觉得好，认为值得你们这些初学者向它们学习。

（　　　　　　）

_____

_____

(　) 13. 他简简单单的两句话顿时增加了我们一种无可名状的沉重。

（　　　　　　）

_____

_____

(　) 14. 批评和自我批评是有效改正错误提高思想水平的方法。

（　　　　　　　）

_____

_____

(　) 15. 如果说中华民族的文化是一部雄浑壮美的交响乐，那么中华节日文化便是其中一组亮丽的乐章。（　　　　　　）

_____

_____

(　) 16. 每次查房、会诊之后，李大夫总是耐心地指导她把病历写得完整、清晰、条理，告诉她怎样诊断疑难疾病，怎样对待特殊病人。（　　　　　　）

_____

_____

(　) 17. 如果说他们已学好了理论，可以在培训班毕业了，不如说他们学会了一些说空话、套话的本事而已。（　　　　　　）

_____

_____

附 录 4

英语句法意识测试材料

时间：45 分钟

姓名＿＿＿＿＿ 性别＿＿＿＿＿ 班级＿＿＿＿＿ 学号＿＿＿＿＿ 出生年月＿＿＿＿＿

上学期期末英语考试分数＿＿＿＿＿

一、判断题：请判断下面的句子是否有语病，正确的句子，在其前面的括号中打 "√"，有语病的句子，在其前面的括号中打 "×"（1 分）。

（　　） 1. How a fine day! Let's go out to have a walk.

（　　） 2. Today is her birthday. The old lady is so beautiful dressed that everybody praised her repeatedly.

（　　） 3. Although I and Tom are in the same class，we are not good friends.

（　　） 4. In my opinion，honest is so important for every person.

（　　） 5. There are four cups on the table. Which one is yours?

（　　） 6. Because he was ill，so he did not go to school.

（　　） 7. I guess there is the apple in the box，but I don't know what else in it.

（　　） 8. Jack came to visit when I was eating my breakfast，because I got up so late this morning.

（　　） 9. I will ask him to wash his clothes as soon as he will come back.

（　　） 10. Jim and his parents have been in Beijing for two weeks.

（　　） 11. I will buy the bike as it is not cheap.

（　　）12. These days she always working very late at night since she is going to take an exam.

（　　）13. Although he was late，but the teacher still allowed him to come in.

（　　）14. He asked us to join in the game.

（　　）15. David，there are a dictionary and three books on your desk，please put them away.

（　　）16. There have two books on the desk，please put them in your bag.

（　　）17. We think she is a Chinese woman beautiful young teacher.

二、语病诊断：请判断下列句子是否有语病。正确的句子，在其前面的括号中打"√"即可，有语病的句子，先在其前面的括号中打"×"（1分）；再把句中错误之处用下划线画出来或把错误类型用汉语简要写在后面的括号里（1分）。

（　　）1. "Do like I told you. " The officer said quietly. （　　　　　）

（　　）2. We will never success if we don't work hard. （　　　　　）

（　　）3. The teacher told Li Lei to not be late next time. （　　　　　）

（　　）4. Nobody knew the king's arrive at the small town，because be came at night. （　　　　　）

（　　）5. People like artists and writers usually work on their own，with no one else around. （　　　　　）

（　　）6. Wounded in the accident，so he did not go to work. （　　　　　）

（　　）7. In the room have three tables and six chairs，but they are all very old. （　　　　　）

（　　）8. Mary，who is a pretty girl from England，reading a novel with friends now，and she likes reading very much. （　　　　　）

（　　）9. Mother said uncle Li is coming to visit our family next week. （　　　　　）

（　　）10. "Ordinary" was the worst word my mother could find for anything. （　　　　　）

（　　）11. If you can pass the exam depends on how hard you work. （　　　　　）

（　　） 12. Lin Na，a beautiful girl from Fuzhou，studying in Xiamen now.
（　　　　　）

（　　） 13. He stood there and reading the newspaper. （　　　　　）

（　　） 14. George Mallory was an English school teacher who loved climbing.
（　　　　　）

（　　） 15. Not only John but also I are going to Shanghai next week.
（　　　　　）

（　　） 16. There will have a meeting next week，please get everything ready.
（　　　　　）

（　　） 17. Tom runs enough quick to catch the bus. （　　　　　）

三、修改病句：请判断下列句子是否有语病，正确的句子，在其前面的括号中打
"√"，有语病的句子，先在其前面的括号中打"×"（1 分），再把句中错误之处
用下划线画出来或把错误类型用汉语简要写在后面的括号里（1 分），最后把句子
修改正确抄写在横线上（1 分）。

（　　） 1. When everybody is here now，let's begin our meeting. （　　　　　）

_____

_____

（　　） 2. Some people only want to make more money，because they think
money can buy happy. （　　　　　）

_____

_____

（　　） 3. Allen had to call a taxi，because the box was too much heavy to carry
all the way home. （　　　　　）

_____

_____

（　　） 4. "Fight bravely is the only way to face your enemy. " The king said to
his son. （　　　　　）

_____

_____

（　　）5. If you know astronomy a little，you will understand why this works.
　　　　（　　　　　　）

（　　）6. To go to college，so you should work hard. （　　　　　　）

（　　）7. My village live about 200 people，and half of them are old.
　　　　（　　　　　　）

（　　）8. Jane was very disappointed because I didn't help when she was carrying a lot of heavy books. （　　　　　　）

（　　）9. The teacher said there will be an interesting talk next week.
　　　　（　　　　　　）

（　　）10. As prices and building costs keep rising，the "do-it-yourself"（DIY） trend（趋势）in the U.S. continues to grow. （　　　　　　）

（　　）11. I can't remember the thing what he told me. （　　　　　　）

（　　）12. From this paper can see that Alice is a kind girl.. （　　　　　　）

(   ) 13. Walking quietly or you will frighten away the animals.

        (   )

_____

_____

(   ) 14. No one wants to look silly or do the wrong thing at a new job.

        (   )

_____

_____

(   ) 15. I was late for school because there were a lot of traffic in the street

when I came. (   )

_____

_____

(   ) 16. There are have so many students playing on the playground. How

can I find him? (   )

_____

_____

(   ) 17. I live in Fujian，Fuzhou，Wusi Road，186. (   )

_____

(   ) 18. Most families in the country are doing everything they can to save

money so they can fight the high cost of living. (   )

_____

_____

附 录 5

大一汉语阅读理解测试材料

时间：45 分钟

姓名_____ 性别_____ 班级_____ 学号_____ 出生年月_____

请做完后把答案抄写在下面的括号中。

1.（　　）2.（　　）3.（　　）4.（　　）5.（　　）

6.（　　）7.（　　）8.（　　）9.（　　）10.（　　）

11.（　　）12.（　　）13.（　　）14.（　　）15.（　　）

16.（　　）17.（　　）18.（　　）19.（　　）20.（　　）

21.（　　）22.（　　）23.（　　）24.（　　）25.（　　）

26.（　　）27.（　　）28.（　　）29.（　　）30.（　　）

（一）

海洋学的定义是"使用所有的科学来研究海洋"。19 世纪以前，极少有科学家对研究海洋感兴趣。当然，牛顿在他的作品中对海洋做了一些理论方面的探讨，但他并不情愿自己去海边做进一步的研究。

对大多数人来说，海洋是遥远的，除了早期穿越洲际的旅行家们以及依靠海洋维持生计的人，几乎找不出理由要提出关于海洋的问题，更不会问海洋表面下还有些什么东西。人们第一次必须回答"海洋底部是什么？"这个问题跟商业有关。当时有人提议要铺设一条从欧洲到美洲的电报缆线。工程师们必须了解路线的纵深起伏形状，才可以估计需要制造多长的电缆。

为了获得所需信息，大西洋电报公司在 1853 年向美国海军人员莫里求助。19世纪 40 年代，莫里曾负责推动进行探测工作的海上航行，以此来调查北大西洋与太平洋的深度。此后，他出了一本叫作《海洋的自然地貌》的书，在这本书里他提到的一些发现激起了人们很大的兴趣。

电缆最终铺就，但直到 1866 年，才有了固定而且可靠的连接。在早期的努力中，电缆坏了，而当它被拉出来维修时，人们发现其表面覆盖着活的生物。这一事实挑战了当时的一种科学观点，即海洋较深层是不存在生命的。

海洋学在此后几年内发展起来。1872 年，汤姆森带头进行了一项科学考察，历时四年，从海洋带回了数以千计的标本。科学家们花了数年时间将它们分类并进行分析，写出了一个长达五卷的报告，其中最后一卷于 1895 年出版。

1. 从欧洲到美洲铺设电报缆线的提议使得海洋学研究是从_____出发的。

    A. 学术角度   B. 军事角度   C. 商业角度   D. 国际角度

2. 向莫里要求得到海洋学研究方面帮助的是_____。

    A. 美国海军   B. 一些早期的穿越大洲的旅行家

    C. 依靠海洋维持生计的人   D. 提议铺设一条海底电缆的公司

3. 19 世纪 40 年代，莫里负责的海上航行的目的是要_____。

    A. 在海上进行探测实验   B. 收集海洋动植物的标本

    C. 估测所需电缆的长度   D. 测量两个海洋的深度

4. 本文暗示铺设海底电报电缆主要是_____。

    A. 为了进行海洋学研究   B. 出于商业目的

    C. 为了军事目的   D. 为了调查大洋深度

5. 这一段文章主要是关于_____。

    A. 海洋学的起步   B. 第一条海底电缆的铺设

    C. 对海洋深度的研究   D. 早期的洲际交流

（二）

通常，一名学生必须参加一定数量的课程学习才可以毕业，他上的每一门课都会得到学分，这些学分累加起来，才能拿到学位。在许多美国大学里，要拿到学位就得上 36 门课，每门课要上一个学期。一门典型的课程是每个星期上 3 节课，共上 15 个星期；而一名大学生可能每学期要学习 4～5 门课程。通常每个学生都应该上 4 年学，每年两个学期。有可能要花超过 4 年的时间才能拿到学位，也有可能一个学生在攻读学位时在两所不同的大学上课，然而，这实际上并不常见。

学生上的每一门课都会有一个分数，分数是有记录的，学生可以把他的分数记录给未来的雇主看。这些为学生施加了学习上长期的压力和负担。但尽管如此，有些学生还是能挤出时间来积极参与学生活动。竞选学生组织中的职位能够激发很大的热情。遵守纪律的有效承诺通常是由向校方提议、学生们来执行的。任何被认为违反了规定的学生，比如说，考试作弊的学生，必须在学生法庭上受审。由于学生众多，这一制度在执行时会涉及为数不少的学生活动。在学生组织中担任过领导职位的学生会很受人尊敬，这对他将来的职业生涯也很有利。

6. 通常一名学生每星期要上至少＿＿＿＿＿＿节课。

　　A. 36　　　B. 12　　　C. 20　　　D. 15

7. 根据本文第一段，美国学生可以＿＿＿＿＿＿。

　　A. 住在不同的大学里　　　　　　B. 在另一所大学上某一门特定的课程

　　C. 住在家里，开车去上课　　　　D. 从两所大学得到两个学位

8、美国大学生通常都会感到学习的压力，因为＿＿＿＿＿＿。

　　A. 他们在学习上的表现会影响他们未来的工作

　　B. 他们过多地参与学生活动

　　C. 他们必须遵守学校纪律

　　D. 他们想争取领导职位

9. 有些学生热衷于学生组织中的职位可能是因为＿＿＿＿＿＿。

　　A. 他们痛恨学习上长期的压力和负担　　B. 这样他们要吧在学校待得长一些

　　C. 这种职位有助于他们找到较好的工作　　D. 这种职位通常报酬优厚

10. 学生组织似乎在＿＿＿＿＿＿方面卓有成效。

　　A. 处理学校的学术活动　　　　　　　　B. 确保学生遵守校纪

　　C. 通过学生法庭的审判衡量学生们的表现　　D. 保持学生们对社会活动的热情

（三）

你是否发现早上起床很困难以至于是一种痛苦？这也许可以被称作懒惰，但克莱特曼博士有一种新的解释。他已证明每个人都有一个日能量周期。

在你工作的时候，你可能会说你很"热"。没错！一天当中你觉得精力最为充沛的时候就是你的体温周期达到顶峰的时候。对一些人来说，这一顶峰会在午前到来。而对另一些人来说，则到下午或是晚上才来到。还没有人能够解释为什么会这样，但这导致了大家都很熟悉的那种自言自语，例如，"该起床了，约翰！又要上班迟到了！"对这种烦恼可能的解释就是他的体温与能量顶峰在晚上到来。当夫妇们了解到能量周期的意义，并得知每个家庭成员的能量周期是哪一种类型的时候，很多家庭争端便结束了。

你无法改变你的能量周期，但你了解到自己的周期之后可以使你的生活更加适合它。克莱特曼博士认为习惯是有帮助的。也许你很想睡觉，但觉得你无论如何都得熬夜。习惯性地延迟睡觉时间可以在一定程度上对抗你的周期。如果你早上能量低，但在一大清早有件很重要的工作要做，就比平时早些起床。这样做不会改变你的周期，但你可以在能量低的时候鼓起干劲，更好地工作。

慢慢地开始一天的工作有助于节约能量。起床时放松地打个哈欠，伸伸懒腰，在床上坐一会儿再下地。前一天晚上把干净衣服放好，这样就不用手忙脚乱地到处乱翻。尽可能在下午做常规工作，把需要更多能量与注意力的任务留到最佳状态的时候来处理。

11. 如果一个人觉得早起很难，很有可能_____。
    A. 他是个懒惰的家伙　　　　　　B. 他不愿遵循自己的能量周期
    C. 他不清楚自己什么时候能量低　D. 他的高峰在下午或晚上

12. 根据本文，下面哪种情形会导致家庭争端？
    A. 没有意识到存在能量周期。　　B. 熟悉的自言自语。
    C. 一名家庭成员改变了他的能量周期。D. 企图控制其他家庭成员的能量周期。

13. 如果一个人想在他的能量低点——早晨工作得更有效率，他应该_____。
    A. 改变他的能量周期　　　　　　B. 克服他的懒惰
    C. 比平时起得早些　　　　　　　D. 早些睡觉

14. 建议你起床时打个哈欠，伸伸懒腰，因为这样会_____。
    A. 帮助你保持一天工作的能量　　B. 帮助你在一天的开始就控制脾气
    C. 使你专注于常规工作　　　　　D. 使你全天的能量都得到控制

15. 下面哪个说法不正确？

　　A. 花最小的力气开始工作有助于节约能量。

　　B. 克莱特曼博士解释了为什么人们在一天当中不同的时间达到能量顶峰。

　　C. 习惯帮助人适应自己的能量周期。

　　D. 孩子也有能量周期。

（四）

　　以色列的贝斯医院为患者提供有可能得到的最好的护理。如果我们打算改善护理中的不足，各地医院的行政管理与医生只要努力以贝斯医院为楷模就可以了。

　　在贝斯医院，每个病人都会被分配一名主要护士，她与病人进行详尽的交谈，并会拟出一份全面的健康报告，涵盖所有病人的病史到其精神状况。然后她会写出一份护理计划，以患者的病症为中心，并包括所有必需的内容。

　　病人的主要护士在其住院期间会与他在一起，对他的进展进行记录，并从医生那里得到进一步的建议。如果一位在贝斯医院的病人对其治疗手段没有回应的话，他的护士通常会写出另一份提案交给医生。在贝斯医院的主要护士是医生真正意义上的同事。

　　在贝斯医院的护理工作还有一个分散的行政管理；每一层楼、每一个单元都是独立的机构。有护士经理而没有护士长；他们除了有医务工作之外还负责自己单元内雇员的雇用与开除，处理雇员建议，并提出建议薪水。每个单元的护士一起决定其中谁在何时轮哪一班。

　　贝斯医院的首席护士与医院副院长职位相当。她还是执行医疗委员会的成员之一，而在大多数医院只有医生才能加入这一委员会。

16. 下面哪个选项最好地描述了贝斯医院护理体制的主要特点？

　　A. 医生从主要护士那里得到更加积极的专业支持。

　　B. 每个病人都由一名主要护士日夜照顾。

　　C. 主要护士为每一名病人写护理计划。

　　D. 主要护士每天都记录病人的健康状况。

17. 由本文可以推出，＿＿＿＿＿＿。

　　A. 与其他医院相比，贝斯医院的护士更有耐心

B. 在大多数医院里，对患者的护理从专业角度来看还不够

C. 在大多数医院里，护士的薪水很低

D. 与其他医院的护士相比，贝斯医院的护士工作时间更长

18. 在_____的时候，主要护士可以提出一份不同的治疗方案。

　　A. 患者拒绝采用目前疗法　　　　　B. 患者对目前疗法有怨言

　　C. 目前的治疗无效　　　　　　　　D. 在发现患者不愿进行合作

19. 在护士经理与护士长之间的主要的区别是前者_____。

　　A. 是医院执行医疗委员会的成员　B. 必须安排该单元护士的轮班

　　C. 可以就对病人的治疗做出决定　D. 全权负责对该单元护士的行政管理工作

20. 作者对贝斯医院护理体制的态度是_____。

　　A. 否定的　　　　　B. 批判的　　　　　C. 中立的　　　　　D. 积极的

（五）

在过去的一段时间里，这样一种理论为人们广泛接受，婴儿——还有其他生物——学习去做事情是因为某些特定的行为有"回报"，而且毫无疑问这是事实。但人们还曾普遍认为，有效的回报，至少在早期，必定是与基本生理"驱动力"直接相关，如口渴或饥饿。换句话说，婴儿会为食物、饮料或某种身体上的舒适而学习，不会是为其他。

现在人们已经清楚，并非如此。婴儿会学习以某种方式行事，除了为成功的结果以外，还会为没有回报的后果而行事。

Papousek 是这样开始进行研究的：他用牛奶以及通常的方式"回报"婴儿，想以此教会他们做一些简单的动作，如把头转到一侧或另一侧。后来他发现有一个已经吃饱了奶的婴儿，不愿再要牛奶，却显然很乐意继续做出学会的反应。于是他开始研究在没有牛奶的情况下婴儿的反应。他很快发现甚至只有 4 个月大的婴儿也能学会将头左右转动，只要这动作能"打开开关"。用灯光指示——事实上他们还可以学会相当复杂的转头来得到这种效果，比如说，两下左两下右。或者甚至是向一侧连转三下。

Papousek 在婴儿的正前方放置灯，他发现了有趣的事情，有时婴儿并不会转回去近看这些灯，虽然当灯打开的时候，他们会"微笑并且嘴里咿呀作响"。Papousek 得出结论，他们并不是主要因为看到灯光而高兴，而是因为他们在解决

问题时的成功，对技巧的熟练掌握，以及一种人类基本的渴望，要弄清这世界的意义并使之处在有意识的控制之下。

21. 根据本文作者所说，婴儿会学做＿＿＿＿＿的事。

　　A. 与欢乐直接相关　　　　　　　　B. 会满足他们身体需要

　　C. 带给他们成功感　　　　　　　　D. 满足他们好奇

22. Papousek 在其研究中注意到，婴儿＿＿＿＿＿。

　　A. 在看到牛奶时会做出学会的反应　　B. 在有足够饮料时会做出学会的动作

　　C. 没有牛奶也可以继续简单的动作　　D. 在有足够饮料时会把头左右转动

23. 在 Papousek 的实验中，婴儿做出学会的头部动作是为了＿＿＿＿＿。

　　A. 让灯打开　　　　　　　　　　　　B. 得到牛奶回报

　　C. 让其父母高兴　　　　　　　　　　D. 被表扬

24. 婴儿会对灯光"微笑并且嘴里咿呀作响"是因为＿＿＿＿＿。

　　A. 灯光与某些基本"驱动力"直接相关

　　B. 看到灯光很有趣

　　C. 他们不需要转回去开灯

　　D. 他们成功地"打开了"灯光的"开关"

25. 根据 Papousek，婴儿做成某件事的喜悦反映了＿＿＿＿＿。

　　A. 一种人类基本的渴望，要了解并控制世界

　　B. 对某种生理需求的满足

　　C. 他们解决复杂问题的强烈愿望

　　D. 显示所学到技巧的人类基本愿望

（六）

　　如果女人们年复一年地被无情地剥削，那只能怪她们自己。因为女人们只要一想到自己在公众场合穿着过时的衣服就禁不住浑身发抖。她们总是因此被设计师和大商店利用了。才穿过几次的衣服就得被丢到一边，因为时尚改变了。想想看，只有女人才会站在堆满了衣服的衣柜前还悲伤地宣称她没有衣服可穿。

　　改变时尚潮流无异于故意浪费。许多女人每年花大笔的钱买新衣服来取代那些几乎没有穿过的衣服。没有钱以这种方式扔掉旧衣的女人们则要花上几个小时的时间对她们已有的衣服进行改制：加长或是剪短裙子；放低或是加高领口，诸

如此类。

没有人可以说时尚业对社会做出了真正重大的贡献。时装设计师很少关注诸如暖和、舒适和耐用等最重要的方面。他们只对外观感兴趣，而且他们利用了这样一种事实，即女人们只要自己看起来不错，再不舒服也能忍着。男人们在生活中几乎都曾看到过这些好笑的景象：在冬天里只穿一条薄裙子的女人在瑟瑟发抖，或是穿着高跟鞋小心翼翼地在厚厚的雪地中找路。

要在时尚方面把男人和女人作一个比较，得出的结论是显而易见的。人们不禁要问，女人的时装不断地变化是否反映了不能持久和不稳定的本质呢？男人们是聪明的，他们不会让时装设计师来欺骗自己。他们不改变衣服款式是否又反映了稳定可靠的本质呢？这得由您来决定了。

26. 设计师与大商店总是_____而赚钱。
　　A. 靠毫不留情地剥削制衣业中的女工　　B. 因为他们可以预测时尚新潮流
　　C. 靠不断改变女装潮流　　　　　　　D. 因为他们对女装的品质很看重

27. 对作者来说，女人们改变过时的衣服款式这一事实被看作_____。
　　A. 浪费金钱　　　B. 浪费时间　　　C. 显示品味　　D. 创造力的表现

28. 如果时装设计师更看重服装的_____，作者的批判可能会少一些。
　　A. 花费　　　　　B. 外观　　　　　C. 舒适　　　　　D. 合体

29. 根据本文，下面哪个说法是正确的？
　　A. 时装新潮流是为在经济上剥削女人而创造出来的。
　　B. 女人不断改变着装反映了她们人格的力量。
　　C. 时尚业对社会做出了重大贡献。
　　D. 时装设计师不应受到鼓励，因为他们只受到女人的欢迎。

30. 作者说"得出的结论是显而易见的"（第四段第1行），他的意思是_____。
　　A. 女人们在选择服装时不一致的态度经常被人嘲笑
　　B. 女人们更能忍受不舒适
　　C. 男人们也被时装设计师大大地剥削了一把
　　D. 男人们在时尚方面更理智。

附　录　6

大一英语阅读理解测试材料

时间：45分钟

姓名_____ 性别_____ 班级_____ 学号_____ 出生年月_____

请做完后把答案抄写在下面。

1.（　　）2.（　　）3.（　　）4.（　　）5.（　　）

6.（　　）7.（　　）8.（　　）9.（　　）10.（　　）

11.（　　）12.（　　）13.（　　）14.（　　）15.（　　）

16.（　　）17.（　　）18.（　　）19.（　　）20.（　　）

21.（　　）22.（　　）23.（　　）24.（　　）25.（　　）

A

Imagination and fantasy can play an important role in achieving the things we fear. Children know this very well. Fred Epstein, in his book *If I Make It to Five*, tells a story he heard from one of his friends about Tom, a four-year-old boy with a cancer in his back bone. He came through several operations and a lot of pain by mastering his imagination.

Tom loved to pretend, and he particularly loved to play superheroes. Dr. Epstein explained that it was actually a brilliant way for his young mind to handle the terrifying and painful life he led.

The day before his third trip to the operating room, Tom was terribly afraid. "Maybe I could go as Superman, " he whispered to his mom. Hearing this, the mother hesitated for a while. She had avoided buying the expensive costume（戏装）, but finally she agreed.

The next day Tom appeared as the powerful Superman, showing off through the hospital halls and coolly waving his hand to the people greeting him along the way. And Tom, with the strength of his fantasy, successfully made it through the operation.

The power of imagination need not be reserved for children only. We all have the power to use our fantasies to attempt things we never thought possible, to go through those things that seem impossible, and to achieve what we never believed we could. Just as Dr. Epstein puts it, "If you can dream it, you can do it".

It doesn't mean that you should dress as a superhero for your next job interview. But, next time you are tested in a way that seems impossible, imagine what it would take to overcome it. Become the person you need to become to win over your challenge and do it in your mind first. So, let your imagination run wild, and dare to dream.

（　） 1. What do we know about Tom?

 A. He was seriously ill.   B. He was a dishonest boy.

 C. He was crazy about magic.   D. He was Dr. Epstein's patient.

（　） 2. What can be inferred about Tom's mother?

 A. She was a rich lady.

 B. She refused Tom's request.

 C. She wanted Tom to be a superhero.

 D. She wanted to get Tom through the pain.

（　） 3. When Tom went for the third operation, he_____.

 A. pretended to be painful   B. acted like a superhero

 C. appeared in poor spirits   D. argued with his mother

( ) 4. In the last paragraph, you are advised_____.

A. to go through some difficult tests

B. to wake up from your wild dreams

C. to become a powerful person in your mind

D. to wear expensive clothes for job interviews

( ) 5. What is the purpose of the passage?

A. To tell us an interesting story.

B. To help us make right decisions.

C. To advise us to care about children.

D. To encourage us to use our imagination.

B

Some people think that success is only for those with talent or those who grow up in the right family, and others believe that success mostly comes down to luck. I'm not going to say luck, talent, and circumstances don't come into play because they do. Some people are born into the right family while others are born with great intelligence, and that's just the reality of how life is.

However, to succeed in life, one first needs to set a goal and then gradually make it more practical. And, in addition to that, in order to get really good at something, one needs to spend at least 10, 000 hours studying and practicing. To become great at certain things, it'll require even more time, time that most people won't put in.

This is a big reason why many successful people advise you to do something you love. If you don't enjoy what you do, it is going to feel like unbearable pain and will likely make you quit well before you ever become good at it.

When you see people exhibiting some great skills or having achieved great success, you know that they have put in a huge part of their life to get there at a huge cost. It's sometimes easy to think they got lucky or they were born with some rare talent, but thinking that way does you no good, and there's a huge chance that you're wrong anyway.

　　Whatever you do, if you want to become great at it, you need to work day in and day out, almost to the point of addiction, and over a long period of time. If you're not willing to put in the time and work, don't expect to receive any rewards. Consistent, hard work won't guarantee you the level of success you may want, but it will guarantee that you will become really good at whatever it is you put all that work into.

（　　）6. Paragraph 1 mainly talks about_____.

　　A. the reasons for success　　　　B. the meaning of success

　　C. the standards of success　　　　D. the importance of success

（　　）7. In Paragraph 2, the underlined word that refers to_____.

　　A. being good at something　　　　B. setting a practical goal

　　C. putting in more time　　　　　D. succeeding in life

（　　）8. Successful people suggest doing what one loves because_____.

　　A. work makes one feel pain　　　　B. one tends to enjoy his work

　　C. one gives up his work easily　　　D. it takes a lot of time to succeed

（　　）9. What can we infer from Paragraph 4?

　　A. Successful people like to show their great skills.

　　B. People sometimes succeed without luck or talent.

　　C. People need to achieve success at the cost of life.

　　D. It helps to think that luck or talent leads to success.

（　　）10. What is the main theme of the passage?

　　A. Having a goal is vital to success.

　　B. Being good is different from being great.

　　C. One cannot succeed without time and practice.

　　D. Luck, talent and family help to achieve success.

C

One day, when I was working as a psychologist in England, an adolescent boy showed up in my office. It was David. He kept walking up and down restlessly, his face pale, and his hands shaking slightly. His head teacher had referred him to me. "This boy has lost his family," he wrote. "He is understandably very sad and refuses to talk to others, and I'm very worried about him. Can you help? "

I looked at David and showed him to a chair. How could I help him? There are problems psychology doesn't have the answer to, and which no words can describe. Sometimes the best thing one can do is to listen openly and sympathetically.

The first two times we met, David didn't say a word. He sat there, only looking up to look at the children's drawings on the wall behind me. I suggested we play a game of chess. He nodded. After that he played chess with me every Wednesday afternoon—in complete silence and without looking at me. It's not easy to cheat in chess, but I admit I made sure David won once or twice.

Usually, he arrived earlier than agreed, took the chess board and pieces from the shelf and began setting them up before I even got a chance to sit down. It seemed as if he enjoyed my company. But why did he never look at me?

"Perhaps he simply needs someone to share his pain with, " I thought. "Perhaps he senses that I respect his suffering. " Some months later, when we were playing chess, he looked up at me suddenly.

"It's your turn, " he said.

After that day, David started talking. He got friends in school and joined a bicycle club. He wrote to me a few times about his biking with some friends, and about his plan to get into university. Now he had really started to live his own life.

Maybe I gave David something. But I also learned that one—without any words—can reach out to another person. All it takes is a hug, a shoulder to cry on, a friendly touch, and an ear that listens.

（　） 11. When he first met the author, David_____.

　　A. felt a little excited 　　　　B. walked energetically

　　C. looked a little nervous 　　　D. showed up with his teacher

（　） 12. As a psychologist, the author_____.

　　A. was ready to listen to David 　　B. was skeptical about psychology

　　C. was able to describe David's problem D. was sure of handling David's

　　　　　　　　　　　　　　　　　　　　　　problem

（　） 13. David enjoyed being with the author because he_____.

　　A. wanted to ask the author for advice

　　B. need to share sorrow with the author

　　C. liked the children's drawings in the office

　　D. bear the author many times in the chess game

（　） 14. What can be inferred about David?

　　A. He recovered after months of treatment.

　　B. He liked biking before he lost his family.

　　C. He went into university soon after starting to talk.

　　D. He got friends in school before he met the author.

（　） 15. What made David change?

　　A. His teacher's help.

　　B. The author's friendship.

　　C. His exchange of letters with the author.

　　D. The author's silent communication with him.

D

　　While Jennifer was at house taking an online exam for her business law class, a monitor （监控器） a few hundred miles away was watching her every move.

　　Using a web camera equipped in Jennifer's Los Angeles apartment, the monitor in Phoenix tracked how frequently her eyes moved form the computer screen and listened for the secret sounds of a possible helper in the room. Her

Internet access was locked—remotely—to prevent Internet searches, and her typing style was analyzed to make sure she was who she said she was: Did she enter her student number at the same speed as she had in the past? Or was she slowing down?

In the battle against cheating, this is the cutting edge and a key to encourage honesty in the booming field of online education. The technology gives trust to the entire system, to the institution and to online education in general. Only with solid measures against cheating, experts say, can Internet universities show that their exams and diplomas are valid — that students haven't just searched the Internet to get the right answers.

Although online classes have existed for more than a decade, the concern over cheating has become sharper in the last year with the growth of "open online courses." Private colleges, public universities and corporations are jumping into the online education field, spending millions of dollars to attract potential students, while also taking steps to help guarantee honesty at a distance.

Aside from the web cameras, a number of other high-tech methods are becoming increasingly popular. Among them are programs that check students' identities using personal information, such as the telephone number they once used.

Other programs can produce unique exam by drawing on a large list of questions and can recognize possible cheaters by analyzing whether difficult test questions are answered at the same speed as easy ones. As in many university classes, term papers are scanned against some large Internet data banks for cheating.

(　) 16. Why was Jennifer watched in an online exam?

　　A. To correct her typing mistakes.　B. To find her secrets in the room.

　　C. To prevent her form slowing down. D. To keep her from dishonest behaviors.

(　) 17. The underlined expression cutting edge in Paragraph 3 is closest in meaning to_____.

A. advanced technique　　　　　　B. sharpening tool

C. effective rule　　　　　　　　D. dividing line

（　　）18. For internet universities, exams and diplomas will be valid if_____.

A. they can attract potential students

B. they can defeat academic cheating

C. they offer students online help

D. they offer many online courses

（　　）19. Some programs can find out possible cheaters by_____.

A. checking the question answering speed

B. producing a large number of questions

C. scanning the Internet test questions

D. giving difficult test questions

（　　）20. Which of the following is the best title of this passage?

A. The Advantages of Online Exams

B. The High-tech Methods in Online Courses

C. The Fight against Cheating in Online Education

D. The War against the Booming of Online Education

E

We walked in so quietly that the nurse at the desk didn't even lift her eyes from the book. Mum pointed at a big chair by the door and I knew she wanted me to sit down. While I watched, mouth open in surprise, Mum took off her hat and coat and gave them to me to hold. She walked quietly to the small room by the lift and took out a wet mop（拖把）. She pushed the mop past the desk and as the nurse looked up, Mum nodded and said, "Very dirty floors. "

"Yes. I'm glad they've finally decided to clean them, " the nurse answered. She looked at Mum strangely and said, "But aren't you working late? "

Mum just pushed harder, each swipe（拖）of the mop taking her farther and farther down the hall. I watched until she was out of sight and the nurse had turned back to writing in the big book.

After a long time Mum came back. Her eyes were shining. She quickly put the mop back and took my hand. As we turned to go out of the door, Mum nodded politely to the nurse and said, "Thank you."

Outside, Mum told me: "Dagmar is fine. No fever."

"You saw her, Mum?"

"Of course. I told her about the hospital rules, and she will not expect us until tomorrow. Dad will stop worrying as well. It's a fine hospital. But such floors! A mop is no good. You need a brush. "

21. When she took a mop from the small room what Mum really wanted to do was_____.

    A. to clean the floor   B. to please the nurse

    C. to see a patient   D. to surprise the story-teller

22. When the nurse talked to Mum she thought Mum was a_____.

    A. nurse   B. visitor   C. patient   D. cleaner

23. After reading the story what can we infer about the hospital?

    A. It is a children's hospital.

    B. It has strict roles about visiting hours.

    C. The nurses and doctors there don't work hard.

    D. A lot of patients come to this hospital every day.

24. Why did Mum go to see Dagmar in the hospital?

    A. To give her some message about Dad.

    B. To make sure her mom was clean.

    C. To check that she was still there.

    D. To find out how she was.

25. Which of the following words best describes Mum?

    A. polite   B. patient   C. changeable   D. clever